For the Gender Studies in India

インド ジェンダー研究ハンドブック

粟屋利江　井上貴子［編］

東京外国語大学出版会

はじめに――インドのジェンダーを学ぶ人々のために

「インドのジェンダー」と聞くとき、多くの人は何を思い浮かべるだろうか。インドがグローバルな舞台で経済・軍事大国としての扱いをされつつある現在でも、「途上国の抑圧された貧困女性」といったインド女性のイメージがついて回っているのではないかと想像する。大統領や首相、大企業の役員、高等行政官、大学教員、ニュース番組のアンカーや有名記者などとして、日本とは比較にならないほど、女性が活躍しているのだが。また、日本で女性選挙権が敗戦後になってようやく認められるよりはるか以前の一九二〇年代から、ごく一部だとしても女性が選挙権を行使してきたことや、英語を駆使して二〇世紀初頭から全国的な女性組織を活性化させたインド人女性たちの存在についてはあまり知られていない。インドの女性は抑圧されているというイメージが根強く共有されているのには、サンスクリット文献にみられる女性に対する差別的な記述や、サティー（寡婦殉死）・女児殺し、ダウリー殺人、「名誉」殺人、集団強かんといった、女性に対する暴力事象ばかりが、メディアで取り上げられてきたことに一因があるだろう。しかし、こうした暴力自体は、インド社会全体の構造や変容のなかに位置づける必要がある。

さらに問題として、ジェンダーという用語が一般的に「女の問題」「男女差別の問題」と同義のように使われている状況も挙げられよう。生物学的な性差ではない「社会的・文化的性差」「肉体的差異に意味を付与する知」などのジェンダーの定義が示すように、ジェンダーは決して「女」を意味するのではない。政治社会の様々な局面が、ジェンダーの言説（既存の、もしくはあるべき男女関係をなぞった価値観に依拠する言説）によっていかに構築されるか、あるいは、そもそも「女」（「男」もだが）がどのように表象されるのかもジェンダー研究の対象である。しかし、ジェンダー研究（「女性学」という表現もインドでは広く使われる）は、社会に広くみられる男女の格差や、「女らしさ」の拘束性に疑問を抱くフェミニストたちによって開拓され、発展してきたという事実を反映して、同研究が社会における女性のあり様について、批判的に考察することに力点を置いてきたことも確かである。インドでは、ジェンダー研究は一九七〇年代以降に興隆したが、当初から特徴的であるのは、学問的な領域と女性運動との結びつきが顕著なことである。この特徴は現在まで引き継がれている。その結果、インドのジェンダー研究を総括しようとする本書でも、「女の問題」が全面的に取り上げられることになっている。男性性（マスキュリニティ）やLGBTなどのテーマが論じられるようになったのは、本文でも述べられているように、最近である。

インドのジェンダー問題を考える際、常に念頭に置くべき点は、第一に、カースト、宗教、階層、エスニシティ、言語、都市と農村など、インド社会がもつ他に類をみないほどの多様性、第二に、歴史的な変化である。ジェンダーをめぐる規範は、これらの要素によって大きく異なるのであって、インド全体を貫く単一の規範が存在するわけではなく、歴史的にも変容してきた。

例えば、インドといえば必ず問題にされるカーストの問題を、ジェンダーとの関係から例にとってみる。カースト制度を維持するためには、上位とされるカーストに属する女性のセクシュアリティの管理が欠かせない。彼女たちが下位とされるカーストの男性と性的な関係を結んで子どもなどを産んではならないのである。極端な幼児婚や、寡婦の再婚禁止、パルダー（女性隔離）といった慣習は、上位カースト集団の間でかつて徹底されていた。

一方、下位とされるカースト集団のなかでは、幼児婚の慣習は共有されてきたように思われるが、離婚や女性の再婚はタブーではなかったし、もっぱら下位カーストからなる社会的に下層の女性たちは、農作業など戸外での労働にたずさわってきた。言い方を換えれば、女性を取り巻く厳しい性的な行動規制は、上位カーストであることを示す徴《しるし》だったのである。その結果、下位カースト集団がカースト的な地位を上昇させようと企てるときに、しばしば上位カーストが独占してきた、寡婦の再婚禁止やパルダーといった、女性の行動規制（下位カースト集団が取り込んだ慣習には、禁酒、男子が肩に聖紐をかけることなども含まれる）を取り入れる傾向があった。こうした動きは、インド人社会学者M・N・シュリーニヴァースによって、「サンスクリタイゼーション（サンスクリット化）」と名づけられた。カースト制度自体が歴史的に形成され、地域差もあり流動的であったものが、イギリス支配下でむしろ固定化したという指摘がなされてきたが、カースト制度の発展とジェンダー規範のあり方は無関係ではない。

カーストに関連するジェンダー規範は、歴史的に変化してきた。昨今になって広まった「IT大国インド」というイメージとともに、今でも「悠久のインド」といった表現が典型的に示すように、多くの人がインド社会の不変性を語りがちであるように思う。幼児婚の慣習は、女子教育の必要性などを要因として都市部のエリート層の間から崩れていったが、都市部のエリート層は圧倒的に上位カーストからなる。そうした層では、離婚や女性の再婚（男性の再婚が問題にされたことはまったくなく、むしろ勧められた）も珍しくはなくなっている。また結婚に関しても、カーストよりも、社会的・経済的な地位や教育レベルのマッチングを重視する傾向も現れつつある。したがって、早婚は今やむしろ、農村部や貧しい層（多くが下位カースト）の間で継続しているといえる。さらには、一部の豊かになった最下位カーストの女性たちは、外で働くことをやめ、「主婦」を選択する。女性が家の中で家事や子育てのみを行うことは、ある意味、社会的なステータスの高さを示すのである。このようにみてみるならば、「カースト」という問題が、階層格差とも結びついていること、そして、カーストも階層も、ジェンダー規範と切り離せない、逆にいえば、ジェンダー規範こそが、カーストや階層差を規定しているともいえることが理解できよう。

本書は、インド社会の諸相をジェンダーの視点から研究することを志す大学生や大学院生、ならびに、インドのジェンダー問題に関する知見を深めたいと考える一般読者に対して、これまでに蓄積されてきたインドのジェンダー研究の成果や論点を、政治、経済、社会、歴史、文化などの多様な分野ごとに整理、紹介することを目指している。研究を志向する人々にとっては、当該分野の研究に向けて導入的な役割を果たすとともに、主要な論点を示すことによって、一般読者にも、インドにおけるジェンダー問題の多様なあり方について理解を深める手がかりを提供しようとするものである。こうした狙いを踏まえ、本書は、各分野における研究動向と主要な論点を整理する部分（第1章から第7章）と、インドのジェンダー問題に関連して知っていてほしい事項や人物を五〇音順に並べて説明するキーワード解説から構成されている（本文中で**太字**になっている用語は、キーワード解説で取り上げられていることを示している）。各章に挿入されたコラムの多くは、個別のテーマについて、執筆者のフィールドでの体験を盛り込みつつ論じている。巻末には、ジェンダー研究や女性運動に関わる機関や組織などについての情報を付している。研究動向を扱った各章は独立しており、それぞれ三〇点ほどの主要文献が紹介されている。かならずしも、第1章から読む必要はなく、読者の関心のある分野から目を通していただいてかまわない。

研究動向をまとめた各章について、簡単に紹介しておこう。第1章「政治と開発」では、インド・フェミニズム運動の成果への評価、「カースト」や「宗教」を単位とするような、インド独特の政治現象とジェンダーとの関係、国家や法と対峙するフェミニストたちの思考、独立インドで推進されてきた開発政策に対するジェンダー視角からの評価、エンパワーメントのあり様などが取り上げられる。インド現代政治の動態がジェンダー的な視点から一望できよう。第2章「経済と労働」では、脚光をあびるIT産業から内職まで、様々な分野における女性の就労のあり方と動態が示される。一九九〇年代以降に本格化したインド経済の自由化のもとで、どのような変化が起こりつつあるのか、その変化はジェンダー視角からみてどのような特徴をもつのか、多様な評価が示される。インドに限らず見られる、労働力の「女性化」と呼ばれる現象の、インド特有の展開が明らかになろう。第3章「環境」は、インドの環境問題とジェンダーとの関係を論じた論考をサーベイする。インドにおける性別役割分業に基づいて薪や水を集めることが責務とされてきた女性たちにとって、環境の劣化はことさら深刻な問題である。ここでは、成長から取り残された農業に女性が偏在している問題、インドの環境運動のなかで生まれたエコフェミニズムの思想と実践、女性を主体に据えようとした森林の共同管理プログラムをめぐる評価などが取り上げられる。インドのジェンダー研究において、家族の領域は、イデオロギー的にも実際の生活の観点からも重要なテーマとなってきた。第4章「家族」は、そうした膨大な研究蓄積を、法的な研究、人類学的な研究などから整理するとともに、統計資料からの知見や、家族を研究するうえでの素材としての映画や文学などが有する新たな可能性について論じられる。第5章「信仰と儀礼」は、宗教的実践をジェンダー的な観点から考察する研究の蓄積を紹介する。それらから、インドにおける信仰と儀礼の担い手としての女性たちの多様な営みとその意味や、インド独特の女神信仰のあり様について理解が深まるはずである。第6章「歴史」では、インド・ジェンダー史の成果が批判的に整理される。民族運動にせよ、労働運動にせよ「不可視化」されてきた女性の掘り起こしから始まり、近代インドにおける社会改革やナショナリズム／植民地支配などの思想そのものが、どのようにジェンダー的な言説によって構築されてきたか、インドのジェンダー研究が明らかにしてきた様々な問題が浮き彫りとなろう。第7章「表象文化」では、まず、「表象する／される」行為そのものがもつジェンダー不均等性の問題に注意を喚起したうえで、文学、美術、音楽舞踏、映画その他のメディアなどの諸分野における研究動向を探る。インド固有の表象をめぐる問題を概観できるのみならず、日本の状況に視線を振り向ける刺激を与えるであろう。

今日、インドへの関心は今までになく高まっているように思われる。激動するインド社会を理解するためには、ジェンダーの視角は必須である。本書が紹介した様々な領域におけるジェンダー研究の蓄積を通じてインド・ジェンダー研究の醍醐味に触れ、さらに関心を深めていただければ幸いである。

編者

凡例

1. 本書の各章およびコラム、キーワード解説に現れる用語・人名のうち、キーワード解説で説明されているものは太字で示した。

2. その他の用語・人名には必要最低限の注を付すか、本文中の（ ）内で説明した。

3. 文中および索引の人名は、混乱を避けるために原則として名・姓の順で示した。ただし、文献リスト中の人名、および日本人名は、原則として姓・名の順で示した。

4. 現地語のカタカナ表記は、原則として『新版　南アジアを知る事典』（二〇一二年、平凡社）に準拠した。

目次

第7章　表象文化

キーワード解説

◆事項編

◆人名編

本文デザイン・地図　小塚久美子／本文組版　菊田肇／編集協力　朝日明美・飯野純平

インド行政区画・主要都市地図

州境・連邦直轄領境
未確定の国境
国境
■ 主要都市

第1章

政治と開発

女児の地位向上や女子教育の重要性を訴えるデモの様子。プラカードには「世話もするし、手伝いもするのになぜ女の子には何もないの」と書かれている。インドでは様々な階層、コミュニティの女たちが、デモやハンガーストライキなどを公共空間でくり広げる（2003年、ウッタル・プラデーシュ州マトゥラー市、菅野美佐子撮影）

1．民主主義・開発・ジェンダー

インド独立（一九四七年）後、一九五〇年に制定されたインド憲法は、法の前の平等（第一四条）、宗教やカーストなどと並んで、性による差別の禁止を定めた（第一五条）。同憲法によって、はじめて一八歳以上の普通選挙が確立したが（第三二六条）、女性選挙権についていえば、日本におけるよりもずっと早く、一九二〇年代からわずかとはいえすでに一部の女性が選挙権を行使してきた[1]。また、植民地支配を受けた他のアジア・アフリカ地域から誕生した独立国のなかで、インドは、**インディラー・ガーンディー**首相による一九七五～七七年の「非常事態宣言」期を例外とすれば、議会制民主主義を維持してきた点で特異な存在である。さらに、ヒンドゥー教徒が人口の八〇%を超えながら、ヒンドゥー教を「国教」とすることなく、セキュラリズム（世俗主義）を国是に掲げてきたことも注目される。

低所得層の下位カースト女性の支援を対象とした女性団体による活動。女性が集い、家庭や居住地域での問題や男性優位社会における女性差別の問題などとその解決法について共に話し合っている（2012年、ウッタル・プラデーシュ州農村、菅野美佐子撮影）

インドのフェミニズム運動は二〇世紀初頭から全国的な組織化が進み、民族運動と連動しながら展開した（第6章参照）。一九五〇年代、六〇年代は、ネルー初代首相指導下の新生国家への期待もあってか、一時的に運動は沈静化した。その復活は七〇年代の半ばである。契機の一つとして、七四年に発表された報告書『平等に向けて』が与えた衝撃があった。同報告は、七五年にメキシコで開催が予定されていた国連による第一回世界女性会議のために各国が提出を要請された、女性の地位に関する報告書として準備されたものである。インド女性運動にとって「根源的テクスト」と評される同報告書は、独立によって女性の地位も改善されるであろうという期待を大きく裏切り、福祉・健康、労働、政治参加、法、いずれの分野においても女性が置かれている困難な状況を明らかにした。それ以降、女性運動は紆余曲折を経て現在に至っている。

植民地支配の体験、および、宗教、カースト、言語、階級、エスニシティなどの面で実に多様な社会は、インドにおけるフェミニズム運動に独自の課題を突きつけてきた。本章では、ほぼ半世紀にわたる運動のなかで焦点化されてきた課題と議論を概観する。第3節で「開発」の分野を扱うが、これは、植民地支配からの解放後、社会経済的な発展を国家建設の柱としてきたインドにおいて、「開発」が広義の「政治」の一部を形成しており、ジェンダーの観点からも、女性の政治参加の重要な経路となっているという事実認識に基づくものである。

2. 政治をジェンダー化する

フェミニズム運動の過去と現在

一九九〇年代はインド・フェミニズム運動の一つの転機といえ、運動の軌跡を振り返り、その成果と課題を整理する機運が生じた〔Agnihotri and Mazumdar 1995〕。転機であるとの認識が生まれた背景には、すでに八〇年

(1) 一九一九年に成立したインド統治法は、女性選挙権を認めなかったが、各州の議会に判断をゆだねた。その結果、ボンベイ、マドラス州議会を皮切りに女性の参政権が付与されていった。

代から顕著になったヒンドゥー至上主義の台頭、カースト政治（カーストの利害を中核に据える政治）の顕在化、新自由主義経済への方向転換などがある。九〇年代までのフェミニズム運動を振り返る諸論文がほぼ共通して指摘するのは、七〇年代に再興したフェミニズム運動において、既成政党と関係をもたないという意味で「自律的な」女性組織が各地で活動を開始したことである。ダウリー死や警官による強かんなど、女性に対する暴力がそうした活動への起爆剤となったことが確認された（キーワード解説「ダウリー禁止関連法」「DV防止法」参照）。ただ、八〇年代以降、多くの女性組織が国内外からの資金を受け、「NGO化」してきたことに対する評価は概して否定的である。つまり、NGO化、それに伴う活動家の「専門職化」によって、当初の運動がもった批判性が薄れて、体制化したという批判である。「ジェンダー」という用語が政府や国際機関の諸政策において流用されつつあるのも、必ずしもジェンダーの公正・正義を目指すという関心によるのではなく、開発のなかで女性が手段化されるにすぎないのではないかという疑議が示されるのである。

　自ら自律的女性組織の内部で活動してきたナンディター・ガーンディーとナンディター・シャーによる著作は、暴力、健康、労働、法をめぐる運動の分野での具体的な活動とともに、「自律性」をめぐる理論と実践について反省的に分析している〔Gandhi and Shah 1991〕。一方、ラカー・レイはインド共産党（マルクス主義）の長期政権下にある西ベンガル州のコルカタと、文化的にも政治的にも多様なマハーラーシュトラ州ムンバイーそれぞれの都市におけるインド共産党（マルクス主義）系の女性組織である**全インド民主女性協会（AIDWA）**と自律的女性組織の活動を比較し、「自律性」のあり様を各地域における政治フィールドの違いの反映とした〔Ray 1999〕。

全インド民主女性協会（AIDWA）の機関誌表紙

同研究は二〇一一年選挙における西ベンガル州共産党政権の大敗以前に刊行されており、それ以降の同都市での女性運動の変容について新たな知見が求められる。レイ以前に同様に西ベンガルとマハーラーシュトラの共産党系女性組織と自律的女性組織の比較を行ったアムリタ・バスも、階級利害を最優先とし、ジェンダー問題をその下位に位置づける政党の存在が、しばしば女性独自の関心を押し出すことに障害となることを示した〔Basu 1992〕。インド・フェミニズムは、世俗的かつ左派の潮流のなかで発展を遂げてきており、既存の社会主義・共産主義政党やその社会分析との相克は今後も問題となろう。

コミュニティ・アイデンティティとジェンダー

ヒンドゥー至上主義：一九八〇年代は、インドの国是とされてきたセキュラリズムを批判し、インドを「ヒンドゥー国家」として認知させようとするとともに、イスラーム教徒やキリスト教徒に対する暴力を許容・扇動するイデオロギー（ヒンドゥトヴァと称される）と暴力的な運動が台頭する。この潮流は、社会主義圏の崩壊に伴って急速に展開したグローバル化のなか、世界各地でエスニック紛争や「原理主義」的な動きが勃興した状況と呼応していた。ヒンドゥー至上主義の運動が惹起した暴動のなかで、他宗教コミュニティに属する女性の身体が暴力のターゲットとなる。こうした事実は、イギリス植民地期以降、宗教やカーストといったコミュニティ単位のアイデンティティがジェンダー言説と緊密に結合し、女性への性的暴力が敵対するコミュニティの「名誉」を傷つけ、かつ、同コミュニティの男性のマスキュリニティ（男性性）を否定する営為とみなされてきたことを示す。

宗教コミュニティのアイデンティティが、「女」たちをめぐる言説によっていかに構築されてきたかを、イギリス時代から今日までに関して論じた論考を集めたのが〔Hasan 1994〕である。女はそれぞれのコミュニティの文化シンボルとして、各コミュニティ間の境界線を画する存在となってきた。イギリス植民地期に確立された属人法〔各自が属する宗教によって異なる家族法。キーワード解説「統一民法典」参照〕は、宗教アイデンティティの固定化に大いに寄与し、独立後、宗教的マイノリティとなったイスラーム教徒にとってアイデンティティの支柱として機能している。家族法はジェンダー関係を規定する最も重要な領域の一つであり、個人の権利とコミュニティの権利が入り混じり、前者が後者によって領有されてしまう危険性をはらむ。

ジェンダーの正義とコミュニティ・アイデンティティとの矛盾を白日のもとにさらしたともいえるのが、一九八五年、最高裁判所が下した判決、いわゆる**シャー・バーノー裁判**、およびそれが引き起こした論争であった。離婚されたイスラーム教徒の女性シャー・バーノー個人の権利要求が、コミュニティの存続問題として政治問題にすり替わっていった。そのメカニズムと女性運動のジレンマについては多くの論考があるが、アルチャナー・パラーシャルとラージェーシュワーリー・スンダル・ラージャンのものを挙げておく〔Parashar 1992 : Sunder Rajan 2003〕。「差異はあっても、すべての属人法は女性にとって差別的である」〔Sunder Rajan 2003〕とは、インドのフェミニストが共有する認識であろう。シャー・バーノー裁判を契機に、国家主導の**統一民法典**への要求は再考に付されたといえる。それにかわり、それぞれの属人法を内部から改革し、特定の改革を積み上げていくという現実主義が主流になっていると思われる。それぞれの属人法が維持されながらも、裁判所による様々な判決を通じて実質的には統一民法典が目指した地平が確立しつつあるというワーナー・メンスキーの指摘は重要だが、フェミニズム運動の貢献について沈黙しているのには、驚きを覚えざるを得ない〔Menski 2008〕。なお、シャー・バーノー裁判に関して、判決文の他、多様な立場からの発言を集めた資料集〔Engineer 1987〕が便利である。

一九九〇年代以降、ヒンドゥー至上主義が台頭する過程で、女性が宗教暴動の「犠牲者」であるのみならず、暴動の扇動者、もしくは実行者となっている現実にフェミニストたちは直面した。こうした現象を分析する論考を集めたものとしては、タニカ・サルカールとウルワシー・ブターリアの共編による論文集が必読書であろう

〔Sarkar and Butalia 1995〕。コミュニティ・アイデンティティの形成に果たすジェンダー言説、ヒンドゥー至上主義イデオロギーを掲げる諸組織の女性部門に属する女性たちの意識や活動、そうした組織における「母親」イデオロギーなどが分析される。個々の女性組織に関する独立した研究書も少なくない〔Bacchetta 2004；Sen 2008〕。こうした研究が明らかにしてきたのは、「私たちはインドの女性だ。か弱い花ではない、熾火《おきび》である」といったフェミニズム運動のなかで生まれたスローガンが、これらの組織に参加する女性たちによって流用される事態が典型的に示すように、彼女たちが公の場での活動に参加することによって「エンパワー」されているという事実である。しかも重要なのは、フェミニズム運動は既存の家族・ジェンダー規範との摩擦と、それに伴う精神的負担を伴うのに対して、ヒンドゥー至上主義のもつ基本的に家父長的なイデオロギーは、それらを回避させるのである。ただし、同様のイデオロギーを共有していても、組織化される女性たちの階層は地域によって異なり、焦点とされる利害も多様であることには留意すべきであろう。

家父長的かつ宗教分断的な性質を内包するヒンドゥー至上主義は、既存の女性運動への脅威として認識されるが、そもそも、一九七〇年代以降の女性運動自体がほとんど無自覚に、都市部のヒンドゥー上位カースト女性の利害・関心や世界観を色濃く反映してきたのだ、とするどく指摘したのは、キリスト教徒であり、法律家・活動家であるフラヴィア・アグネスである〔Agnes 1995〕。

カーストとジェンダー：一九九〇年代以降、宗教とともにカースト・アイデンティティが政治の場で焦点化している。契機となったのは、一九九〇年、後進諸階級(2)に対する留保政策拡大を盛り込んだ、マンダル委員会

(2) 指定カースト・指定部族以外で、教育的・社会的に後進とされる階級。憲法に優遇措置に関する条項がある。階級という表現は使われていても、実際には、カーストが主たる単位になってきた。

報告の一部を実施するという当時のV・P・シン政権の決定とそれに対する上位カースト、特に学生たちの一大抗議運動だった。こうした状況を背景に、既存のジェンダー研究がカーストの視点を欠いてきていたのではないかという自省が生まれ（多くの研究者たちが上位カースト出身であることについて無自覚であったとも言い換えられる）、カーストとジェンダーとの不可分の関係について改めて検討が進む結果となった。

また、一九九〇年代半ばからはっきりと形をとり始めたダリト・フェミニズムからの既存のフェミニズム運動がもつ上位カースト中心の性格に対する批判も、こうした動きに拍車をかけた（コラム2参照）。ウマー・チャクラバルティは、上位カースト女性のセクシュアリティに対する徹底した管理を特徴とするヒンドゥー教のオーソドックスな規範に、カースト秩序を維持するための有機的なメカニズムを読み込み、インドの家父長制を「バラモン的家父長制」と名づけた〔Chakravarti 2003〕。シャルミラー・レーゲーも、ダリト・フェミニズムの提起を真摯に受け止め、ダリト女性たちの書き物に解説を加えたアンソロジーを編むとともに、非ダリトであるフェミニストが「ダリト・フェミニスト」として自らを再創造することを訴えた〔Rege 2006〕。カーストとジェンダーの関連性を扱った論考を集めたアンソロジーは、このテーマについて知るにあたって手がかりとなる〔Rao 2003〕。女性に対する暴力はカースト中立的ではなく、ダリト女性への暴力は、カースト秩序への挑戦とみなされたダリトたちによる権利主張への過剰ともいえる見せしめ行為でもあることも示されている。また、ダリト・フェミニズム誕生の経緯とその主張、および、主流のフェミニズム運動との関係については、粟屋利江がまとめている〔粟屋 二〇一五〕。ダリト運動の代表的な指導者ビームラーオ・ラームジー・アンベードカル（一八九一〜一九五六）の書き物をフェミニズムの観点から位置づけようとしたのが、〔Rege 2013〕である。

法・国家とフェミニズム

フェミニストが国家や法との間に保つ関係は両義的である。国家や法は、既存のジェンダー関係や規範を補強する方向にも、ジェンダー正義を促進する方向にも機能するからである。これはインドに限ったことではないだろうが、インドのフェミニスト研究者たちが示す国家に対して抱く懐疑は深い。先に、**統一民法典**への要求が下火になったと指摘したが、その背景には、国家主導で制定される民法典の内容への不安が存在する。

「女性に対する暴力に抗する、ほとんどのキャンペーンも新しい立法に帰結した」とアグネスが評した一九八〇年代であるが、アグネスは、強かん、ダウリー、DV、売春、**サティー**などに関する法律改正に検討を加えながら、それらが内容的にいかに不備であったか、さらには運動そのものにも問題があったことを指摘している。特に、女性への暴力に関して当初、あまりにダウリー問題に焦点が当てられたために、家庭内部での暴力一般（DV）への取り組みが困難になったという批判は重要である〔Agnes 1992〕。アグネスの批判の背景には、国家が制定する成文法と、実際に機能している様々な慣習法や価値観との間に大きなギャップが存在すること、成文法の内容を知り活用できる女性が限られているという事実がある。それでも、法律という領域をフェミニストは見限るのではなく、社会変革を実現する一つの場として取り組むべきだと主張してきたのが、例えば、パラーシャルやラトナー・カプール、ブレンダ・コスマンなどである〔Parashar 1992 ; Kapur and Cossman 1996〕。パラーシャルは、成文法の限界を指摘しながらも、象徴的な意義を強調する。

一方、カプールとコスマンは、法を言説として分析することを実践し、女性に関わる様々な法律が女性を二次的な地位に押しとどめる家族イデオロギーの刻印を帯びていると結論づける。彼女たちの主張は、フェミニストは法をめぐる「言説闘争」を遂行することで、法の領域を「転倒させる場」に変容させることである。インドにおける法の多元性を強調し、女性たちが成文法以外に様々な慣習や親族関係の網の目のなかで権利を獲得する過程で行われる「交渉」や「妥協」を重視するのが、アグネスとゴーシュである〔Agnes and Ghosh 2012〕。一方、国家と法への強い不信を示しているのがニヴェーディター・メーノーンである〔Menon 2004〕。彼女はフェミニストは国家と法への訴えを超えて、ラディカルな民主政治を目指すべきであると主張するが、その主張の現実性は問われよう。

インディラー・ガーンディーといった女性首相を出しながらも、中央および州議会では、女性議員の比率は一〇％前後と低い。憲法修正を通じて女性議員の留保枠を設けようとする政策は一九九〇年代半ばから始動しながら、**女性留保枠**によって選出されるのは上位カースト女性となるという、後進諸階級の政治家たちによる反発などから、これまでのところ頓挫している（コラム3、キーワード解説「女性留保枠」参照）。女性留保枠については、すでに一九七四年の報告書『平等に向けて』でも検討の対象になってきた。女性留保枠の意義をめぐってフェミニストの間でも多様な立場がある。留保枠をめぐる歴史的議論や現状については、〔Dhanda 2008〕が参考になる。

セクシュアリティの政治

ジェンダー研究の分野で一九九〇年代以降、目立って盛んになっているのは、セクシュアリティの分野である。経済自由化の進展に伴って新中間層の存在感が急激に増していること、ネットや衛星放送を通して欧米文化に関する情報があふれていることなどを背景に、「セクシュアルなるもの」を語る／見るスペースが拡大しつつあることと無関係ではないだろう。また、エイズ問題も「セックス」を公共の話題とするのに寄与した。

セクシュアリティに関する最初の本格的な論文集は〔John and Nair 1998〕である。その序文にあるように、当時、このテーマは「無視されてきた」領域であった。同論集では、性愛書として有名な『カーマスートラ』、映像文化、産児制限、性的マイノリティなど、多様なテーマが取り上げられている。セクシュアリティの政治としては、同性同士のセックスを刑罰の対象にしたインド刑法第三七七条の撤廃を要求する運動が、一つの中核的な位置を占めてきた（第7章第5節、コラム2、19参照）。そのほかに一挙に研究対象として浮上しているのは、セックスワーク／セックスワーカーである。セックスワーカーたちの組織化が一九九〇年代に進み、彼女ら／彼らは、労働者としての地位を要求している。プラヴァー・コーティーシュワラン編、およびメーノーン編のアンソロジーには、そうした組織の活動文書も所収されている〔Kotiswaran 2011 ; Menon 2007〕。セックスワークをめぐる考察としては、欧米におけるセックスワーク／セックスワーカーとの比較をしつつ論じたスンダル・ラージャンの論考がすぐれている〔Sunder Rajan 2003〕。

今でもレズビアンが相対的に不可視化されている状況で、ナイサルギー・ダーヴェーの著作は、デリーのレズビアン組織と活動を共にした結果に基づくエスノロジーとして貴重である。特に、政治における「情感」の意義を重視している点は、広い射程をもつ〔Dave 2012〕。性的マイノリティやセックスワーカーの存在感の増大とその主張が、既存の「強制的異性愛」「異性愛規範」を揺るがすことへの期待が示されるが、フェミニスト運動との接合に関しては、残された課題が少なくない〔Menon 2012〕。

3．開発におけるジェンダー研究の動向――ＷＩＤからＧＡＤへ

開発の計画・評価分析に関する議論

二〇世紀初頭から本格化したフェミニズムが、女性を周縁化する国家政策や社会構造に対して研究や提言を行ってきた事実は前述のとおりである。一九七〇年代に入ると、フェミニストらが担ってきた貧困女性の救済活

動は、国際社会からインドに参入し始めた開発プログラムへと形を変え、活動は次第に政府や国際機関、ＮＧＯへと引き継がれた。それゆえに、開発とジェンダーの分野では、この運動を通じて蓄積された女性問題関連の研究を基礎としながらも、開発の計画実践に応用可能な評価分析や政策提言を中心とする研究が多くみられる。

開発をめぐる国際的かつ学際的な研究において、インドの女性やジェンダーが注目されるようになったのは、市場経済におけるインド女性の周縁性を指摘したエスター・ボズラップの研究の影響が大きい。インドでの二年間の農村調査を含め世界各地の農村研究を行ったボズラップは、一九七〇年に出版された自身の著書において、経済開発における機械技術の使用が男性に特権化されたことで、女性の市場経済での役割が軽視されるようになったと批判的に論じている〔Boserup 1970〕。ボズラップの研究が契機となり、開発のアリーナに「開発における女性（Women in Development　以下、ＷＩＤ）」の概念が導入され、女性を主体とする開発の重要性が唱えられていく。

ＷＩＤが導入された八〇年代のインドでは、女性のニーズを充足させるプログラムとして、識字教育、母子保健、マイクロ・クレジットなどの活動が急速に増加した（コラム1参照）。しかしＷＩＤのもとで開発を進めてきた現場では、女性を開発の中心とするだけでは女性の現状は変わらず、むしろ家族内での女性の負担が増えることが明らかとなった。このため、開発の計画立案において、その社会内部でのジェンダー関係や男女の役割を考慮する必要性が議論されるようになり、「ジェンダーと開発（Gender and Development　以下、ＧＡＤ）」の概念が新たに加えられた。これ以降、既存の開発プログラムや政策などをジェンダーの視点から根本的に再検討する研究が増えていく。なかでもナイラ・カビールとラミャー・スブラマニアン編の一九九九年出版の論集は、開発事業をフェミニズムの視点から再考すべく、①分析枠組み、②計画と実践、③評価方法、の三本柱で提案を行う一五の論文を収録している。同書は、農村開発や教育の現場から法制度に至るまで、開発実践に関わる課題や事業の評価方法を、インド社会のジェンダー関係や女性の社会・文化的位置づけとの関わりから包括的に見なおす内容となっており、政策策定者やNGOなどの開発実務家に向けたジェンダーの手引書のような位置づけであるといえる〔Kabeer and Subrahmanian 1999〕。

エンパワーメントをめぐる議論

WIDアプローチからGADアプローチへと移行するなか、「エンパワーメント」の概念が盛んに使用されるようになり、インドにおける開発研究のなかでもその定義をめぐって様々な議論が登場するようになる。

初期のエンパワーメントの議論の根底をなしたのは、アマルティア・センによる潜在能力（ケイパビリティ）論である。センは、貧困とは単なる低所得や財の欠如のみでなく、物事を実現する力が剝奪された状態であると説明する。そのうえで、福利の実現には、当事者が自らの貧困状態に疑問をもち、教育などを通じて剝奪された力を取り戻しつつ、選択の可能性を広げることが肝要だと提唱する〔Drèze and Sen 1996〕。言い換えれば、社会文化的に「抑圧されている」インド女性たちが、現状を変えるための自由で自律的なケイパビリティを獲得することがエンパワーメントであると定義づけられる。

このような個人の能力を重視したエンパワーメント論に対し、各個人の結束によるパワーの集合体をエンパワーメントの要件とみなす議論がある。その代表的な研究を進めた一人がシュリーラター・バトリワーラーである。研究者かつ実務家でもある彼女の議論は、インドにおける女性のエンパワーメントの成功モデルとして開発研究に度々登場する**自営女性協会（SEWA）**や、南アジア地域の女性の自助組織の事例分析をもとにした実証的研究のなかで展開される。彼女が克服しようとしたのは、センの潜在能力アプローチが、「当事者は選択肢さえ与えられれば必ず自律／自立した意思のもとで決定を行う」という想定のもとでしか成立しないという問題である。現実問題として、支援を必要とするインド女性は自律的／自立的な決定を行うには、あまりにもジェンダー規範によって社会から孤立し、周囲の人々や状況に強く依存している。バトリワーラーは、自身が開発現場でみてきたこうした現状を踏まえたうえで、共通の問題や目的をもつ女性たちが集い、家父長社会に対して変革を呼びかけるパワーを発揮するプロセスとその結果をエンパワーメントと定義し、女性の集合性や連帯性が重要であると唱えている〔Batliwala 1994〕。

一方、集合体内部に存在する女性の多様性やエンパワーメントの「パワー」の中身にも着目すべきだとするのがカビールの議論である。カビールは、一見目的を同じくする女性たちの間にも、利害の対立やヒエラルキーは存在しているとし、女性間の権力関係に配慮する必要性を論じている〔Kabeer 1994〕。また、バトリワーラーと同様に、エンパワーメントの重要な指標とされる「自己決定力」の捉え方にも注意を喚起する。インドの開発アリーナでは、収入や社会的ネットワーク、公的サービスなどのリソースの獲得を通じて、女性の自己決定力が増すとする研究が多数存在する。しかし、自分自身よりも夫や子どもなど家族の福利や健康を優先する「決定」をしているかのようにみえる女性も多い。自己決定力を指標とするならば当事者による内容やプロセスをも問うべきとするのがカビールの議論であり、それまでのＷＩＤ／ＧＡＤ研究におけるエンパワーメント分析の表層性に注意喚起している〔Kabeer 1999〕。

このほか、エンパワーメントを言説のレベルで批判的に論じるアーラーダナー・シャルマーの論考も興味深い。シャルマーは自身の著書のなかで、エンパワーメントが種々の社会問題に対する万能薬であるかのような錯覚を引き起こしていると危惧する。とりわけシャルマーが懸念するのは、エンパワーメントの名のもとに展開される草の根の開発活動が、欧米型の進歩主義や新自由主義といったイデオロギーを社会の周縁へ浸透させるための隠れ蓑となりかねないことである。つまり、貧困女性たちにまで国家や国際社会のイデオロギーを行き渡らせることで、国家に従順な市民を形成し、社会の末端の人々さえも飼いならすことにほかならないというのである。著者はこのような前置きをしつつ、開発現場の事例から、「飼いならし」に抗う貧困女性のエージェンシーをすくい取ろうとしている〔Sharma 2010〕。

以上で触れた研究では、それぞれ意見や立場は異なるが、いずれの議論においても「エンパワーメント」という開発とジェンダーにおいて重要な概念を、再定義あるいは再々定義することでより慎重に扱おうとする研究姿勢がみて取れる。

脱開発・ポスト開発をめぐる議論

一九七〇年代にインドにおいて女性主体のプログラムが導入されるようになってからある程度の年数を経たことで、その成果を改めて疑問視する議論も浮上している。ニルマラ・バナジーは二〇〇二年に出版された論文集において、インド経済が急激な成長を遂げるなか、市場経済における男女の格差はますます広がり、女性の労働力としての価値は依然として低いままであるという論稿を寄せている〔Banerjee 2002〕。つまり、インド経済の近年の変化に伴い、貧困女性がますます経済発展の恩恵から排除されていく状況に、現行の開発プログラムでは対応しきれないことが疑惧されるのである（第2章第2、5節参照）。この問題に対して、メアリー・ジョンは、こう述べている。「貧困女性の過度の労働やわずかな収入のほとんどが家計に費やされる事実や、資源へのアクセスの難しさが生活の状況を悪化させているという議論はすでに過去のものとみなされている。〈中略〉こうした状況が生み出す（開発の）搾取の側面については、成果という側面ほどには扱われなくなっている」〔John 1996〕。すなわち、これらの議論が示唆するのは、貧困女性に対する不平等性を「了解済みの問題」として見過ごすのではなく、常に更新される社会経済的文脈のなかで、繰り返し検討することの重要性である。

言説のレベルでも、欧米を中心に進められてきたＷＩＤやＧＡＤをめぐる研究が、国や地域、人種を超えた女性同士の連帯性やシスターフッドを提唱するなか、女性の集団性や連帯性に潜む西欧中心主義の問題が批判されている。ギーター・センとカレン・グラウンは、WID／GADプログラムは欧米型の経済発展モデルを基調としており、「西欧の女性」対「第三世界の女性」という、階級や人種間の格差を女性たちの間で再生産し、西洋主義を蔓延させているにすぎないと論じている。そのうえで、WID／GADパラダイムにおいて必要なのは第三世界の女性自身のパースペクティブであると主張する〔Sen and Grown 1988〕。しかし、ミーラー・ナンダは、この主張では第三世界の「エリート女性」対「貧困女性」という格差構造は考慮されないことを指摘している。さらにナンダが警告するのは、西欧中心主義に対抗して地域社会に根差した開発を主張する「現地主義」に偏ることである。偏った現地主義のもとでは、たとえ地域社会の文化が女性に対する暴力性を内包していたとしても、改善の余地を奪うことになりかねないのである〔Nanda 2002〕。

以上みてきたように、政治や開発とジェンダーをめぐる議論は、現行の法制度や開発を含む種々の政策と相互連関的に展開され、現状の改善に向けて試行錯誤が重ねられてきた。にもかかわらず、現在もいくつもの課題が残されている。これらの問題のいくつかは、インドにおける経済発展やグローバル化のなかで収束するどころかますます顕在化し、新たな問題をも生み出している。こうした時代性に鑑みながら、差異や格差、性の多様性などを包摂したジェンダーのあり方を、常に議論し模索し続けることが求められているといえる。

粟屋　利江・菅野　美佐子

文献リスト

粟屋利江　2015「フェミニズムとカーストとの不幸な関係？―ダリト・フェミニズムからの提起」粟屋利江・井上貴子・井坂理穂編『現代インド５　周縁からの声』東京大学出版会。

Agnes, Flavia 1992. "Protecting Women against Violence?: Review of a Decade of Legislation, 1980-9," *Economic and Political Weekly*, 27-17.

Agnes, Flavia 1995. "Redifining the Agenda of the Women's Movement within a Secular Framework," in Tanika Sarkar and Urvashi Butalia, eds.,*Women and Right-Wing Movements: Indian Experiences*, New Delhi: Kali for Women.

Agnes, Flavia and Shoba Venkatesh Ghosh eds. 2012. *Negotiating Spaces: Legal Domains, Gender Concerns, and Community Constructs*, New Delhi: Oxford University Press.

Agnihotri, Indu and Vina Mazumdar 1995, "Changing Terms of Political Discourse: Women's Movement in India, 1970s-1990s," *Economic and Political Weekly*, 30-29.

Bacchetta, Paola 2004. *Gender in the Hindu Nation: RSS Women as Ideologues,* New Delhi: Women Unlimited.

Banerjee, Nilmala 2002. "Between the Devil and the Deep Sea: Shrinking Options for Women in Contemporary India," in Karin Kapadia ed., *The Violence of Development: The Politics of Identity, Gender and Social Inequalities in India*, New Delhi: Kali for Women.

Basu, Amrita 1992. *Two Faces of Protest: Contrasting Modes of Women's Activism in India,* Berkeley: University of California Press.

Batliwala, Srilatha 1994. "The Meaning of Women's Empowerment: New Concepts from Action," in Gita Sen, Adrienne Germain and Lincoln C. Chen, eds., *Population Policies Reconsidered: Health, Empowerment and Right*s, Boston: Harvard University Press.

Boserup, Ester 1970. *Woman's Role in Economic Development*, London: George Allen & Unwin.

Chakravarti, Uma 2003. *Gendering Caste: Through a Feminist Lens*, Kolkata: Samya.

Dave, Naisargi N. 2012. *Queer Activism in India: A Story in the Anthropology of Ethics*, Durham: Duke University Press.

Dhanda, Meena ed. 2008. *Reservations for Women,* New Delhi: Women Unlimited.

Drèze, Jean. and Amartya Sen 1996. *India: Development and Participation*, New York: Oxford University Press.

Engineer, Asghar Ali ed. 1987. *The Shah Bano Controversy*, Hyderabad: Orient Longman.

Gandhi, Nandita and Nandita Shah 1991. *The Issues at Stake: Theory and Practice in the Contemporary Women's Movement in India*, New Delhi: Kali for Women.

Hasan, Zoya ed. 1994. *Forging Identities: Gender, Communities and the State in India,* New Delhi: Kali for Women.

John, Mary E. 1996. "Gender and Development in India, 1970s-1990s: Some Reflections on the Constitutive Role of Contexts," *Economic and Political Weekly*, 31-47.

John, Mary E. and Janaki Nair eds. 1998. *A Question of Silence?: The Sexual Economies of Modern India,* New Delhi: Kali for Women.

John, Mary E. 2004. "Gender and Development in India, 1970－90s: Some Reflections on the Constitutive Role of Contexts," in Maitrayee Chaudhuri, ed., Feminism in India, New Delhi: Kali for Women.

Kabeer, Naila 1994. *Reversed Realities: Gender Hierarchies in Development Thought,* London: Verso.

Kabeer, Naila 1999. "Resources, Agency, Achievements: Reflections on the Measurement of Women's Empowerment," *Development and Change*, 30-3.

Kabeer, N. and R. Subrahmanian 1999. *Institutions, Relations and Outcomes: A Framework and Case Studies for Gender-aware Planning*, New Delhi: Kali for Women.

Kapur, Ratna and Brenda Cossman 1996. *Subversive Sites: Feminist Engagements with Law in India,* New Delhi: Sage Publications.

Kotiswaran, Prabha, ed. 2011. *Sex Work*, New Delhi: Women Unlimited.

Menon, Nivedita ed. 2007. *Sexualities*, New Delhi: Women Unlimited.

Menon, Nivedita 2004. *Recovering Subversion: Feminist Politics beyond the Law*, Delhi: Permanent Black.

Menon, Nivedita 2012. *Seeing Like a Feminist*, New Delhi: Zubaan.

Menski, Werner 2008. "The Uniform Civil Code Debate in Indian Law: New Developments and Changing Agenda," in *German Law Journal,* 9-3.

Nanda, Meera 2002. "Do the Marginalized Valorize the Margins? Exploring the Dangers of Difference," in Kriemild Saunders, ed., *Feminist Post-Development Thought: Rethinking Modernity, Post-Colonialism and Representation*, London: Zed Books.

Parashar, Archana 1992. *Women and Family Law Reform in India: Uniform Civil Code and Gender Equality,* New Delhi: Sage Publications.

Rao, Anupama 2003. *Gender and Caste,* New Delhi: Kali for Women.

Ray, Raka 1999. *Field of Protest: Women's Movements in India*, Minneapolis and London: University of Minnesota Press.

Rege, Sharmila 2006. *Writing Caste/Writing Gender: Narrating Dalit Women's Testimonios,* New Delhi: Zubaan.

Rege, Sharmila 2013. *Against the Madness of Manu* : *B.R.Ambedkar's Writings on Brahmanical Patriarchy*, New Delhi: Navayana.

Sarkar, Tanika and Urvashi Butalia eds. 1995. *Women and Right-Wing Movements: Indian*

Experiences, New Delhi: Kali for Women.

Sen, Atreyee 2008. *Shiv Sena Women: Violence and Communalism in a Bombay Slum*, New Delhi: Zubaan.

Sen, Gita and Caren Grown 1988. *Development Crises and Alternative Visions: Third World Women's Perspectives*, New York: Monthly Review Press.

Sharma, Aradhana 2010. *Paradox of Empowerment: Development, Gender and Governance in Neoliberal India*, New Delhi: Zubaan.

Sunder Rajan, Rajeswari 2003. *The Scandal of the State: Women, Law, and Citizenship in Postcolonial India*, Durham: Duke University Press.

コラム1

自助組織が紡ぐ女性のつながり

調査村での朝はいつも賑やかに始まる。「ナマステ！」と次々に女性たちがやってきて、汗を拭きながら筆者にあいさつの言葉をかける。村で貧しい女性の支援を行うソーシャルワーカーたちである。

筆者の調査地は北インド、ウッタル・プラデーシュ州（以下、UP州）東部にあり、観光地として有名なワーラーナシーから車で小一時間ほどのところにある農村である。この地域では、二〇〇〇年頃からマヒラー・サマーキャーと呼ばれる貧困女性を支援するための政府系プログラムが参入しており、行政区を管轄する事務所が、筆者が居候していた家の一角を間借りして設けられていた。このため、プログラムのもとで働くソーシャルワーカーたちが朝から夕方までひっきりなしにやってきては打ち合わせをしたり、報告書をまとめたりと忙しく仕事をこなしていた。このコラムでは、マヒラー・サマーキャーの活動を手がかりに、自助組織の登場経緯とその仕組みや役割についてみていきたい。

女性の自助組織とは

UP州東部は一見のどかな農村地帯であるが、インド国内でも経済産業の発展が停滞し、貧困世帯の多い地域である。そればかりでなく、女性に対するDV、女性の低識字率、劣悪な健康状態、妊娠出産時の罹患率や死亡率の高さ、多産、さらに貧困の女性化なども他州と比べて深刻であることが指摘されてきた。それゆえに一九九〇年代頃から、政府やNGOの手で「女性プログラム」が進められている。二〇一〇年頃からはマヒラー・チェトナー・サミティというカトリック系のNGOも同地域において貧困女性を対象に活動を展開している。マヒラー・サマーキャーでは、各村で指定カースト、指定部族に属する貧困女性を募り、一〇名から二〇名程度のメンバーで小さなグループをつくる。ソーシャルワーカーは各村を毎日ローテーションで回り、集会を開いてメンバーの近況を確認したり、悩み事の相談に応じたりしながら様々な活動を実施する。このように、農村地域において貧困層が集まって貧困緩和や生活改善を目指して活動するグループを自助組織（セルフヘルプ・グループ）という。自助組織は一般的に少人数制をとり、NGOや政府からの支援を受け、メンバー全員で協力し合いながら活動を行う。マヒラー・サマーキャーの場合は、UP州も含めて国内一〇州の四万もの村でプログラムが展開されている。

自助組織の活動内容は識字教育や保健衛生指導、農業技術指導、職業訓練など多岐にわたり、ほとんどの自助組織にマイクロ・クレジットのプログラムが含まれている。マイクロ・クレジットとは、貧しい世帯に安い金利で少額の貸し付けを行う小口の融資制度である。メンバーは全員、毎月、銀行口座に定額預金をする。預金額は各グループメンバーの経済状況によって異なるが、マヒラー・サマーキャーの場合は、二〇〇三年の調査当時で毎月五〇ルピーから八〇ルピーを貯金していた。銀行は貯金が一定期間（通常は六カ月程度）継続されていることを確認したうえで、通常、口座に預金されている貯蓄額の四倍まで自助組織に無担保で融資をする。返済はメンバー全員の連帯責任という仕組みをとる。この融資をもとに、メンバーは商売を始めたり、農業を拡充したり、家畜を飼ったりと、なんらかの自活の道を切り開くことが可能となる。自分で自分を助ける活動――「自助組織」にはそうした意味合いが込められている。

生活の糧を得る

インドでマイクロ・クレジットが本格的に導入されたのは一九七〇年代から八〇年代にかけてである。八〇年代前半に「統合農村開発計画」が全国で導入されるようになり、貧困線以下の世帯に融資を行うことで社会全体の生活水準の底上げをはかろうとする政策がとられたのである。しかし事業はそう簡単には進まなかった。政府が出資した資金は、家族の結婚支度金や医療費、生活費など、貧困層にとっては常に悩みの種となる突然の出費や家計のやりくりに使われることが多かった。また、かなりまとまった金額の融資であったにもかかわらず、融資を受ける側の貧しい人々にとっては「政府からのほどこし」という程度の認識しかなく、その資金を元手に起業しようとする者はほとんどいなかった。その結果、この政策での返済率は、融資を受けた世帯の半分以下にとどまることとなった。

そこで、一九九二年に政府系の全国農業農村開発銀行が、これまでの政策よりも効率のよい貧困削減と返済率の向上を実現するために、「自助組織・銀行連結プログラム」を始動させた。このプログラムでは、貸し付けの対象者を個別の世帯ではなく、グループに貸し付けることで事業を立ち上げやすくし、返済を連帯責任にして返済義務に対する意識を高めることを目指した。これまでNGOなどが別々に行っていた活動は政府のプログラムのもとに統合され、さらに新たな自助組織の立ち上げも本格化していったのである。インド国内の自助組織の数は、二〇一一二年にはこれまでで最大の七三九万となっており、この数字からも、いかにインド政府が貧困撲滅に向けて大規模な事業を進めてきたかがうかがえる。

マヒラー・サマーキャーでもプログラムの一環としてマイクロ・クレジットが活動に組み込まれている。この活動と同時並行で行われているのが、主に線香やろうそく、生薬などの製造販売の知識とスキルを身につけるトレーニングや、家計の節約方法、政府からの補助金の種類や受給方法などについての情報提供である。つまり、政府の公的補助金といったもらえるお金はできるだけもらい、家計の出費を抑えて貯蓄に回す。貯金が滞りなくなされれば銀行からの信用も得やすくなる。こうして銀行から

マイクロ・クレジットプログラムの様子。お金と通帳を手に集まる女性たちと、貯金額を計算する会員（2011年、ウッタル・プラデーシュ州農村、筆者撮影）

融資を受けられたら、それを元手に経済活動を立ち上げて収入につなげられるようにする。そのための一連のトレーニングが実施されているのである。こうした活動は、金融機関からの融資を受けることがままならなかった貧困女性にとっては、高利貸しから借金をする必要もなくなり、生活の糧となる収入を得るための重要な機会となっている。

女性をつなぐ

ところでインドでは、女性主体の自助組織が圧倒的多数を占めている。この背景としては、国際的な開発アリーナのなかで、女性の収入向上が家族全体の福利向上につながることや、女性は男性と比べて融資に対して誠実で返済率が高いことが広く認められたことが挙げられる。

インド政府が第九次五カ年計画（一九九七～二〇〇二年）において、女性の経済的地位の向上によるエンパワーメントを国家目標の一つとして掲げたのを機に、女性の自助組織の数は年々急速に伸びている。また、「女性と子どもの開発省」により「国家女性信用基金計画」や「インディラー女性計画」といった女性を対象とするマイクロ・クレジット事業が導入されたことで、現在では女性主体の自助組織が全体の九割近くを占めるようになった。

女性たちにとっては、自助組織の活動は単に収入を生み出すだけではない。例えば、ミーティングの際に行われる識字や計算、職業訓練などの教育活動は、教育を受けたことのない貧しい女性たちに知識や情報をもたらす。また、グループ内のほぼ全員がもともと顔見知りであるため、個人的な関係性のもとで、より民主的な活動が行いやすい。グループ内に悩みや困難を抱える女性がいれば、メンバー同士で助け合うこともできる。さらに、日常の悲喜交々を共有し合うことで互いの連帯性を強め、社会関係やネットワークの強化と拡大にもつながっている。こうした活動の積み重ねが、女性たちに自信や安心感をもたらし、ひいては家族内での地位の向上にも影響することが多くの活動から報告されている。

筆者も調査滞在中に、マヒラー・サマーキャーのメンバーが協力して、様々な取り組みをしている様子を目にした。例えば、通学中の村の女子学生を揶揄する男性や、結婚持参金が少ないことを理由に妻を家から追い出そうとした男性に対して、メンバーの女性たちが声を上げて不当行為をやめさせた。また、メンバーの一人が、村の自治機構であるパンチャーヤット（コラム3参照）の議員に立候補した際には、グループ内のメンバーたちとその家族や親族が選挙活動に協力して当選させたこともある。このように自助組織を通じて、メンバーのみならず周囲を巻き込んで活動が広がるなど、当該社会に徐々に影響を与えるようになっている。前述のように自助組織とは、もともと融資に対する返済義務の意識を高めるために対象者をグループ化したものである。だが、そのことがグループ間の連帯性を生み出し、また集団化することで社会へのアピール力が増し、この地域のジェンダー問題の緩和・解決や村落政治への参画など、本来の目的以上の行動と結果を導いたといえる。

しかし課題もそれなりに残されている。マヒラー・サマーキャーでは一〇年から二〇年の期限付きでグループを運営しているため、期限を過ぎると対象の地域から活動を撤退させ、他の行政区や村へと移動しなければならない。しかし、メンバーが外部のプログラムの支援なしで自助組織を運営し、持続させるのは難しく、プログラムの終了とともに自助組織も消滅してしまうケースが少なくない。マヒラー・サマーキャーに限らず、ほとんどの外部からの支援は一時的なものである。メンバーが支援に頼らずに自らの力でグループを切り回せるようになったとき、真の意味で自助組織の目的が遂げられたといえるだろう。

（菅野　美佐子）

参考文献

菅野美佐子　二〇〇九「ジェンダー・プログラムが織りなす新たな関係性─北インド農村の事例」真崎克彦・信田敏宏編『東南アジア・南アジア　開発の人類学』明石書店。

菅野美佐子　二〇一四「〈個〉から広がる村落政治─ウッタル・プラデーシュ州における分権化とジェンダー」『現代インド研究』第五号。

Srinivasan, Girija 2014. *Microfinance India: The Social Performance Report 2013*, New Delhi: Sage Publications.

コラム2

フェミニズム運動の新潮流

転機を迎えるフェミニズム運動

インドは一九九一年、本格的に経済自由化（第2章参照）へと舵を切った。それはちょうど、世界的にも、ベルリンの壁の崩壊後、一挙に資本主義的市場経済がグローバルな規模で広がる時期と重なった。情報やモノ、そして消費志向で多元的な価値観がインドの農村部まで普及するなかで、インド社会は大きな変貌を遂げつつある。それに呼応するかのように、フェミニズムの運動にも新たな動きがみられる。これは、従来のフェミニズム運動の当事者たちやジェンダー研究者たちに、理論と実践両面での再考を促しつつある。

LGBT運動の諸相

一九九〇年代後半になって性的マイノリティの声が公の場にはっきりと登場してきた。ムンバイーで九〇年に創刊されたゲイ雑誌『ボンベイの友』などの先駆的な事例はあったが、LGBTの問題を含むセクシュアリティに関する研究書や、ゲイ、レズビアンのエゴ・ドキュメントは九〇年代に一挙に増加した。こうした背景には、グローバルな規模で進行する性的マイノリティによる権利要求運動や、多様なライフスタイルに「寛容」な消費文化の深化が存在しているであろう。しかし、インドにおける性的マイノリティ運動の展開と特徴を考える際に重要なのは、インド刑法第三七七条の問題とHIV／AIDS（以下、エイズ）撲滅運動との関係である。

インド刑法典はイギリス植民地期の一八六〇年に制定されたものであり、第三七七条は当時のイギリス本国の性モラル観を反映し、同性（特に男性同士）の性行為を「自然に反する罪」として処罰の対象とした。同性間の性行為を法的に罰するという思考は、それまでのインド社会にはほぼ無縁の発想であったし、本国イギリスでは同様の法律は一九六七年以降に撤廃されていったが、インドでは現在でも手つかずのままとなっている（公的な理由は、幼児への性的虐待を抑制するためというものである）。インドのゲイ運動はこの条項の撤廃を一つの核としてきたといってもよい。その際、エイズ対策がからまってくる点が注目に値する。インドには現在、二〇〇万人以上（世界で第三位）のＨＩＶ罹患者がいるとされ、ゲイ・コミュニティがエイズ撲滅のためのターゲットの一つと目されてきた。実際、第三七七条の撤廃、もしくは解釈改正を求める公益訴訟は、エイズ問題に関わる団体によって提訴されてきた。そうした訴訟を支える論理は、第三七七条の存在によってゲイが公の場に登場することを困難にし、よってエイズ対策の妨げになっているというものである。

二〇〇九年七月、デリー高等裁判所が第三七七条に関して、成人同士が合意のもとでプライベートに行う性行為は処罰の対象としないという解釈を示し、画期的な判決だと広く歓迎された。しかし、二〇一三年には最高裁判所判決によってこの判決は覆され、今後の動きが注視されている。

第三七七条、エイズ問題がもっぱらゲイの権利をめぐって展開するなか、レズビアンの運動はどこに位置づけられるのか。レズビアン運動の歴史において重要な転機は、一九九八年、映画『ファイヤー』の上映であろう。この映画は、ヒンドゥー大家族内部でのレズビアン関係を描いたことから、ヒンドゥー右翼の攻撃を受け、さらに、その攻撃に対する抗議運動を引き起こした。インドのレズビアンたちが公の場に姿を現したのは、その抗議運動においてである。それ以前にも、一九八〇年代からレズビアン・カップルの自殺・自殺未遂、女性警察官二人が寺院で結婚式を挙げ、その結果、罷免される事件（一九八七年）などがメディアで報道されてきたが、組織化が進むのは一九九〇年代後半以降だった。

性的マイノリティの権利主張は、それまで同問題に関して関心を示すことがなかった既存のフェミニズム運動やジェンダー研究に、新たな課題と、「規範的異性愛主義」への批判の地平を提供しつつある（キーワード解説「ヒジュラー」参照）。

筆者は二年ほど前、ケーララの友人の仲介で同地の性的マイノリティの人々と会い、話を聞く機会に恵まれた。二〇歳代から五〇歳代と年齢もまちまちであっただけでなく、すでに性転換手術を終えてサリーを着ている人から、手術を待つ人、異性と結婚して二重生活を送っている人、英語を理解する人、しない人（その人は、「ゲイ」という言葉を解さなかった）など、実に多様な個性の集まりだった。皆、きっちり「女装」した姿をスマートフォンに入れていて、自慢げに見せてくれたのが印象的だった。パートナーの写真を見せてくれた人もいた。最近増えてきた性的マイノリティを扱ったインド映画の評価や、好きな男優のことなどで話が盛り上がった。家族との確執や生きづらさも当然ながら話題になった。自分たちの存在をそのまま受け入れる社会を希求する「彼女たち」の希望が実現することを強く願った一瞬だった。

ダリト・フェミニズム

やはり一九九〇年代から存在感を示し始めたのが、ダリト・フェミニズムとも呼ぶべき潮流である。ダリトとは、カースト秩序において最も下層に位置づけられてきた「不可触民」を名指すとき、彼ら／彼女ら自身が選び取った自称であり（ただし、ダリトという自称を嫌う、もしくは使用しない人々も存在する）、「踏みつけにされたもの」といった意味である。ダリト・フェミニズムは、既存のフェミニズム運動が、その担い手も関心も上位カーストのヒンドゥー女性を中心にしたものであり、カースト差別を看過してきたと批判する。例えば、彼女たちによれば、女性への暴力に対する批判を展開してきたインド・フェミニズム運動は、ダリト女性が上位カースト男性から日常的に受けてきている暴力を軽視してきた。また、様々な統計で、女性を一くくりにするのではなく、ダリト女性を別個に扱うことも要求する。

ダリト・フェミニズムの批判は、カースト差別を弾劾するダリトの運動にも向けられる。つまり、従来のダリト運動は、ダリト男性が独占し、ダリト内部の家父長制的抑圧を無視してきたと批判するのである。ダリト運動の先駆者であるビームラーオ・ラームジー・アンベードカルによるカースト差別撤廃運動におけるダリト女性たちの活躍と貢献を掘り起こす努力も、こうした批判が背景にある。代表的な指導者**ルース・マノーラマ**による、階級、家父長制、カーストによって「三重に疎外されたもの」という表現は、ダリト・フェミニズムの拠って立つダリト女性の自己認識を端的に示している。ダリト女性たちの全国的な組織としては、一九九五年の北京会議を契機に、同年デリーで創設された全国ダリト女性連盟が代表的なものである。

ダリト・フェミニズムの台頭を背景にして、ダリト女性による自伝や創作作品が注目され、次々と英語にも翻訳されつつある。こうした状況は、世界的な出版産業の思惑とも結びついており、手放しで歓迎することはできない。しかし少なくとも、「インド女性」を語るときに、カーストの軸を抜きに語ることはできないことを明確に示している。実際、一九九〇年代以降、インドにおけるジェンダー研究は、インドの家父長制を理解する際にカースト秩序とジェンダー秩序の有機的な関係性を探ることに留意するよう、細心の努力を払いつつある。

グローバル化のなかで

情報のグローバル化が加速するなかで、インドにおける性的マイノリティの運動にせよ、カースト差別を問う運動にせよ、ローカルとグローバルは緊密性の度合いを深めている。今世紀に入って、プライド・パレードがインド各地で組織され、「レインボウ」がキータームとして使われ、二〇一一年、カナダのトロントで始まったスラットウォークは、同年にデリーでインド版が行われた。一方、二〇〇一年に南アフリカのダーバンで開催された国連の人種主義に関する会議では、ルース・マノーラマも含むダリト活動家たちが存在感を示した。このようにダリト運動のグローバルな組織化も顕著である。

経済自由化の恩恵を受けた一部の都市部中間層は特に、インターネットによって国内外でつながっている。そうした中間層の女性たちのライフスタイルにみられる変化は、ある種のバックラッシュも引き起こしつつある。例えば、バレンタイン・デーを祝う人々、クラブに通う女性、公の場所で信愛の情を表すカップルなどは、ヒンドゥー至上主義的な勢力の攻撃対象となる。二〇一二年一二月にデリーで起きたバスのなかでの集団強かん致死事件（キーワード解説「強かん関連法」参照）などに典型的にみられる女性への暴力事件も、女性たちの職場進出、行動範囲の拡大と無関係ではないと思われる。女性に対する暴力の問題は、一九七〇年代以来、フェミニズム運動にとって大きな課題の一つであり続けているが、最近は、ソーシャルメディアの発達によって運動の形態は多様化しているようである。例えば、公の場でのセクシュアル・ハラスメントへの抗議を表明する「ブランク・ノイズ・プロジェクト」（二〇〇三年）、メトロでのハラスメント事件をきっかけとして始められた「プリーズ・メンド・ザ・ギャップ」（二〇一一年。ロンドンの地下鉄で放送される案内「プリーズ・マインド・ザ・ギャップ」のもじりであろう）によるフラッシュモブなどである。また、バレンタイン・デーを祝うことへのヒンドゥー至上主義団体による攻撃に対して、ピンク・チャッディー（ピンクのパンティー）を同団体の長に送ることをネットで呼びかけた運動など、その活動スタイルは斬新で、従来のフェミニズム運動と比較したとき軽快感がある。こうした運動が、インターネットにつながることが可能な都市部エリート女性のみに限定されたものに終始するのか、今後の動向が注目される。

（粟屋 利江）

参考文献

粟屋利江　二〇一五「フェミニズムとカーストの不幸な関係？──ダリト・フェミニズムからの提起」粟屋利江・井上貴子・井坂理穂編『現代インド5　周縁からの声』東京大学出版会。

江原等子「クィア政治」、同書。

Mitra-Khan, Trishima 2012. "Offline Issues, Online Lives? The Emerging Cyberlife of Feminist Politics in Urban India," in Srila Roy ed., *New South Asian Feminisms: Paradoxes and Possibilities*, London and New York: Zed Books.

コラム3

ローカル・ガヴァナンスを変える女たち

「昨今のパンチャーヤット会議は、女性議員の発言でかまびすしい」

これは筆者の調査村（ケーララ州ティルヴァナンタプラム郡S村）で男性議員に聞き取りをした際出てきたコメントである。二〇〇七年から継続調査をしてきたなかで、きわめて新鮮な発言といえる。ちなみに、パンチャーヤットとは農村部の地方自治組織のことである。女性枠導入時は、女性議員の発言がときには威嚇とともに遮られるなど、村落政治の男性中心性とそれを枠づけるジェンダー規範があからさまに認められたが、それが次第に変化してきた様を、このコメントは物語っている。

このコラムでは、一九九二年の七三次・七四次憲法改正による地方分権化と、それに伴い導入された三三・三％の**女性留保枠**と女性事業を通して、村落ガヴァナンスに参入した女性たちの達成・可能性と課題の一端を、ケーララの調査村を中心に示そうと思う。

ケーララ州の分権化策と女性のローカル・ガヴァナンスへの参加

インドの女性の政治参加は皆無ではなかったが、国政・地方政治を問わずきわめて低調かつ名目的で、女性が政治に参加するうえでの様々な制約をみえにくくさせ続けた。しかし近年、国政レベルで一九九六年以降毎年上程されてきた女性留保議席法案（下院・州議会議席の女性枠導入）が、二〇一〇年三月、はじめて上院を通過し、下院では時間切れ廃案となったが、一つの前進といえる。

地方自治に関しては、前出の一九九二年の憲法改正による地方分権化が画期的である。これは、県・郡・村議会における女性枠と指定カースト・指定部族枠の導入も含めて、財源、機能、機能主体を地方自治体に配分し、民主的分権化を保証するうえで「静かな革命の始まり」と呼ぶにふさわしい出来事といえよう。

女性枠導入による最大の政治的意義は、ローカル・ガヴァナンスにおけるジェンダーに配慮した政策形成と、その普及を通した生活改善とジェンダー規範再構築への期待にある。しかし実態は、歴史的・社会的・文化的多元性を背景に、著しい地域格差が認められる。筆者が研究対象としてきたケーララ州は、開発の分野では、経済的に低成長でも高い社会指標を達成（特に女性・女児に関して）した州として注目されてきた。しかし一九九〇年代以降、停滞する州経済と高失業率に加え、全国でも最も低いレベルの女性の労働力率やダウリー慣行の浸透、女児出生数の圧縮など、ジェンダー指標の悪化が指摘され始めた。同州で開発機運が再び活性化するのが、一九九六年のピープルズ・プランと呼ばれる独自の住民参加型の分権化策導入以降である。その最大の特徴は、各自治体に下ろされる開発財源の三五～四〇％を、自治体が策定する計画事業に一括補助金として留保する点にある。この留保額の一〇％が、ジェンダー予算として女性事業に指定される。さらに、事業資金の七〇％が村自治体に配分されることから、地域ガヴァナンスに住民男女の参加が促される大きなきっかけをもたらしている。

女性議員の役割と「三重の負担」

女性議員の政治参加で期待される点は、既存のローカル・ガヴァナンスにおけるジェンダー配慮であり、ジェンダー規範の再構築をもたらす政策提言および事業の実施である。女性議員のメリットは、「ストレート・トゥー・ザ・キッチン」と端的に表現されるように、女性固有とされる領域に容易にアプローチ可能な点にある。事業計画提案においても、安全な飲料水、家庭内衛生など、家庭生活における環境改善が女性議員よ

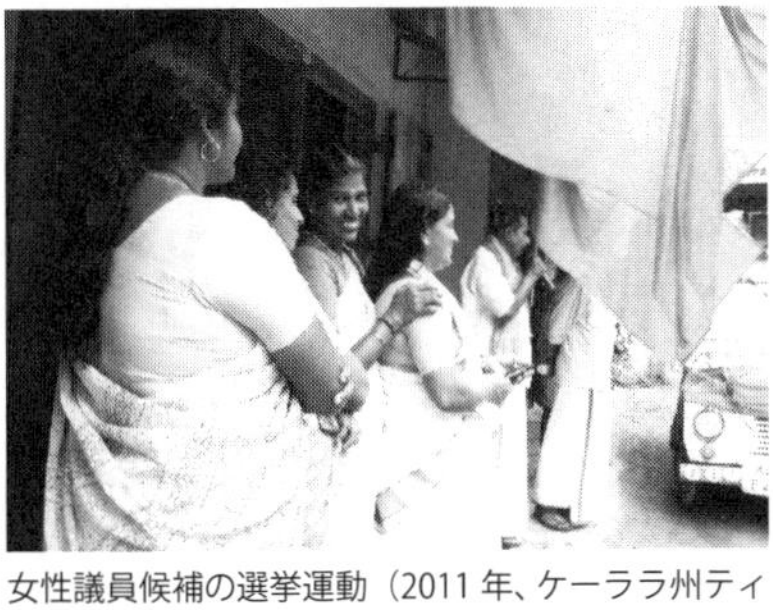

女性議員候補の選挙運動（2011 年、ケーララ州ティルヴァナンタプラム郡 S 村、筆者撮影）

り提案され、道路や街頭、教育施設など社会インフラ整備を要求する男性議員と対称をなす。

また女性議員の誕生により、村落行政が女性住民に接近しやすくなり、州計画委員会による大規模調査では、公的支援や給付に関する相談の他に、家族問題や隣人問題など私的領域に関わる問題がもち込まれている点が明らかにされている。これはケーララ州の村落コミュニティにおける人間関係の変化を示すのみならず、議員に対し地域や家族問題を調停する役割が期待され、特に、女性議員の場合、その比重が高まっていることを示唆する。このような状況は、ジェンダーを含めた親密圏の問題がくみ上げられ、より適切な施策が編み出され得る点で有意義であるが、選挙区民をケアする「母」というジェンダー役割再生産の問題が浮上する。

一方で女性議員が職務遂行上抱える問題は、多岐にわたる。公的職務にはじめて就く女性議員の割合は半数にのぼり、経験・知識不足が認識され、議員講習が強く要請されてきた。「家事やコミュニティの仕事をしている間、男性議員は居間で新聞やテレビから職務関連の情報を得ている」と不満をもらしながらも、彼女たちには「性役割分担を問いなおすには時期尚早」という現状認識もある。そのため、彼女たちは、議員職も加えた「三重の負担」を担っていると指摘されてきた。それでも新議員の聞き取りでは「負担感」は軽減する傾向にあり、一方、男性議員のなかには洗濯・買い物や子どもの送り迎えなど、以前にはみられなかった家事・育児へ参加する事例もみられる。

ジェンダー予算による女性事業クドゥンバシュリー

女性事業クドゥンバシュリーは、州政府が一九九八年に開始した女性を対象とする参加型の女性のエンパワーメント・貧困削減事業で、ジェンダー予算事業としては最大のものである。二〇一五年時点で五〇%の世帯が加入し、組織された近隣ユニットを中心に、小規模貯蓄・起業活動を通して家計管理と収入創出の試みが行われている。S調査村では、女性議員全員が同組織の会員である。ここでは当初のクドゥンバシュリー活動が多岐化している様を、女性のガヴァナンス参加とネットワーキングという点から示したい。

まず第一が、近隣ユニットのコンソーシアム化である。当初は、多くが単一ユニットによる生産・販売活動で、地域内消費が主であった。その後、数ユニットが提携し、生産規模と市場競争力を拡大させる展開がみられる。事業内容は、アパレルや食品、洗剤、化粧品類などの製造・販売で、州クドゥンバシュリー・ミッション局の支援を受けながら共同で事業展開をしている。

第二の動きが、第一とは逆の新コミュニティ化である。会員は毎週ミーティング時に、関連作業以外の活動を広げている。調査村では、時事問題に加え、家庭と近隣における出来事や問題を話題にするなど、「喜びや悲しみを共有する仲間」(元パンチャーヤット議長の女性の言葉)と表現するユニットもある。若い主婦が中心のユニットでは、子どものための童話の読み聞かせをするなど、本来の目的とは異なるが、疎遠となりがちなコミュニティの人間関係を再接合し、活性化させる方向性も示している。

第三が、州政府によるクドゥンバシュリー事業の改変計画への抗議運動である。改変計画の内容は、二〇一一年の政権交代後に国民会議派を中核とする連立政権(統一民主戦線)が、前政権であるインド共産党(マルクス主義)率いる左翼民主戦線によって施策・導入された同事業を大幅削減し、与党の貧困削減事業に連邦政府の貧困削減事業予算を配分するものであった。この計画発表後、各地の会員が州庁舎前に結集し、大規模な抗議集会を展開した。参加者数は二〇〇〇人にのぼり、集会は昼夜を問わず九日間に及んだ。その抗議は、夜間の路上ピケとスローガンの唱和に加え、歌やダンスという「ソフト・パワー」を織り交ぜ、ジェンダー化されたケーララ社会の時空をしなやかに越境する抵抗と実践として展開された。事態を深刻に受け止めた州政府は、連邦政府の勧告もあり、同組織代表と交渉し、最終的に計画を白紙撤回した。

この拡大するクドゥンバシュリー事業の特徴は、会員が所属/支持政党と無関係に組織される点にある。村落まで高度に政治化されたケーララ社会で、政党をゆるやかに横断し生まれる「もう一つの帰属と連帯」は、女性議員が様々な支援を得るよりどころでもあり、その意味でも、貴重な「社会関係資本」を形成しているといえる。州レベルでは女性議員の六〇％が会員であり、調査村では議員全員が所属する事実からも、この活動を通して確実に女性のリーダーシップが養われているのは明らかである。

成果と今後の課題

以上示した事例にみるように、ケーララ州の女性たちは、それまで控えめであった政治参加や経済参加、ネットワーキングにおいて、問題を抱えながらも、着実に政治的意思決定と実践の場に参入し、力をつけているといえよう。

ケーララ州はパンチャーヤット法を改正し、二〇一〇年一〇月の選挙から、女性枠をそれまでの三三・三％から五〇％に拡大した。その結果、調査村のように女性議員がマジョリティを占めるパンチャーヤットも出現している。この女性枠拡大については、女性が地域ガヴァナンスの担い手たり得るとする積極的解釈と、ジェンダーニーズを反映させるにはそれでも不十分とする批判的解釈に二分されている。しかし、女性枠導入と拡大は女性の村落ガヴァナンスへの参加を確実に拡大し、公共圏と親密圏を架橋する様々な実践と交渉を通し、既存のジェンダー規範を変化させている様を調査村の事例は示している。

（喜多村 百合）

参考文献

喜多村百合　二〇一三「インドのデモクラシーとジェンダー」水島司編『激動のインド1　変動のゆくえ』日本経済評論社。

喜多村百合・萱野美佐子　二〇一五「女たちが政治に参加するとき」粟屋利江・井坂理穂・井上貴子編『現代インド5　周縁からの声』東京大学出版会。

Vijayan, Aleyamma 2007, "A Decade of Gender Mainstreaming in Local Governance in Kerala," in M. A. Oommen ed. *A Decade of Decentralization in Kerala: Experience and Lessons*. New Delhi: Har-Anand Publications.

第2章

経済と労働

グジャラート州アフマダーバードのスラム。自宅の戸口に座り、ボタンに細かな飾りを接着剤でつける内職労働をしている。内職労働の手間賃は驚くほど安いのが相場。こうして美しいボタンができあがる（2017年、アフマダーバード、筆者撮影）

1. 働くインドの女性たち

インドでも、女性は様々な形で有償・無償の労働に従事している。その労働の意味は、厳しい生活環境のなかでの自身や家族の生存維持、エンパワーメント、社会経済発展への貢献など多様で、それは彼女たちが生きる時代と環境の影響を受けて変わってきた。本章では、ジェンダーと経済・労働をテーマにし、社会階層や教育水準などの個人属性から、経済政策・制度や産業構造、所得水準の変化まで、女性の労働力化や働き方に影響する要因、また、労働の実態を論じた文献をできるだけ幅広く紹介することで、インドにおける女性の労働力化の意味や背景について改めて考える素材を提供したい。そこで第2節では、女性の労働力化の変化を総論的に論じた文献を紹介する。第3節・第4節では、新興産業や伝統産業など、女性労働者の参入が目立つ産業・職業分野における議論を、第5節では、女性労働者の制度や組織化に関する文献を取り上げる。

2. 経済発展・労働市場・ジェンダー

一九八〇年代は、多くの国で「労働力の女性化」（大まかには、労働市場において男性から女性への代替が進む過程）が進行した時代といわれた。インドでも九〇年代頃にはこうした議論が盛んになる。インドは、八〇年代末に未曾有の経済危機と政治的混乱が続くなか、それまでの内向きで規制的な経済政策から舵を切り、九一年から経済の安定化・自由化を進める経済改革に乗り出した。そしてその影響は、女性の労働市場にも及んできた。マクロレベルで論じられてきた女性の労働力化、ないしその足踏みをめぐる議論について、まず紹介する。

労働力の女性化

女性は従来から家事労働以外に、薪集め、水くみ、燃料づくり、家庭菜園などの様々な生存維持活動を担ってきたし、無償の家族従業者として家業を手伝い、また内職や日雇い労働に従事するなど経済活動にも携わってきた。しかし、その実態は十分に把握されず、女性労働は多くが「見えざる労働」となってきた。やがて統計手法の改善を伴いながら、インドでも様々な分野で労働力の女性化が確認され、議論が進む。後で紹介するニルマラ・バナジーらは、早くから農業部門における女性化を論じていた。また木曽順子は、インドにおける見えざる労働の状況と背景、そして一九九〇年代初めにかけて一定の分野で進んだ女性化の実態と理由を整理・分析している〔木曽　二〇〇三〕。さらにディーパ・ムカジーは、経済改革以降雇用が増えた経済領域における、ジェンダーバイアスに注目した。教育や健康など対人ケアが必要な既存分野では女性ゆえの参入障壁はかえって低く、航空関係、ＩＴ（情報技術）活用サービスなど新興分野となると、参入・賃金ともにジェンダー間格差はない。しかし、女性の雇用増がその賃金水準次第という分野も多い。女性の教育・職業訓練（コラム６参照）、組織化、雇用者の意識改革などが必要だという〔Mukherjee 2008〕。

またパドミニー・スワーミナータンは、女性の教育と雇用が逆方向のベクトルで変化してきた点に注目した（キーワード解説「女子教育」参照）。例えば、二〇〇一年人口センサスによると、男性の識字率（七歳以上人口のうち言語を理解して読み書き両方ができる者の割合）は人口全体より労働者のほうが高い。しかし女性の識字率は労働者のほうが低く、したがって、労働力化しているのは非識字者である。また女性にも一定の規模で高学歴層が存在するが、高学歴労働者に占める女性の割合はきわめて低いという。そして同時に強調されたのは、開発がジェンダー・ギャップを埋めていない点であった。開発に包摂されてきた女性の多くが、組織部門（公的部門や民間の雇用規模一定以上で、主要な労働・社会保障法の適用対象となる事業所）ではなく、農業を含む非組織部門（組織部門以外で、零細で雑業的な事業所・自営業者等）で働いているが、なぜそうなのかを、女性の抑圧構造に注目するフェミニズムの視点を入れ、問い直す必要性を強調する〔Swaminatan 2008〕。

労働力の脱女性化

さらに近年は、「労働力の脱女性化」も指摘されてきた。議論の発端は、全国標本調査（ＮＳＳ）データで、女性の労働力率（ここでは、人口に占める労働者の割合）が二〇〇四／〇五年から〇九／一〇年に低下したことであった。ヴィノージ・アブラハムは、その理由として三つの仮説を紹介した。第一は、若年女性の就学率上昇の影響と考えるポジティブな見方、第二は、農業停滞や経済成長の鈍化により労働市場から女性が撤退したためとするネガティブな見方、そして第三は、農業危機により二〇〇四／〇五年に家計補助労働者として労働市場に参入した女性が、その後撤退し始めた結果との見方である〔Abraham 2013〕。第三の仮説の前提には、二〇〇〇年代初めの労働力率上昇に着目した、アブラハムの議論があった（第4節で後述）。アブラハムは、女性の労働力率と労働力に占めるシェアは、一九七二／七三年ＮＳＳ以来農村ではほぼ一貫して低下し、都市では停滞してきたのであり、二〇〇四／〇五年の上昇がむしろ例外的現象であったと分析した。家計に余裕ができると、女性は労働市場から撤退することで、家事労働との二重の重荷から逃れ、かつ家族の社会的地位の上昇を図っていること、他方、この脱女性化の流れのなかでも、貧困女性はなお周辺的な労働市場にとどまるか新たに参入し、労働力の女性化は、そうした分野で起こっていると述べる。

インドラニ・マジュムダールとN・ニータも、二〇〇九／一〇年の女性の就業率（ここでは、人口に占める就業者の割合）の低下に注目した。一九九三／九四年以降のデータを用い、就業率上昇時には無給の家族従業者シェアが増え、就業率低下時には縮小したこと、無給の家族従業者シェアと日雇い賃金労働者のシェアが負の相関を示してきたことを指摘し、経済自由化の時代に進む女性の労働力化が、何ら安定した賃労働への参入ではなかった点がここでも強調される。ただし、都市では常用雇用シェアが拡大したという〔Mazumdar and Neetha 2011〕。

他方でプリート・ルスタギは、女性の雇用分野や雇用の質の変化を明らかにしている。つまり、農業から非農業への移行、他方で、サービス業・建設業における女性雇用の増加と製造業における伸び悩み、農業における無給の家族従業者からおそらく零細ではあろうが自営業者への移行、特に都市また新興サービス業における常用雇用シェアの拡大、その背景にある女性労働者の教育水準の上昇、ただし適切な雇用機会の欠如による高学歴者の失業問題、なお多い低賃金の不安定雇用などが、NSSデータで確認された。労働市場における女性のこうした再配置は、ジェンダー平等にも、逆に一層の職域分離にもつながり得ると述べている〔Rustagi 2013〕。

表1　労働力率の変化

(%)

年	女性		男性	
	農村	都市	農村	都市
1977/78	33.8	17.8	55.9	53.7
1983	34.2	15.9	55.5	54.0
1987/88	33.1	16.2	54.9	53.4
1993/94	33.1	16.5	56.1	54.3
1999/2000	30.2	14.7	54.0	54.2
2004/05	33.3	17.8	55.5	57.1
2009/10	26.5	14.6	55.6	55.9
2011/12	25.3	15.5	55.3	56.3

出所：Abraham 2013、Table 2より一部抜粋。

3. 躍進する女性

経済改革以降の産業構造の変化、新興産業の出現と成長は、女性の雇用分野、働き方に大きな影響を与えてきた。それはまた、当人たちの経済力向上やエンパワーメントだけでなく、世帯レベルでの所得上昇や社会移動、中間層の拡大にもつながってきた。ここでは、新興の経済分野に参入して働く女性と、また「企業家」とも称される女性自営業者の増加に関連する文献を取り上げる。

ＩＴ活用サービス

プリーティ・シンとアヌー・パーンデーは、デリー首都圏のコールセンターで働く女性一〇〇人の調査から、個人属性や労働の特徴・問題点を指摘している。つまり、若く未婚で恵まれた家庭環境の出身者が多いことが従業員の特徴であり、給与は比較的高く労働環境もよい。とはいえ、女性は男性に比べて職務・給与ともに低レベルの仕事に集中していること、深刻な健康被害、昇進や結婚後の継続の難しさ等々も指摘している。女性の家庭外就労に従来は保守的といわれてきたビジネス・カースト出身者が予想外に多かったともいう〔Singh and Pandey 2005〕。

またリーナー・パテールは、このグローバル産業への女性の参入の意味

職業訓練所でコンピューター技術を学ぶ（2013年、アフマダーバード、筆者撮影）

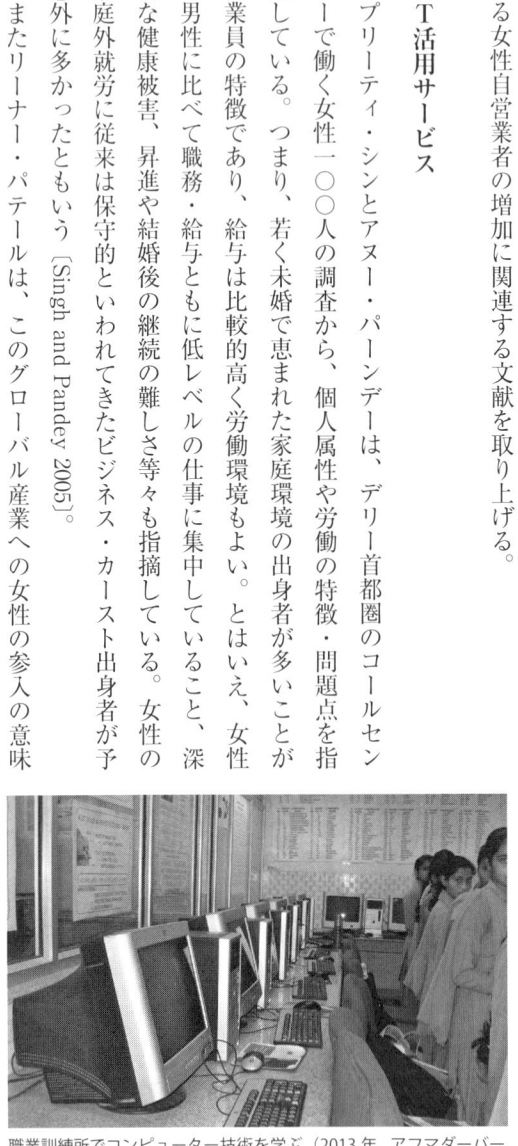

を、関係者へのインタビューに基づき考察した。インドでは女性の深夜勤務に対し、リスク面でもジェンダー規範という点でも社会的抵抗が今もきわめて強い。そうしたなかで、主に中間層を出自とし一定以上の教育を受けた女性たちが、海外向けで深夜勤務の多いコールセンターで働く動機、またその就労が、女性自身の意識、家族の社会的・経済的地位の変化、ジェンダー規範の変容などにどう関わっているのかを探っている〔Patel 2011〕。

スーパーマーケット・ショッピングモール

ナンディニー・グプタは、コルカタのショッピングモール等で調査し、従業員の特徴を考察した。性別構成は明らかにしていないが、回答者は正社員で学歴は高卒以上、多くが大卒だが、父親は労働者階級や下位中間層と位置づけられた。就業理由は、家計補助、労働市場で競争力をもつ資格の不足、公的部門における雇用機会の減少、新しい若者向きの仕事の魅力などだが、特に女性従業員の場合、家族からの自立、家計への貢献による家庭内での立場の確立、生活・消費スタイルの拡張、職業スキルや経験の獲得なども、動機として挙げられた。労働者階級とは一線を画し、労働条件に不満はあっても組織化には懐疑的だという〔Gooptu 2009〕。また、ショッピングモールの女子従業員に関するプラティバー・ゴーヤルらの調査でも、父親（一部は夫）の半数以上が、職人など熟練ブルーカラー労働者であった〔Goyal, Goyal and Saran 2009〕。新興の経済分野が、職業の世代間移動のみならず、新中間層の登場や拡大に貢献していることを示唆しているといえる。さらに、ビジョイ・バサント・パトロのルポルタージュによると、この仕事の魅力は、伝統的な小売店舗と大きく異なるしゃれた現代的な職場環境にあるが、賃金・労働時間などの労働条件は決してよくないという。スーパーで働く従業員のピラミッド構造、外部エージェントを介した派遣労働者中心の不安定な雇用関係、厳しい労働環境、労働法適用の不備等も指摘している〔Patro 2008〕。

組織部門製造業――工場と経済特区

製造業の組織部門、つまり工場法登録工場で働く労働者は、独立後の法制度の充実や労働運動の展開により、非組織部門で働く他の多くの労働者に比べると、恵まれた雇用・労働条件を享受してきた。しかし、一九八〇年代以降労働者数は伸び悩み、その頃から一部の労働集約的な製造業分野で、男性から女性への代替が進んだ。ニルマラ・バナジーは、当時女性労働者の雇用が増えていた輸出指向産業を取り上げ、女性労働者が選好される基本的な理由として、国際市場における衣類縫製品需要の変動性・不安定性を指摘した。つまり、需要が不安定なため、経営側は雇用の柔軟性を確保しようとする。そこで、非近代的な設備での苛酷な労働や低賃金に甘んじ、労働運動になじみがない労働者として、女性を多く雇うと分析した〔Banerjee 1991〕。

その約二〇年後、アーラーダナー・アガルワールが自著で強調したのは、経済特区が組織部門で働く女性の増加に貢献してきたという側面である。そして、女性の割合が高いのは確かに繊維、履物などの伝統産業だが、IT／IT活用サービス、薬品などの技術集約的産業でもかなりの割合を占めているし、経済特区は彼女たちにスキル・経験を積む機会を提供していると述べる。加えて、女性は未婚率が高いので経済的エンパワーメントの重要性は高く、経済特区での雇用は、搾取・ハラスメントより女性のエンパワーメントにこそ貢献していると主張した。インドは他の国に比べて特区における女性労働者の割合が小さく、しかも低下し続けてきたこと、女性のほうが平均賃金が高い特区の存在、法遵守の状況、企業内訓練の実施状況等も論じている〔Aggarwal 2012〕。

他方シャーリニー・シンハは、そのエッセイで、請負、短期契約、無給の超過勤務、夜間勤務、最低賃金すら無視された低賃金、ヘルパーのままでの昇進機会の欠如、性的嫌がらせ等、経済特区で働く女性労働者の雇用・労働環境の劣悪さ、また組織率の低さを、既存文献から指摘した。インドでは労働法は特区にも適用されているが、履行実態はお粗末だと述べる〔Sinha 2008〕。

企業家

「経営者の女性化」と呼べる状況がデータ上みられるとしても、その評価は単純ではない。NSSの定義によると、自営業者には単身の自営業主、無給の家族従業者、従業員のいる経営者が含まれる。業種も規模も多様で、事業の性格も伝統的なものから現代的なものまで幅がある。事業所の規模の差は大きく、また、雇用規模でインフォーマル・セクター（一般的に、農業部門を除く非組織部門）に分類されても、生産性の高い事業や資本規模の大きい事業もある。また事業者当人の教育・技術レベル、出身階層や、事業開始の動機等も大きく異なっていよう。

D・ナーガイヤとS・シャヒーナー・ベーグムの編著書は、企業家精神、ジェンダー平等などをキーワードに、零細・小規模企業の女性企業家に関する文献を多数紹介している。例えば第二章では、父親や夫の職業からビジネス家系の者が多いこと、一定の教育・訓練を受けた者が多いこと等を三つの実証研究から指摘し、別の五つの実証研究からは、参入動機について、中所得家庭の出身で教育を受けた女性ならば、経済的自立、家庭や社会における地位の確立、目標達成などであり、低所得家庭の出身者ならば、家計補助、家計の改善だとまとめた。第三章では、それまで男性中心であった仕事領域に参入し始めたこれら女性企業家の、個人属性・出自や企業家精神、事業成績へのそれらの影響、発展の制約要因などを、様々な既存研究から紹介している〔Nagayya and Begum 2012〕。またG・デ・ネーブは、新興ビジネスの経営への妻のコミットメントの意味を論じた。農業カーストのガウンダルは、アパレル産業に進出し中間層化を遂げている。息子・娘ともに高等教育を与えているが、教育に期待されるものは男女間で異なる。カースト内婚が多く、妻が嫁ぎ先で事業経営に関わることは多いが、それは夫の許可があるときのみで、身内のほうが信頼できるという強固な家族関係や、子育てサポートが得られる拡大家族での生活によって可能になってきた。家族ビジネスへの女性の関わりは、必ずしも女性本人の意思によって実現されているわけではない〔De Neve 2011〕。

また、製造業における女性企業家の増加に着目し、女性の政治的エンパワーメントが経済的エンパワーメントに影響してきたとの議論もある。エージャーズ・ガーニーらは、非組織部門製造業のマクロ・データから、女性企業家の増加を確認し、それを女性に対する留保政策（地方議会における議席数等の留保。キーワード解説「女性留保枠」参照）が経済面でも女性をインスパイアした結果だと評価した。分析は荒削りだが、興味深い論点といえよう。〔Ghani, Kerr and O'Connell 2013〕。

4．底辺から支える

女性が従来から進出していた伝統的な労働分野では、性別分業、見えざる労働、家計補助労働、非正規雇用、日雇い、委託労働等がキーワードになってきた。こうした旧態依然の厳しい雇用・労働条件のもとで働く女性は今も多いが、そこでも多くの変化がみられる。

農村労働者

農村でも女性は、様々な農作業を担い農業を支えてきた。統計的に見えざる労働になりやすいため、なお過小評価の可能性はあるが、人口センサスによると、農業就業者に占める女性比率の拡大は、一九七〇年代からみられた（コラム5参照）。特に七〇年代における農業の女性化を指摘したバナジーは、原因を次のように指摘していた。一つは、農村における男性の就業率の低下、もう一つは労働力需要の拡大で、とりわけ農繁期には男性農業労働者を地域外から調達するより前に、地元の女性労働者を活用する傾向が強かったという。さらに、女性耕作者の増加の背景や、女性農業労働者の増加率と貧困率との相関について考察し、女性農業労働者の増加は、貧困より労働力需要の拡大が原因と分析した〔Banerjee 1989〕。

他方、第2節で触れたように、二〇〇〇年代初めの農村における労働力率上昇は、農家の窮乏化との関係で論じられることが多かった。例えば、先に紹介したアブラハムは、一九九〇年代末から農業が著しい停滞を示すなか、それまで非労働力化していた女性や比較的高齢の人々が、貧しさゆえ家計を助けるため労働市場に押し出されたことが労働力率上昇の理由だと論じた。途上国では、家族全体の最低生存維持が保障されるまで、労働市場に送り出す家族メンバーを増やしていくと指摘する〔Abraham 2009〕。また、シャラド・ランジャンもNSSデータを使い、ウッタル・プラデーシュ州に限定して非農業部門への就業増加の原因を追究した。同州では一九九〇年代後半から非農業雇用の割合が大きく増えたが、それはどちらかといえば農村の窮乏化が原因で、特に女性の場合そうであった。農業所得が低下し、それが女性を低賃金の製造業や建設業など非農業部門の労働に押し出した主要因だという〔Ranjan 2009〕。

建設日雇い労働

貧しく雇用が不安定な日雇い賃金労働者が集中しているのは、農村ならば農業労働者だが、都市では建設産業がその一つだろう。二〇〇三〜〇四年に国家女性委員会（NCW、女性の人権擁護のための政府組織で一九九二年設立）は、デリー、ジャイプル、ベンガルール、ムンバイー、パトナーで女性建設労働者に聞き取り調査を行っている。スジャーター・マドークはこの成果から、経済グローバル化が進むなかで、活況の建設産業を支える労働者が、苛酷で旧態依然の労働条件に縛りつけられていること、労働者の三分の一が女性と子どもであること、同時に経済自由化による民間資本と外資の積極的参入が、建設産業の機械化を促し、労働需要、特に女性未熟練労働者への需要減につながっていること、それが今後さらに加速する可能性などを指摘している〔Madhok 2005〕。また木曽は、アフマダーバードでの調査から別の側面を描いた。六つの「寄せ場」で働く男性の熟練・未熟練労働者と女性未熟練労働者を対象に行ったフィールド調査では、日雇い建設労働者の法定最低賃金ひいては賃金の上昇、そして男女ほぼ同一の賃金の実現が観察された。とはいえ、男性と異なり女性に専門的技能をもつ熟練労働者がいないこと、その結果、寄せ場での上向移動可能性が女性にはほとんどない点、ただし、きわめて不安定な雇用関係と引き換えに日当水準が他の日雇いより高いこと、村から夫とともに出稼ぎに来ている女性が多い点なども指摘している〔木曽 二〇一二〕。

露天商

露天商は従業上の地位では自営業者にあたり、いわば最も零細な企業家といっていいだろう。シャリト・K・ボーミクによると、露天商は参入経路によって二つのタイプに分かれる。第一のタイプは、職を求めて都市に移住し、何のスキルもなく路上販売に流入した人々である。第二のタイプは、大規模工場の閉鎖等によって組織部門の職を失い、露天商に流入した男性とその妻というケースであった。ここでは、七つの都市の露天商規制政策とともに、女性を含む各三〇〇名の露天商調査から、各都市における実態が比較された。例えばアフマダーバードでは、多くの女性露天商が**自営女性協会（SEWA）**によって組織化されている。コルカタに女性露天商は少なく、その理由は、①男性が路上を支配しているから、②移動型の行商のほうが、ハラスメントのリスクが小さいからだという。また、下作業などをするなど、女性が家庭内で夫の路上販売を補助していることに触れているが、家内工業同様、女性が裏方の見えざる労働としてその仕事を支えている可能性は大いにあろう〔Bhowmik 2001〕。

家事サービス

家事サービスも今なお見えざる労働になりやすい仕事の一つである。そのため正確な数値を示すのは難しいが、インドには四〇〇万人の家事サービス労働者がおり、九二%が女性や子どもで、二〇%が一四歳以下との推定もある〔NCEUS 2008〕。N・ニータは、家事サービス労働者（コラム4参照）は近年急増しており、統計精度の向上に加え、需要面では経済成長と都市化が、供給面では農村の農業危機がその原因だという。住み込みのフルタイムではなく通いのパートタイムが多くなっており、フルタイムには指定部族出身者が、通いには指定カースト出身者が多く、階層の多様化もみられた。特に興味深い指摘は、斡旋業者の増加である。デリーを事例にその仕組みが紹介され、業者はNGOなど非営利の支援組織と営利目的のものに分かれる。特に後者は、仲介の募集人を使って村から調達し、雇用関係は搾取的である。職場が個人の一般家庭であるといった仕事の特殊性が、労働・社会保障法の適用を難しくしてきたこと、そして近年の法整備の動きが最後に論じられている〔Neetha 2009〕。

家事サービス労働者の労働・社会保障法適用に関しては、ニムシャカヴィ・ヴァサンティが論じている。分析には、アーンドラ・プラデーシュ州ハイダラーバードの関係労働者団体による聞き取り調査データが用いられた。様々な労働・社会保障法が、労働者・企業・雇用主等の用語の定義との関係で、また、仕事の場が個人の一般家庭であるとの特殊性から、家事サービス労働を適用対象外としてきたが、例えば児童労働法や、いくつかの州で最低賃金法が改正され、家事労働者にも適用されている。しかし調査によると、家事サービスに従事する回答者(全員女性)の八〇%が、法定最低賃金や有給休暇を知らなかった。回答者は八四%が後進階級(指定カースト、指定部族、その他の後進諸階級)、学歴は高校卒が一二%で、識字率が高かったのは、炊事・洗濯ではなく、料理、子ども・高齢者ケアの仕事を担う常勤の女性であった〔Vasanthi 2011〕。

内職労働

内職労働も見えざる労働になりやすい働き方の一つである。特に女性の場合、内職は家事のかたわら片手間に行われる仕事とみなされ、その手間賃の低さと相まって、当人自身が労働と自覚していない場合も少なくない。アフマダーバードにあるガーンディー労働研究所は、一九八六年に国際労働機関(ILO)、労働省、SEWAとの共催で内職労働者に関するワークショップを開催し、のちに報告書を刊行した。内職労働者とは、広義には自宅で経済活動を行っている者だが、同書が主に論じたのは、家庭内で、高価な機械・設備等は使わず、特定の業者との委託関係のもと、搾取的な手間賃で作業を請け負っている労働者の実態、関連制度、組織化等で、分析対象は多くが女性であった。刊行時期は古いが、同書には多くの議論やケーススタディが盛り込まれており、今も大量に存在する女性内職労働を理解するうえで参考になるだろう〔Patel 1989〕。また、雑誌『レイバー・ファイル』は、いわゆる内職労働の特集を組み、ジェンダーはあまり意識していないが、経済グローバル化が進むな

アガルバティ(お香)づくり(2010年、アフマダーバード、筆者撮影)

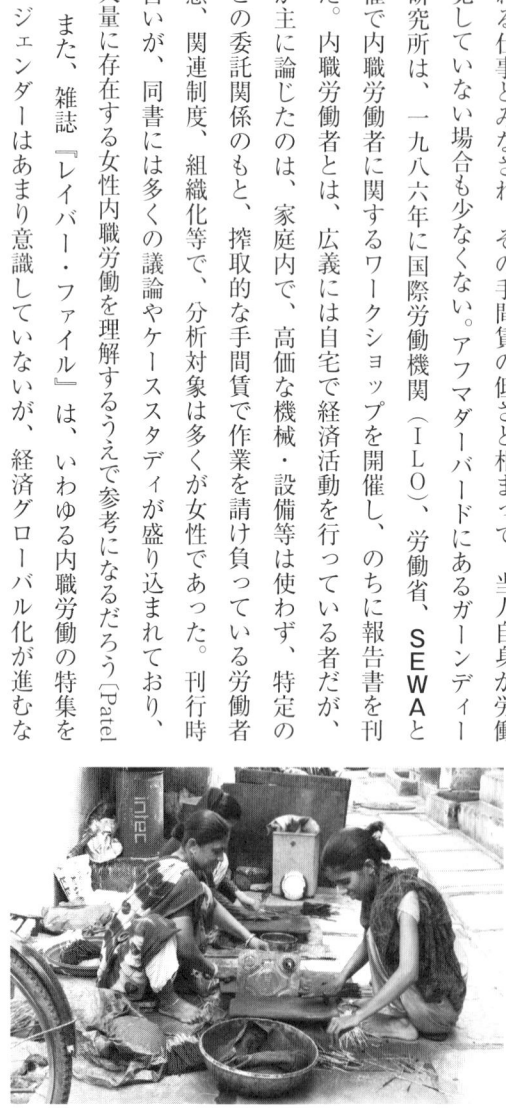

かでの内職の今日的状況に触れている。例えばシンドゥー・メーノーンのケーススタディが示すように、国内外を市場とするジーンズの製造過程の末端では、極端な低賃金で女性も内職労働者としてその分業を担っている。そして対極では、ビジネス・プロセス・アウトソーシング（BPO）などの新興産業で、比較的高い学歴の人々への業務の家庭内委託が増えている。従事者は内職労働者と区別して在宅勤務者とも呼ばれ、こうした業務請負は、むしろ前節に含まれるべき新たな仕事領域といえる〔*Labour File* 2006〕。

5. 制度・組織化とエンパワーメント

女性の労働力化を、女性の脱貧困やエンパワーメント、ジェンダー間格差の縮小につなげるうえで重要な法・制度や労働者の組織化については、これまで取り上げた文献でもいくらか扱われていた。最後にこの分野の文献をいくつか紹介する。

二〇〇六年に導入された全国農村雇用保障法（NREGA）は、登録世帯に対し、土木作業等の公共事業に年間一〇〇日の雇用を保障することを目指している。J・ジャヤランジャンは、この法が、食糧配給制度（PDS）、州政府による自助グループを融資基盤とするマイクロ・ファイナンスなど、他の社会政策と有機的に結びつくことで、いかに農村女性の就業と所得の拡大に貢献することになったのかを、タミル・ナードゥ州の村落での調査から明らかにしようとした。つまり、同法下で提供された雇用機会は農業労働者の賃金を上昇させ、また、個人レベルでも世帯レベルでも稼得源の複数化を可能にした。他方PDSは、土地無し労働者世帯を土地所有農家への従属から解放するとともに、きわめて低い価格での食糧確保を保障した。こうしたなかで信用市場への女性労働者の参加も活発化し、貧困層の暮らしの改善や女性のエンパワーメントがもたらされたという。ただし、農村経済の変容と発展への効果は制約されてきたと述べ、これら貧困層向け福祉政策の「成功」の質については評価を留保する〔Jeyaranjan 2011〕。

U・カルパガムは、一九八〇年代の既発表論文を中心に、その著書でジェンダーと労働を幅広く論じている。例えば第六章は、チェンナイ市の衣類縫製産業を取り上げ、生産工程、労働者の個人属性や雇用・労働条件とともに、従業員の組織化と労働運動の実情に触れている。工場法登録工場や、下請けなどのより小さな事業所で働く従業員の多くが女性で、雇用は季節的かつ不安定であった。一九七〇年代から八〇年代初頭にかけて、多くの企業で労働組合が結成され労働争議があったこと、その争議の内容や経営側の対応を事例によって示している。しかし、当時の労働運動の焦点は、主に法的権利の保障、賃金のわずかな上昇や雇用保障などの問題に絞られていた。蔓延する出来高給制度や、工場法適用回避・雇用調整等を目的とした便宜的下請けをなくし、工場法適用外の事業所を減らすことこそが、適用工場における法の遵守と同じくらい重要との考えは、女性に限らず非組織部門労働者が大勢を占めるインドでは、今にも通じる重要な指摘だろう。また、九〇年代初頭の状況にも触れ、輸出拡大とともに生産・雇用が恒常化してきた一方で、賃金水準はなお低く、にもかかわらず労働運動は低迷していると指摘している。また、第九章と第一〇章では、女性労働者の支援・組織化の団体として、働く女性フォーラム（WWF。一九七八年にマドラスで設立）とSEWAを取り上げ、当時の取り組みを概説している〔Kalpagam 1994〕。

次にスジャーナ・クリシュナムールティは、ムンバイー、ティルプル、デリーの三地域の衣類縫製産業の事例研究から、組織化が進まない理由を男女別に述べている。そもそも労働組合があるとの回答は、どの地域でも男女ともに非常に低かった。組合未加入の理由は男女間でいくぶん異なっており、男性は、労組の結成や労組への加入が失職につながるおそれがある、関心がない、時間がない、組合を信用していない、勧誘されたことがない、雇い主が嫌うなどを挙げた。他方で女性が挙げたのは、父親や夫が加入に反対する、組合のことを知らない、家事労働も抱えていて関わる時間がない、関心がないなどの理由である。男性はより主体的に労組を回避し、女性は埒外に置かれて情報すらないという状況がうかがえよう〔Krishnamoorthy 2006〕。また、スプリヤ・ロイ・チョードリは、ベンガルールの輸出用衣類縫製産業で働く女性労働者の搾取的労働の実態、工場の地理的分散や農村出身者が多いことが組織化を妨げたこと、それでも一九八〇年代に現れた組織化の動きが、経営側の対抗措置（工場の移転や閉鎖、結果としての労働者の失職）により頓挫したこと、労働運動への知識や理解が女性たちに欠けているなかで、二〇〇〇年に一種のオルターナティブとして登場したNGOの活動の実態・影響を論じた。工場は国際的なサプライチェーンの一部を構成しているにすぎないのだから、女性労働者の権利を守るには、海外のバイヤーや消費者も巻き込んだグローバルな連帯が必要だと述べる〔Chowdhury 2005〕。

問われる労働力化の意味

インドの女性の労働力化・働き方・労働条件の実態は、ここで紹介してきたように多様である。そしてそれらは、経済政策や経済グローバル化、経済構造・技術レベルの変化、家計の貧困化、逆に貧困緩和の影響を受けて変わってきた。また、女性をターゲットとした政策・制度、組織化、加えてインドではカースト、宗教、ジェンダーが関わる社会慣習や文化の変容も、女性の労働力化や働き方に大きな影響を与えているといえよう。したがって女性にとり、労働力化がもつ意味も多様であった。インドでは、経済改革以降、より豊かな労働者が多く生み出されてきた一方、今も労働者の五割近くが農業など第一次産業部門で、またおおよそだが九割以上が非組織部門で働いている。こうした厳しい労働市場で、女性がいかに経済的エンパワーメントを高めることができるのか、さらに女性のエンパワーメントやジェンダー平等の進展が、経済・社会をどう変えていくのか、今後の変化を見据え、考えるべき課題は多い。

木曽 順子

文献リスト

木曽順子　2003『インド 開発のなかの労働者―都市労働市場の構造と変容』日本評論社。

木曽順子　2012『インドの経済発展と人・労働』日本評論社。

Abraham, Vinoj 2009. "Employment Growth in Rural India: Distress-Driven?" *Economic and Political Weekly*（以下、*EPW*）, 44-16.

Abraham, Vinoj 2013. "Missing Labour or Consistent De-Feminisation?" *EPW*, 48-30.

Aggarwal, Aradhna 2012. *Social and Economic Impact of SEZs in India*, New Delhi: Oxford University Press.

Banerjee, Nirmala 1989. "Trends in Women's Employment, 1971-81: Some Macro-Level Observations," *EPW*, 24-17.

Banerjee, Nirmala 1991. "The More It Changes, the More It Is the Same: Women Workers in Export Oriented Industries," in N. Banerjee ed., *Indian Women in a Changing Industrial Scenario*, New Delhi: Sage Publications.

Bhowmik, Sharit K. 2001. "Hawkers and the Urban Informal Sector: A Study of Street Vending in Seven Cities," Research Paper of National Alliance of Street Vendors of India (NASVI), WIEGO website (http://wiego.org).

Chowdhury, Supriya Roy 2005. "Labour Activism and Women in the Unorganised Sector: Garment Export Industry in Bangalore," *EPW*, 40-22&23.

De Neve, G. 2011. "Keeping It in the Family': Work, Education and Gender Hierarchies among Tiruppur's Industrial Capitalists," in H. Donner, ed., *Being Middle-Class in India: A Way of Life*, Abingdon: Routledge.

Ghani, Ejaz, W. R. Kerr and S. D. O'Connell 2013. "Political Reservations and Women Entrepreneurship in India, "(Policy Research Working Paper), Washington D. C. : The World Bank

Gooptu, Nandini 2009. "Neoliberal Subjectivity, Enterprise Culture and New Workplaces: Organised Retail and Shopping Malls in India," *EPW*, 44-22.

Goyal,Pratibha, Mini Goyal and Sukhjeet K.Saran 2009. "Women Workers in Organised Retail Sector: A Study of Ludhiana City in Punjab," *The Indian Journal of Labour Economics*（以下、*IJLE*）, 52 -2.

Jeyaranjan, J. 2011. "Women and Pro-Poor Policies in Rural Tamil Nadu: An Examination of Practices and Responses," *EPW*, 46-43.

Kalpagam, U. 1994. *Labour & Gender: Survival in Urban India*, New Delhi: Sage Publications.

Krishnamoorthy, Sujana 2006. *Garment Industry and Labour Rights in India*, New Delhi: Centre for Education and Communication.

Labour File 2006, 4-2.

Madhok, Sujata ed. 2005. *Report on the Status of Women Workers in the Construction Industry*, NCW (National Commission for Women) website (http://bew.buc.ub/frmPub_Reports.aspx).

Mazumdar, Indrani and N. Neetha 2011. "Gender Dimensions: Employment Trends in India, 1993-94 to 2009-10," *EPW*, 46-43.

Mukherjee, Dipa 2008. "Women Employment in the New Economy: Clouds and Some Sunshine," *IJLE*, 51-4.

Nagayya, D. and S.Shahina Begum 2012. *Women Entrepreneurship and Small Enterprises in India*, New Delhi: New Century Publications.

NCEUS (National Commission for Enterprises in the Unorganised Sector), GOI 2008. *Report on Conditions of Work and Promotion of Livelihoods in the Unorganised Sector*, New Delhi: Academic Foundation.

Neetha N. 2009. "Gontours of Domestic Service: Characteristics, Work Relations and Regulation," *IJLE*, 52-3.

Patel, B.B. 1989. *Problems of Home-Based Workers in India*, Oxford & IBH Publishing.

Patel, Reena 2011. *Working the Night Shift: Women in India's Call Centre Industry*, New Delhi: Orient BlackSwan.

Patro, Bijoy Basant 2008. "Tired Souls, Sleepy Eyes, Aching Legs: All in a Day's Work," *Labour File*, 6-1.

Ranjan, Sharad 2009. "Growth of Rural Non-Farm Employment in Uttar Pradesh: Reflections from Recent Data," *EPW*, 44-4.

Rustagi, Preet 2013. "Changing Pattern of Labour Force Participation and Employment of Women in India," *IJLE*, 56-2.

Singh, Preeti and Anu Pandey 2005. "Women in Call Centres," *EPW*, 40-7.

Sinha, Shalini 2008. "At What Cost, For Whose Benefit? Women Workers in SEZs," *Labour File* 6-4&5.

Swaminatan, Padmini 2008. "Exclusion from and Inclusions in 'Development' : Implications for 'Engendering Development'," *EPW*, 43-43.

Vasanthi, Nimushakavi 2011. "Addressing Paid Domestic Work: A Public Policy Concern," *EPW*, 46-43.

コラム4

変わりゆく現代インドの家事労働者

ワーラーナシーのある教授宅にて

ワーラーナシーには、筆者が調査に訪れるときに必ずお世話になる教授夫婦のお宅がある。教授宅には一〇人もの家事使用人が雇われていて、料理や皿洗い、掃除、ゴミの処理、庭の手入れや運転手など様々な仕事をこなしていた。ご夫婦のお宅に泊めてもらうと、翌朝は「チャイはいかがですか？」という使用人の声で目覚める。部屋まで運ばれたいれたてのチャイをすすると寝起きのぼんやりとした頭が次第に冴えてくる。日本の日常では味わえない贅沢なひと時である。

さて、この家の家事使用人のなかで最も中心的な役割を担うのは料理担当のラージュー（仮名）である。彼は料理を作るだけではなく、他の使用人を監督したり、家族の世話全般を任されていた。彼は、教授夫妻と同居する教授のご両親の出身地、ビハール州の小さな農村の貧困家庭の出自である。一〇代半ばの頃に知人の伝手でワーラーナシーのこの家に使用人として雇われて以来、二〇年間住み込みで働いている。二〇歳のときに同じ出身地の女性と結婚し、現在は妻と二人の子どもと四人で教授宅の一角にもうけられた「使用人部屋」で暮らしている。ラージューの息子たちは教授のご両親に可愛がられており、ほとんど就学経験のないラージュー夫妻の代わりに毎日宿題や勉強をみてもらったり、コンピューターの使い方を教えてもらっていた。現在、ラージューの長男は英語で教えるカレッジに、次男も私立の中学校に就学しており、ラージューの教育レベルを考えると、一代で飛躍的な教育上昇を遂げたことになる。まさにこの家で働かなければそれは叶わなかっただろう。教授一家にとっても、家事全般を把握し切り盛りしているラージューはなくてはならない存在であり、両者の間には強い信頼関係がみられた。

ラージューのように、家事使用人が雇い主の家で住み込みで働き、家族のような信頼と互助の関係性を築く雇用関係は、かつてのインド社会では一般的にみられた。「浄・不浄」の観念をもつヒンドゥー社会において、不浄に関わる汚物や血液などへの接触は宗教上の禁忌となる。しかし日常生活を送っていれば、汚れが出るのは避けられない。そこで、インド社会には汚れたものを専門に扱うカーストが存在してきた。こうしたカーストは概して下位層に属し、差別の対象としてスティグマ化されてきた。現在、カーストの職能による分業制はほぼみられなくなったが、ゴミの処理や洗濯、部屋やトイレの掃除などをする使用人を雇う習慣は強く残っている。教授宅でも部屋やトイレの掃除やゴミ処理を行う使用人が何人か雇われていた。ラージュー以外の使用人は教授宅の近所に住む貧困層で、最初に雇った掃除婦と運転手の子どもや兄弟、友人、知人などであった。このように、ワーラーナシーでは、使用人の採用には近隣の居住者や親族、伝手など血縁、地縁のネットワークが一般的に用いられていた。

教授宅に通う掃除婦。床の掃き／拭き掃除のほか、食器洗いなども請け負っている（2017年、ワーラーナシーの教授宅、教授撮影）

家事労働者をめぐる近年の変化

ワーラーナシーのような地方とは異なり、デリーやムンバイーなどの大都市では家事使用人の雇用状況や雇用形態は大きく様変わりしている。こうした変化にはインドにおける都市の様々な社会変化が反映されている。

経済自由化以降の一九九〇年代頃から都市の居住者たちは、一定の財を築き上げるようになった（第2章参照）。いわゆる新中間層の人口が急増し、それまでは家事使用人を雇うことのできなかった世帯でも雇用が可能となった。また、共働きの世帯や子どもの教育に時間を費やす主婦が増加し、家事の時間がとれなくなったことで家事代行の必要性が高まった。だが、地価の高騰とともに住宅の狭小化が進み、マンションなどの集合住宅が増えたため、家事使用人を住み込ませる居住空間の確保ができなくなった。このような雇用側の状況の変化により、住み込みで家のすべてを切り盛りするよりも、家事を部分的に代行してくれる通いの使用人の雇用が増えていく。

同時に、都市における地方からの出稼ぎは年々増えており、このことは家事使用人の予備軍の増加も意味している。地方では伝統産業や家内手工業が衰退し、都市部でも工場が次々に郊外へと移転し、男性労働者の失業が増加した。こうした変化を機に、それまでは地方にとどまり主婦業に専念していた女性も、家計を支えるために地方から移住し、働くようになった。家事使用人の仕事は女性にとって普段の家事仕事のスキルを生かせるため、教育を受けていない地方出身者でも容易に就くことができる。こうして、都市の経済発展と移動の拡大によって家事使用人の需要も供給も増え、それと同時に、家事労働者の女性化が急速に進んだのである。

デリーなどの大都市では、家事労働者の多くがインドの北東に位置するジャールカンド州や西ベンガル州などから移住した若い独身の女性となっている。また、仲介業者を介しての雇用が一般的であり、住み込みではなく通いで、かつ料理や洗濯、掃除など仕事の内容によって複数の使用人を別々に雇うスタイルがとられている。仲介業者の斡旋による雇用関係では、使用人への信頼も希薄になりがちであり、家事使用人を長く家にとどめておくことは盗難などの不安要素が生じることにもなる。他方、雇われる側にとっても一つの家で働き雇用主への依存度が高くなればなるほど、労働条件が悪くても辞めにくくなったり、解雇された場合の影響も大きい。また、複数の家で同じ仕事をするほうが効率もよく、シフトを組み替えたり、仕事の合間に家に戻って食事や家事を済ませたり、留守番をしている子どもの様子を見たりと融通が利く。このように、現在の雇用スタイルは双方の利害に合致したものとなっている。

幼児と高齢者のケアにみる課題

ところで、最近デリーのような都市で外食をすると、キャリアウーマン風の女性が取引相手と食事やお茶をしながらビジネスの商談をしている横で、家事使用人の女性が雇い主の幼い子どもをあやしたり遊ばせたりする光景を目にする。従来、子どもや高齢者など家族のケアは女性の重要な役割として認識されてきた。かつて、親のみでなく兄弟同士が同じ敷地内で暮らす拡大家族が主流だった時代には、その家の女性の誰か（たいていは兄弟の嫁）が年老いた親や幼い子どもの世話を行っていた。核家族化が進み、夫婦共働きの世帯が増えた都市社会では、親や子どもの世話は夫婦のどちらか、あるいは夫婦で協力して行わざるを得ない。都市では教育の白熱化とともに、子どもに以前よりも手をかけようとする親が増え、習い事や塾に通わせたりと、母親の役割が家の誰かに子どもの面倒を任せていた以前の状況とは様変わりしている。高齢者のほうも医療の発達とともに寿命が延び、また、子どもとは離れて老夫婦のみ、あるいは一人暮らしをするケースも目立っており、生活上の介助を要する人口は増えている。このような変化がある一方で、社会全体としては高齢者（第4章第4節、キーワード解説「親と高齢者の扶養と福祉法」参照）や子どもの面倒はその家の女性がみるものという意識が根強く残っており、託児サービスや介護サービスの普及は日本や欧米のそれと比べて圧倒的に遅れている。こうした状況のなかで、在宅のベビーシッターやヘルパーのニーズは急激に増えているものの、その一方で、大切な家族のケアにあたる人材にはある程度の教育レベルと専門知識を求める雇用主が多く、中間層の世帯にとっては高価なサービスである。デリーでみかけた商談の光景は、女性が自宅に二人きりにするのは心もとない我が子と家事使用人を自分の目の届くところで管理し、キャリアとの両立を図ろうとする、賢い立ち回りとも、切実な選択ともとれる姿といえるだろう。

家事労働者の労働環境にみる今後の課題

託児サービスの欠落は、家事労働者にとっても切実な問題である。雇用者が使用人の子連れでの出勤を認めない場合、自分が働いている間、子どもを自宅に置いていかなければならないからだ。移住先では同居する親族もいなければ、ご近所付き合いも希薄であり、ましてや貧困層向けの託児施設などはほぼ存在していない。家事労働者に対して託児サービスを提供するＮＧＯや仲介業者もいるが、その数はきわめて少なく、小さな子どもをもつ家事労働者の多くが、子どもを家に置き去りにするという不安を抱えたまま仕事をしているのが現状である。

都市での家事労働者の急増に伴い、最近では労働条件の改善や権利を擁護する支援団体などの活動も活発化している。なかには十分な給与が支払われていなかったり、精神的・性的虐待の被害にあう者がいたり、一〇歳にも満たない子どもが雇われるなど、労働者としての人権が保障されていない場合も多い。二〇〇八年には「非組織部門労働者社会保障法」が制定され、家事労働者を含む非組織部門での労働者に対し、医療保険の加入や子どもの教育および結婚給付金の支給、有給休暇の取得、年金の支給などを定めている。だが、この法律は法的な拘束力が弱いうえに、家事労働者は労働者とさえみなされない場合もあり、その恩恵にあずかれていない者も多い。かつての役割分業に基づいた互助的な主従関係のもとでの雇用関係が崩れた現在、雇われる側も雇う側もお互いが納得できる労働環境を模索していくことが課題であるといえよう。

（菅野　美佐子）

参考文献

押川文子　二〇一二「インド都市中間層の『主婦』と家事」落合恵美子・赤枝香奈子編『アジア女性と親密性の労働』京都大学出版会。

Neetha, N. and Rajni Palriwala 2010. "Care Arrangements and Bargains: Anganwadi and Paid Domestic Workers in India," *International Labour Review,* 149-4.

Neetha, N. and Rajni Palriwala 2011. "The Absence of State Law: Domestic Workers in India," *Canadian Journal of Women and the Law,* 23-1.

コラム5

なぜ女性農業労働者の日当は男性の半分？

「マズドゥール」の不在

独立直後、一九五〇年代に各地で農業構造の調査を行ったダニエル・ソーナーは、「マーリク」「キサーン」「マズドゥール」という三階級をインド農村に発見した。「マーリク」は主人や親方と訳され、土地やその他の生産手段の所有者を意味し、他者から労働力の提供を受けて農業を行う人々である。「キサーン」は農民と訳され、安定した耕作の権利をもつ人々を指す。自作農だけでなく、小作人も含まれる。多くの農民は種や農具や役牛などを自分で所有しているのに対して、「マズドゥール」は自身の労働力以外に提供するものをもたず、農村階級においては最も下位に位置づけられる。現在もこのような区分はある程度当てはまり、インドの農村社会学や農村経済学では、「農業労働者」というとき、通常は土地をもたず、あるいはもっていてもごくわずかで家族を養うことができないため、日雇い賃金をもらって他人の土地で農業労働を行う人々を指す。

しかしながら、九〇年代初頭に筆者がラージャスターン農村で調査を始めたとき、最初に気づいたのが、村に「マズドゥール（労働者）」が存在しないことである。「マーリク」と呼ばれる人々がおり、自分たちを「キサーン」と名乗る人はいたけれど、職業として、アイデンティティとして自分を農業労働者だとみなしている人、自分のことを「マズドゥール」だと名乗る人には、同じ農村でもう三〇年近くも調査を続けているけれど、まだ一度も会ったことがない。

ラージャスターン農村では、春に主作物の小麦とマスタードシードの収穫期を迎える。その頃になればどの畑でもたくさんの農業労働者が雇われ、そのほとんどが女性である。地主や農民は、自分の畑に農業労働者を確保するため、一日の仕事の終わりに賃金の他に黒砂糖を与え、トラクターで労働者の送り迎えをするなど便宜を図る。荷台にたくさんの女の人が乗り込んで、収穫の歌を元気よく合唱しながら走っていくトラクターをよくみかけた。朝に出会うと、トラクターに乗り込む女の人たちは、「マズドゥーリー（賃労働）に行ってくるね。あんたも一緒に来るかい?」などと冗談をいう。また、九〇年代の終わりに世帯調査のために一軒ずつ訪問しているときも、仕事を尋ねると「マズドゥーリーをしている」という人は、男の人も含めてたくさんいた。「何の?」と聞くと、「工事現場の仕事だよ」とか、「畑の仕事だよ」という答えが返ってくる。「日当いくらですか?」と聞くと、「男性は一〇〇ルピー、私たちは五〇ルピーさ」と教えてくれた。

　つまり、賃労働で生計を立てている人は村にたくさんいるけれど、労働者として自分を同定している人はいない。「自分たちはサルグラーさ、領主の馬番が仕事だったのさ」と、カーストと結びついた伝統的生業で自己認識している人もまだ少なくないし、教師（マースタル）や看護師（ナース）やタクシー運転手（ドライバル）や店主（ドゥカーンダール）など、新しい職業によって認識されている人々もいる。しかし、労働者という言葉は今でもまったく根づいておらず、ましてや「女性農業労働者」にあたる現地語など、聞いたことがない。

　マルクス主義風にいえば、労働者として階級を形成していないということになるのだろうか。その事実はラージャスターンの歴史的状況をよく表している。ラージャスターンは独立まで藩王国支配下にあったため、イギリスの直轄地とはかなり農業構造が異なっている。ジャーギールダーリーと呼ばれる領主制のもと、藩王からジャーギール（封土）を授かったジャーギールダールが、彼の領地（ティカーナー）におけるすべての土地とそこに住む人々を支配下に置き、領主（タークル）と呼ばれて人々の尊敬を集めてきた。半乾燥地帯の過酷な生態下で農業は発展しておらず、半農半牧の雑穀農業が営まれてきたが、土地に対して人口が少なく、労働力は常に不足の状態が続いていたため、領主にとって労働力の担い手は、彼の領土を豊かにする重要な存在であった。

タークルが支配する領地では、耕作者の多くが分益小作人として農業に従事していた。収穫時には、アドーラーと呼ばれる集団労働が行われ、村の各世帯から労働力が集められた。村人総出で領主の畑で働き、お茶とタバコと食事が振る舞われた。アドーラーは、領主にとって気前のよさを示す機会であり、村人にとって参加は義務であった。井戸掘りや堆肥作りや宗教儀礼やその他様々な機会に、こうした無償労働が領主に対して提供された。また、村人同士の間では、お互いの労働交換によってこれら共同労働は行われていた。

領主制は一九五〇年代まで続いたから、ラージャスターン農村に賃金労働が出現したのは、おそらくそれほど古いことではないと思われる。一方、人口密度の高い肥沃な地域では一九世紀に人口が増加し、カーストに基づく職業区分が成り立たなくなった。例えば、村に壺作りの家は一軒あれば足りるので、壺作りの兄弟のうち一人を残して、あとは農業で生計を立てることになる。土地が手に入らない場合は、農業労働者となるしかなく、この時期に大量の農業労働者が生み出されたとされる。イギリス植民地下における農村工業の衰退も、多くの職人を農業労働者へと変えた。

農業労働力の価値低下と女性化

現在では、ラージャスターン農村においても、結婚式やその他の宗教儀礼を除くと、ほとんどの仕事は賃金労働によって行われている。アドーラーから賃金労働への変化は、単に労働の対価を食事やお茶やタバコから現金に変えただけではない。かつて男女の区別なく村人すべてが参加していたのに対し、現在は貧しい世帯の女性が主に農業労働に従事する。多くの農家は、賃金労働に女性を出すことを家の格を下げると考えるようになっており、特に若嫁を賃金労働に出すことは憚《はばか》られる。同じ収穫作業であるにもかかわらず、侮蔑的意味合いが含まれるようになった理由として、参加が義務から選択に変わったこと、そして低賃金であることが挙げられる。

「なぜ女性の日当は男性の半分なのか、男女差別じゃないのか」と雇用者に聞いたことがある。「賃金の差は男女の違いではなく、男性が従事する建設業や高所作業は賃金が高く、農業労働は安いのだ」という説明だった。「男性であっても、農業労働の場合五〇ルピーしかもらえない。女性は男性のようにトラクターを運転したりできないから農業労働に従事する」という話だったが、納得できるはずがない。農業労働は炎天下の過酷な長時間労働である。しかしながら、現地の人々がそれを受け入れており、労働市場がそのように動いている限り、反論するための言葉がなかった。

マスタードシードを収穫する女性たち（1992年、ラージャスターン、筆者撮影）

　収穫の春が終わり、酷暑の夏を迎え、そして次の農業シーズンが始まる雨季になった。しかし、その年は雨季初めにわずかな雨が降っただけで、モンスーンの到来が遅れた。村の多くの井戸は干上がり、畑に水を入れることができない。シーズン初めに蒔いた種からは芽が出ていたが、しばらくするとすべて焼けてしまった。農民たちは、畑の作物をあきらめざるを得ず、家畜に与える餌も手に入らない始末である。雨さえ降れば、今頃、あたりには草がたくさん生えて、牛たちもミルクを出しているはずなのに。資金力のある者は、牛が飢えないように市場で藁を購入したが、なかに土がたくさん混ぜられていて、牛が病気になってしまうと嘆いていた。家畜を手放さざるを得ない者もおり、ある日たくさんの牛が村の外から来た人に差し出された。ゴーシャラーという遺棄牛の世話をする施設に送られるということだったが、ムスリムに売られて食肉処理されると陰でうわさする人もいた。

　そんなときでも、旧領主が所有している畑の深井戸には水があり、例年よりは小規模ながら耕作が行われていた。ある日の夕方、その畑で仕事をしている低カーストの女性に出会うと、頭の上に緑の草を載せて歩いていた。牛に与える貴重な草をどうやって手に入れたのかを尋ねると、領主の畑で抜いた草だという。本来なら賃金をもらってやる仕事だけど、今は賃金の代わりに抜いた草をもらえるのだと教えてくれた。なんとこの時代に、賃金ゼロの仕事があるのかと驚いたが、それでも彼女たちは（雇用条件で選ばずに）いつも領主の畑で働いているから、草取りの仕事をもらえるのだという。彼女の家は村でも貧しいほうであるが、彼女が持ち帰る草のおかげで、家族にとって重要な栄養源を与えてくれる乳牛を手放さずにすんだ。そして、村人の多くが牛を送り出してから一週間もたたずに、待ちに待ったモンスーンがきた。すでに耕作には遅すぎたが、潤った地面にはすぐに草が生えてきて、村に残った家畜たちは再び草を喰むことができるようになった。

自分の土地で、あるいは小作地で夫とともに農業に従事するのに対し、他人の土地で賃金労働をすることは、同じ農作業をしていても、社会的には女性やその家族にとって好ましいことではない。しかしながら、現金が得られるため経済的貢献度は大きく、自耕作に比べると天候によるリスクも少ない。旧領主の畑で世襲的に農業労働者として働く場合、伝統的な手伝いやその他の奉仕活動が要求されることもあり、自由度は少ない。しかし、干ばつ時の利点は大きく、世帯のリスク管理の点でも、女性たちの労働は不可欠となっている。

ラージャスターン農村に農業労働者を指す言葉がないにもかかわらず、農業労働に従事する女性たちがたくさん存在する事実は、土地改革以降に農業労働の価値が下がったことや男性が農業労働に従事しなくなったことを表していた。筆者が調査していた一九九〇年代には「農業労働者の女性化」が顕著だったが、近年では農業自体の価値が低下し、多くの男性が出稼ぎに出るようになったことで「農業の女性化」が進んでいる（第3章第2節参照）。

（中谷 純江）

参考文献

Thorner, Daniel 1976. *The Agrarian Prospect in India: Five Lectures on Land Reform Delivered in 1955 at the Delhi School of Economics*. Bombay: Allied Publishers.

コラム6

スキルを身につける

教師の問いに、生徒たちは一斉に手を挙げた。眼差しはまっすぐ教師に向けられている。二〇名ほどの生徒たちは、一二畳分程度の広さの教室の床に肩を接するように座り、床や膝の上にノートを広げて教師の説明に聞き入り、うなずき、答える。壁ぎわには扇風機が一台。だいぶ和らいだとはいえ、まだ暑さの続く九月の初め、NGOが運営するアフマダーバードの小さな女子職業訓練所での光景である。彼女たちの姿からは、学ぶことへの熱意が強く伝わってきた。

求められる人材育成

人口大国インドは、労働力大国でもある。しかし膨れ上がる若者人口が、「人口ボーナス論」でいわれたように、経済活動に参入して生産と貯蓄を拡大させ、インドの経済発展と本人たちの生活の豊かさに貢献できるか否かは、労働市場に供給される人材の質と量、労働力需要の質と量、そのマッチングに影響する経済政策や、経済・社会構造の変化によって異なってこよう。ところがインドでは、人材育成の遅れがまだまだ深刻である。労働・雇用省の二〇一三／一四年調査によると、一五歳以上人口のうち、正式の職業訓練を受けた者は二・八％、職業世襲などにより非制度的な訓練を受けた者が四・〇％で、合わせて六・八％であった。しかも男性の一一・三％に対し、女性は四・八％にすぎなかった。また識字率（七歳以上人口のうち言語を理解して読み書き両方ができる者の割合）は着実に上がってきてはいるが、二〇一一年人口センサス時点で男性八〇・九％に対して女性は六四・六％であった。さらに二〇一三／一四年の粗就学率（該当年齢人口に対する就学人口の割合、暫定値）は、例えば初等教育（一～八学年）は男子九三・三％、女子九六・九％

まで上昇しているが、中途退学率はなお高く、男子三九・二%、女子三二・九%にのぼっている（キーワード解説「女子教育」参照）。

職業訓練所の増加

インドにおける制度的訓練の要となる職工訓練制度は、一九五〇年に導入され、同年に五〇の産業訓練所（ITI）がつくられた。そして九〇年時点で民営のもの（ITC。現在は公民ともにITIと呼ばれる）も加えて全国で二〇〇〇超にすぎなかった訓練所の数は、九〇年代以降の経済自由化・規制緩和の流れのなかで急増し、二〇一四年末には合わせて一万二〇〇〇弱を数え、生徒収容枠は全体で約一七〇万人となっていた。今や民営が公営の数を大きく凌駕し、その割合はおよそ八対二である。

多くが共学で生徒の大多数が男子生徒だが、一九九〇年代以降、女子専用ITIや女子部門を備える共学ITIの数も急増している。二〇一四年一〇月現在、女子専用ITIは四〇二、女子部門のあるITIは一一三四を数え、全体の八%の規模にすぎないとはいえ、生徒収容枠も一四万を超えた。女子への職業訓練を提供しているのは主に公営訓練所で、公営が女子ITIの七五%、女子部門をもつITIの七〇%を占めている。また、女子生徒収容枠全体の半数弱がパンジャーブ州に集中しており、女子ITIや女子部門がまったくない州も多い。女子の参加をさらに増やすために、全国職業訓練協議会（NCVT）は、共学ITIで二五～三〇%の女子枠を設けるように推奨している。

こうしてITIは増えているが、それだけでは、スキル需要の喚起という点でも、需要に応えるという点でも不十分だろう。労働力人口が増えている一方で、制度的訓練の経験者が少ないことはすでに述べた。また、そもそも制度的な職業訓練所は、労働市場に新規参入する若者で、一定レベルの教育、つまり、前期中等教育修了認定（SSC、一〇学年）を得た者を主要な対象としているため、それ以下の学歴の者は、申請資格から漏れてしまう。さらに立地場所や設備次第で人気のITIもあるが、そうした訓練所への入学は狭き門である一方、不人気のITIもあれば、遠方にしかない地域もあろう。そこで、すでに働いている労働者、非識字者や中途退学者を含む低学歴層への職業訓練プログラムは、ＮＧＯが中心になり、資金面や技術面で政府、国際機関、内外ＮＧＯなどの支援も受けながら多様な形で運営されてきたのが実情だろう。とりわけ女子への職業訓練は、まさにＮＧＯが現場の中心的な担い手になってきたと思われる。冒頭に述べた職業訓練所はその一例で、次にもう少し詳しく紹介したい。

Women@Work——NGOが運営する職業訓練所

女子職業訓練所Ｗｏｍｅｎ＠Ｗｏｒｋは、グジャラート州アフマダーバードのムスリム集住地域にある。運営しているのはＳＡＡＴＨというＮＧＯである。ＳＡＡＴＨはグジャラート語で「ともに」を意味し（ヒンディー語でも同意）、一九八九年からアフマダーバードを拠点にスラム居住者に対する支援活動等を展開してきた。そしてその活動の一つとして、貧しい若者を対象に、インフォーマル・セクター（自営業者を含む小規模・零細事業所。詳しくは第2章参照）や組織部門（雇用・労働保障法などが適用される比較的雇用規模の大きな事業所）での雇用につながるよう、スキル養成のプログラムを運営してきた。そのなかでもＷｏｍｅｎ＠Ｗｏｒｋは、インフォーマル・セクター向けの、ムスリムの女子を対象にした、ごく小さな訓練所であった。彼女たちが熱心に学んでいたのはモバイル・リペアリング、つまり、携帯電話修繕のスキルである。

訓練は、月曜から土曜日まで毎日、午後二時から五時までの三時間行われ、三カ月間続く。一六～二五歳の女性を対象としており学歴は問わない。とはいえ実際に登録していた生徒たちの教育レベルは、最低が八学年の初等教育修了で、最高は後期中等教育修了認定（ＨＳＣ、一二学年）であり、それ以下の教育水準や非識字の者はいなかった。三カ月間の訓練費用は年齢層で異なり、インタビュー時（二〇一六年）は、一六～一七歳ならば一五〇ルピー、一八～二四歳は三五〇ルピーであった。この時期、同州における製造業労働者の法定最低賃金が一日当たり三〇〇ルピー前後（熟練度により異なる）であったから、貧しい家庭でも支出不可能な額ではないといえ

NGO が運営する縫製の職業訓練所（2015 年、デリー、筆者撮影）

るだろう。また、文具は無料支給、訓練修了者にはＳＡＴＨの認定証が与えられる。

このクラスには二三名が登録していたが、スタッフの説明によると難しいのは人集めだという。生徒集めの苦心は他のＮＧＯ運営の訓練所でも耳にすることがあり、理由は、すでに働いている若者の場合、働きながら職業訓練を受けるのは時間的にも肉体的にも負担が大きいことや、訓練を受けて得られる認定証の有効性、往々にして貧弱な設備等々、様々だろう。しかも、Ｗｏｍｅｎ＠Ｗｏｒｋは、女子の家庭外就労に消極的なムスリムの若い女性が対象であり、そうした点でも壁があるという。モビライザーと呼ばれる女性スタッフが、近隣各戸を回り、娘に訓練を受けさせてはどうかと、スキル修得の意義を訴えて親を説得して回る。強い抵抗にあうことも多く、何度も訪ねて説得を重ねる。そのうちようやく同意して娘を送り出してくれるケースもあれば、どうしてもうまくいかない場合も少なくないという。開始には最低一五人の受講生が必要なため、開講は容易ではなさそうだ。

二〇一六年の訪問時点で、同訓練所は、開設後五年がたっていた。女子の職業訓練には、裁縫、刺繍、家事サービス、メヘンディー（天然の染色材を使い、手などに細密な模様を描く）、また、最近流行のビューティーパーラー（ヘアケアや美顔）など、女子需要にほぼ特化して設定されたスキルも多いが、同時に制度的・非制度的を問わず、性分業にとらわれず技術系や工学系のスキル養成コースに関心をもち、参加する女性もインドでは多い。この訓練所も、携帯電話修繕の他に、石工・レンガ工、配管工、電気工等のコースを設けており、職におけるジェンダーバイアスを克服する方向性を明確にしている。加えて、女性の経済的エンパワーメントにとどまらず、より総合的なエンパワーメントを目指しているといい、参加者は携帯電話修繕のスキルに加えて、自信や意思決定力を培うライフスキル、基礎的なコンピューター技能等も学ぶことができる。

訓練修了後の希望を生徒たちに聞くと、携帯電話のサービス・センターに勤めたいという声や、自営業者として自宅で働きたいとの声が多かった。なかには携帯修繕のインストラクターになる予定だと答える生徒もいた。携帯電話修繕は伝統的な性別分業の壁を越えた新たな職業分野だろう。しかも、自営業として行うことが可能な点では、女子の家庭外就労に保守的な層にとっても、実際の就労に結びつきやすい技術といえる。

さて、彼女たちのスキルが労働市場で評価されるのか、他の公・民の制度的訓練と比べたときに競争力をもつのか、また何よりもそれを生かせる道へと彼女たち自身が歩を進め、それを家族やコミュニティが支持してくれるのか、スキル獲得へと一歩踏み出した先にも、まだ越えるべき山がある。

（木曽 順子）

参考文献

Ministry of Human Resource Development 2014. *Educational Statistics at a Glance 2014*.
MOLE (Ministry of Labour and Employment) 2014a. *Education, Skill Development and Labour Force, Volume III, 2013-14*.
MOLE 2014b. *Annual Report 2014-15*.

第3章

環境

ラージャスターン西部の農民カーストの女性たち。分厚い綿生地のガーグラー（スカート）とオールニー（被り物）が特徴的。毎日、夫とともに畑仕事に出るため、ガーグラーは色褪せ、裾が裂けている。あちらこちらの綻びは薪の採取中にとげに引っ掛けたのであろうか。右端の若い女性のガーグラーはまだ新しい（1998年、ラージャスターン農村、筆者撮影）

1．環境問題へのジェンダー視角

インドでは、環境問題への関心は一九七〇年代半ばから高まっていった。山間部では植民地期から続いてきた森林の商業的伐採によって森林荒廃や土壌流出が生じ、地元民の生活基盤が侵されていることが問題視されるようになった。一方、平野部では土地改革や農業政策によって共有地が失われ、牧草や薪や飼い葉などが減少し、貧しい世帯の生計に負の影響が及んでいることが指摘された。経済開発と環境保全の問題に、ジェンダー視点が加えられるようになったのは、八〇年代以降のことである。開発政策において、女性の利益や役割が議論されるようになると、環境問題の言説にも「女性」が登場するようになった。

本章は、環境とジェンダーをめぐる議論の流れと、その背景となった社会状況を整理することを目的とする。以下、第2節で開発政策が農村社会に与えた影響について、特に女性の労働や雇用に関する先行研究の議論を整理する。第3節では、南アジアの環境政策を支える思想やアプローチの変化について紹介する。第4節では地域コミュニティにおける環境保全の取り組みとプロジェクトへの女性参加を取り上げる。第5節では女性の権利とジェンダー平等に関する議論を紹介し、今後の課題として、開発と環境とジェンダーの分析に必要な視点を明らかにする。

2. 農業不振と共有資源減少

インドの開発政策に関して、農業成長が貧困削減に決定的な役割をもつことは、一九七〇年代に緑の革命先進地域で示され、八〇年代にタミル・ナードゥ州やウッタル・プラデーシュ州など後発地域の急成長によって再確認された〔Mujumdar 2006〕。しかし、経済自由化以降は、国内総生産に占める農業セクターの割合は著しく減少しており、一九七〇～七一年の四一・一七％と比べて二〇〇〇～〇一年には二三・二％、二〇一〇～一一年には一四・六％まで低下した。一方、農業に依存する人々の割合は、一九七〇年の六七・八％から二〇〇〇年には五八・四％へとゆるやかに減少しただけで、第二次および第三次産業への移行が進んでいない（図1参照）。マイトレーイー・クリシュナラージは、今も人口の多くが農業によって生計を立てるなか、落ち込むセクターに多くの女性が閉じ込められている状況を、近年農村部で起きている「農業の女性化」として指摘する〔Krishnaraj 2007〕（コ

図1　セクター別のGDPシェアと農業人口

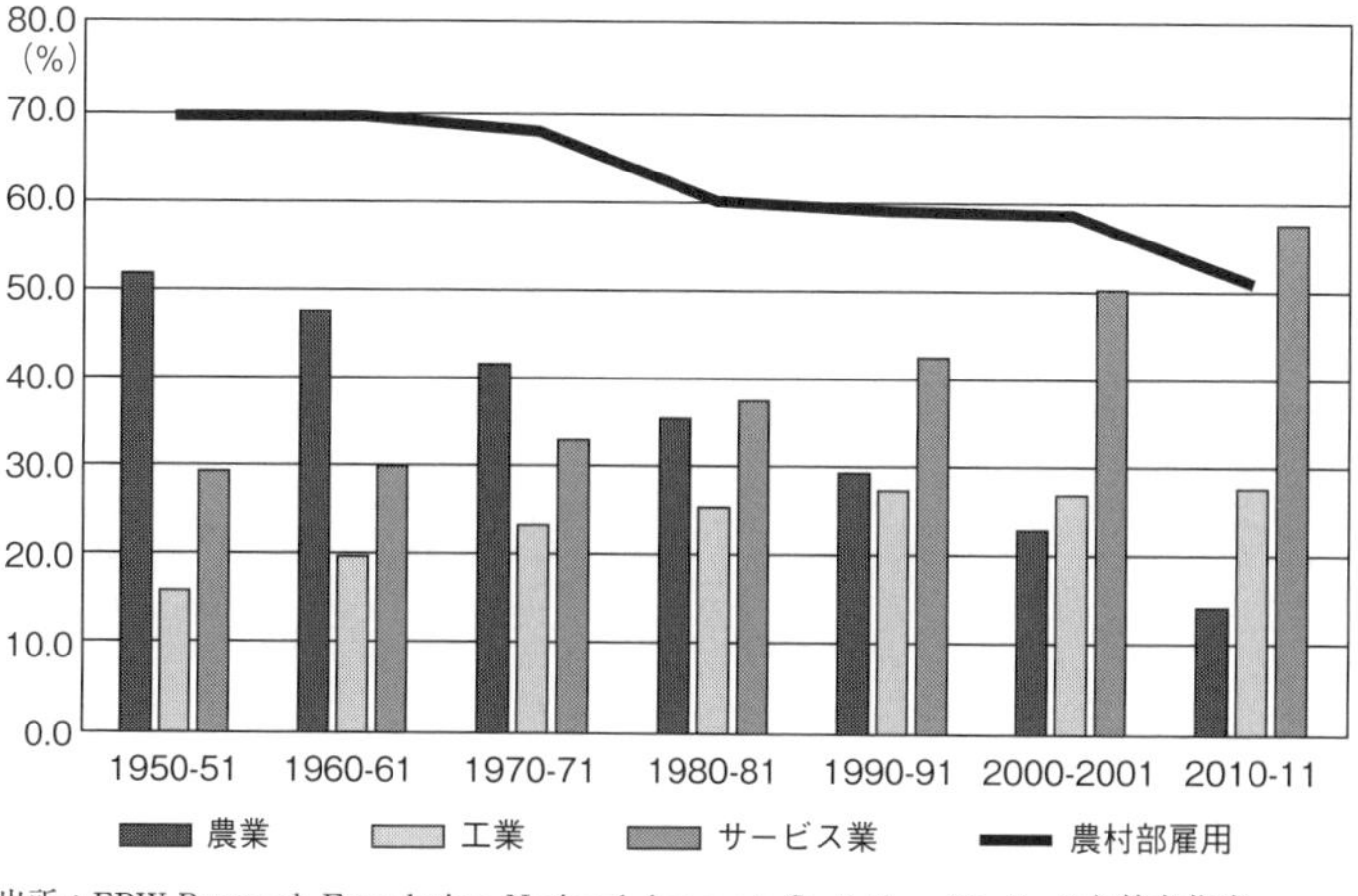

出所：EPW Research Foundation, National Accounts Statistics of India より筆者作成

ラム5参照)。

スワルナー・ヴェーパは、全国標本調査(一九九九~二〇〇〇年)資料に基づき、「農業の女性化」は第一に女性の労働負担の増加と低い報酬を意味していると論じる。東南アジアでは、しばしば「農業の女性化」はより高い報酬を求めて男性が都市部の非農業セクターへと移動する結果として生じてきた。しかしインドでは、前述の調査によれば、出稼ぎをカテゴリー別にみると、農村地域から他の農村地域への移動が四七%を占め、都市部への移動の二二%を大きく上回っている。つまり、「農業の女性化」は土壌の劣化や地下水位の低下、農業インプットの増加等による農業の生産性低下、日雇いの増加、出稼ぎの困難さ等によって引き起こされていると考えられる。さらに一九九一年と二〇〇一年のセンサスを比較すると、一年のうち半分以下しか働いていないとされる「周辺労働者」が、農村労働力全体に占める割合が一〇・七四%から二六・〇七%に増加しており、実数では二六七四万人から八〇九八万人へと四倍近く増加している。また、農業における周辺労働者に占める女性の割合が一九九一年の九一・三八%から二〇〇一年には六三・一二%へと低下しており、かつて農業における周辺労働力を主に女性が担っていたのに対し、男性労働力も周辺化していることに注意しなければならない〔Vepa 2007〕。

綿花収穫(1998 年、ラージャスターン農村、筆者撮影)

女性の周辺労働者は、農業だけでなく酪農にも多くみられ、家族労働として組み込まれているのか、賃金労働者として従事しているのかは明らかでない。しかし、州別データをみると、女性の農業労働者が半数以上を占める地域、アーンドラ・プラデーシュ、グジャラート、カルナータカ、マディヤ・プラデーシュ、マハーラーシュトラ、ラージャスターン、タミル・ナードゥの各州において、農業労働者の賃金は低く、男女の賃金差も大きい傾向がある。一方、比較的賃金の高い地域、西ベンガル、ハリヤーナー、ケーララの各州では男性労働者のほうが多い。県別データをみると、政府による食料給雇用プログラムや農村雇用保障法が実施された後進県において、農業労働者に女性が占める割合が著しく高い〔Vepa 2007〕。こうした地域では、女性は男性のように移動できず、賃金の高い仕事を選ぶことができないため、不自由な固定労働力として労働市場に組み込まれていることが指摘されている〔da Corta and Venkateshwarlu 1999〕。

農村雇用が不安定化し、農業によって生計を立てることが難しくなるなかで、「農業の女性化」は起きている。先行研究において、女性の雇用機会が拡大し賃金が上がると、世帯消費が改善することが示されている。しかし、農業不振を背景とする「農業の女性化」は、女性は以前よりも長時間働くようになった一方で、収入は必ずしも上がっていないことを意味している。母親に時間がなく、子どものケアが疎かになり、食事の質が低下するなど、子どもの健康に否定的な影響が及んでいることが予想される〔Senauer 1990〕。

農業不振に加えて、農村世帯の生計や食料安全保障を脅かしているのが共有資源の減少である。森林や牧草地など共有資源の減少は植民地期に始まり、国有化や私有化による占有、伝統的資源管理システムの崩壊、人口や家畜の増加などによって加速していった。共有資源の変容について、七州、二一県、八二村で包括的調査を行ったN・S・ジョーダーは、一九五〇年から八四年の間に少ない州で二六％、多い州では六三％も村落共有地が減少したことを明らかにした。また、乾燥地帯や半乾燥地帯で共有資源が人々の暮らしに大きな割合を占めること、特に、貧困世帯の共有資源への依存度が高いことが示された。彼によれば、共有資源には貧富の格差を緩和する役割があり、村落共有地を農地として土地無し世帯に与える政策は、集団として大きな喪失であった〔Jodha 1986〕。

さらにマーサ・チェンによれば、共有資源は貧しい世帯の収入源であるだけでなく、干ばつ時のバッファーとしても機能している。共有地が私有化され、市場利益を優先した資源利用が行われるようになったことで、通常時には労働者世帯の、干ばつ時には農民や牧畜民世帯の脆弱性が高まっている。これらの世帯では、家畜を手放さざるを得なくなるなど、食物消費や栄養状態にも負の影響が及んでいた。深刻な干ばつ時には、政府は救済事業を実施し、穀物を配布するなどの対策をとるが、季節的な問題には対処できていない。農村の人々の生計を安定させるには、乾燥地農業の技術を発展させることや共有資源を回復させることによって、普段から干ばつ耐性を高める必要がある〔Chen 1991〕。

森林、牧草地、池、湧き水など、暮らしのなかで利用されてきた共有資源が質と量において低下し、手に入る量が減少したことは、緑肥や薪や飼料や水を集めるために、女性たちがかつての何倍も長い時間を割かねばならなくなったことを意味する〔コラム7参照〕。飼い葉の不足によって遠くまで放牧に行かねばならなくなった事例や、必要な飼い葉を確保するために伝統的な社会関係を保持しようと、貧しい女性たちが裕福な農民の固定労働者になる事例も報告されている。

共有資源の減少は、収穫物から得られる収入を減らすだけでなく、それを得るための時間を増加させるため、二重に世帯収入に影響を与える〔中谷 二〇〇二〕。農業不振、農村雇用の不安定化、共有資源の減少は相互にからみ合いながら農村の貧しい世帯の生計を脅かしており、結果として、自然資源を利用しながら家族の食物を生産し、分配する役割を伝統的に担ってきた女性たちの労働負担が増している。そこには、経済発展や開発によるコストを担わされた女性たちの姿があり、「農業の女性化」は、経済政策の影響や貧困化の経験が男女によって異なることを明らかにしている。

3.「女性・環境・開発（WED）」から「ジェンダー・環境・開発（GED）」へ

一九八〇年代以降、環境変化の女性への影響が明らかになると、女性、特に貧しい世帯の女性が環境劣化の最大の犠牲者であることが指摘された。同時に、これらの女性たちが各地で農業や環境保全に関わる仕事、例えば、植林や種の選別や野生種の保存などに関与している事実に基づき、女性たちは有能な環境管理者として、自然資源の保全者としての役割を期待されるようになる。

環境政策においては、女性を資源の主な使用者かつ管理者として位置づける女性・環境・開発（Women, Environment and Development　以下、WED）アプローチが主流となる。コミュニティによる既存のジェンダー分業のもとで、自然環境に関わる仕事の知識は、女性によって伝えられている。このため政策提言者やプロジェクト立案者の間で、環境保全の活動に女性を参加させ、女性の労働や技術や知識を動員することがプロジェクトの成功に必須と考えられるようになった。多くの非政府組織や援助機関でWEDアプローチが採用された。例えば、世界銀行では女性と環境の相乗効果説、すなわち、女性と環境資源の間には同一の利害があるという前提に立ち、女性は資源保全に最もふさわしいエイジェントであるという議論がなされた〔Jackson 1996〕。

こうしたWEDアプローチに大きな影響を与えてきたのが、エコフェミニズム思想である。エコフェミニズムは、現実の労働分業のみならず、女性が精神的・概念的に自然と特別な関係をもつことを強調する。近代科学の知に対するポストモダン批評の流れをくみ、支配的な開発モデルを、男性中心の資本主義システムによってつくり出されたものとして批判する〔Mies and Shiva 1993〕。インド版エコフェミニズムは、ガーンディー主義思想の影響を強く受けた環境活動家**ヴァンダナ・シヴァ**によって提唱された。彼女は、ウッタラーカンド州ガルワール地方のチプコー運動を環境保護への女性の集団行動の事例として、伝統的な自然と調和した関係を取り戻すための運動として表象した（コラム8参照）。彼女によれば、インドでは土着の森林管理は伝統的に女性の領域であり、女性はプラクリティ（自然）という女性原理を体現する。それは自然との調和を維持し、多様性を育む原理であり、自然を征服することを求める男性原理とは正反対の世界観である。それゆえ、環境持続可能な開発とジェンダー平等に基づく開発は、女性原理の回復にかかっている。現代でも自然と結びついた暮らしをしている第三世界の女性こそが自然に関する伝統的知の保持者であり、それらを回復する最後の砦である〔シヴァ一九九四〕。

南アジアでは、エコフェミニズムは、チプコー運動に代表されるように、実際の環境運動や政策現場で強い影響力をもってきた。しかしながら、エコフェミニズムの議論には、ＷＥＤと同様に男性の役割について言及がなく、女性のみに資源回復のための活動を担わせる傾向がある。女性による生計維持活動と環境との結びつきを強調し、現金化されない自給自足的な活動や再生産活動に、高い精神的価値をおく特徴がある。女性は自然を育みケアを与える者として、環境保全を推進するために奉仕する存在とみなされる。その結果、ＷＥＤアプローチは次のような問題点を抱えることになった。第一に、女性を男性から隔てて、女性に特化したプロジェクト介入を行う。次に、女性を同質的な集団とみなし、階級や社会的立場の違いからくる環境との関わり方の違いやプロジェクトへの利害の相違をみることができない。最後に、女性を環境保全活動にふさわしい手段とみなす。これら政策上の問題点は、プロジェクトの成果を限定的なものにし、ときには意図とは逆の結果を招くことにもなった。例えば、プロジェクトの成功はしばしば女性の犠牲によって確保された。女性の労働が用いられるにもかかわらず、活動は必ずしも彼女たちのニーズを満たすものでなく、活動の利益を女性がコントロールできなかった。ときには女性をプロジェクトに参加させる試み自体が成功しないこともあった。女性たちは自分たちの利益にならない活動に抵抗した。また、女性グループに焦点を当てて女性の間にある差異を見過ごしたことで、貧しい女性たちを周辺化し、組織のなかで彼女たちの利益や関心が表現されなかった〔Green et. al. 1998〕。

環境と女性の間に特別な関係をアプリオリに想定し、女性特有の知識を美化するエコフェミニズムの危険性や、女性の利害と環境保全とを重なり合うとみなし、資源に対する女性の権利を保障することなしにプロジェクトへの参加を求めるWEDアプローチの問題点について、ジェンダー・環境・開発（Gender, Environment, and Development 以下、GED）の立場から厳しい批判がなされている。GEDは、男女の環境との関わり方の違いは、ジェンダー構造から生じており、変化するものと捉える。仮に女性が自然資源と密接な関係をもつならば、それはジェンダーによる役割分担のためであり、それ以外の経済資源を女性がもたないためである〔Agarwal 1992〕。また、女性を同質的集団として捉えることにも警笛を鳴らす。年齢や社会的地位の違いによって女性の資源管理への関心は異なる。例えば、薪燃料を集める責任をもたない年配女性や市場から薪を購入する豊かな世帯の女性は、森林資源の回復に関心を払わないかもしれない。自然資源への関心や関わる機会は、日々の活動だけでなく、土地保有や財産関係、資源や生産物の管理権、意思決定権などによっても変化する。よって、GEDアプローチでは、プロジェクトへの女性参加を求めるだけでなく、プロジェクトが女性のエンパワーメントに役立っているかを問う。具体的には、既存の土地保有や財産関係を変更するか、生産物の資源の管理権が女性に与えられているか、プロジェクトの利益配分を決定する場に女性が参加しているかなどに注意を払わねばならない。

4. コミュニティによる資源管理と女性参加

環境保全における女性の役割とともに、インドの環境政策や資源管理プロジェクトにおいて国の内外から注目されてきたのが地元コミュニティの権利である。一九七〇年代後半に、森林伐採や共有資源の劣化がインドの多くの州で危機的な状況になると、草の根活動家やジャーナリストや研究者など都市知識人階層の声に導かれて、政府は「社会林業」という名の植林事業を開始した。しかし、トップダウン方式の計画は、劣化した共有資源や森林を回復させるのにも、地域の人々の日々のニーズを満たすことにも失敗し、国家による資源管理の能力に疑いを投げかけることとなった。同じ頃、チプコー運動やその影響を受けて南インドで始まったアピッコー運動の成功によって、森林地域に暮らす人々の自発的な保全の取り組みが始まり、また、共同森林管理と呼ばれる森林局と地元住民の共同による森林管理も一部の地域で試みられるようになった。こうして地元コミュニティを巻き込まない限り、共有資源を保全することはできないという認識が生まれていった〔Agrawal 1997〕。

共同森林管理は、日々森林に依存して暮らしている人々の用益権を認め、彼らを森林管理の中心におく。資源管理にふさわしい権利形態は、個人による私有や国家による排他的所有ではなく、地元コミュニティに資源を利用する権利や保全する利益を保障する必要があるという考えに基づく。共同森林管理プログラムは、一九七〇年代に西ベンガル州の一部の県で開始され、森林保護の成功が証明されると、一九八九年に州政府によって認可された。そして九〇年には中央政府の森林政策として全州に通達がなされた。

共同森林管理プログラムは、資源の再生という点では各地で一定の成果を上げた。村落内に対立を生み出した事例もあるが、共同森林管理を最も初期に導入した西ベンガル州ミドナプル県の報告によれば、森林保護委員会が効果的に機能するのは、単一の村で管理が行われ、村落構成員が均質的な部族民からなり、大多数の世帯が森林保護委員会に加入している場合である。森林地に人工林を植林するよりも、自然資源を再生させることが委員会で認められた。逆に、森林保護委員会がほとんど機能しなかったのは、部族民やカースト人口が混じり合った複数の村が単位となって運営された事例である。森林保護委員会にはわずかの世帯しか加入せず、森林地はプランテーション化が進められた〔Malhotra et. al. 1990〕。後者の場合、土地保有や市場へのアクセスにおける不平等が存在するために、権力をもつ少数者に「コミュニティの利益」という名目で森林産物の利用を許す結果となった。コミュニティ全体を巻き込むには、内部の対立を解決することが必要である。下からの組織化された政治的圧力や、上からの政治的指導がある州では、こうした問題への対応も比較的うまく行われている〔Society for Promotion of Wasteland Development 1992〕。

共同森林管理は新しい取り組みであるが、ある意味では共同体の財産権を再確立させるものである。しかし、コミュニティの全成員に利用権が認められていたかつての共有資源とは異なり、新しい権利は新しく出現した森林保護委員会のメンバーシップに依存している。多くの県で森林保護委員会のメンバーは、各世帯から一人ずつ選ばれるため、女性は排除される。例えば西ベンガル州ミドナプル県では、全七二の森林保護委員会を合わせたメンバーに女性が占める割合は、わずか三%だった〔Roy et. al. 1992〕。タミル・ナードゥ州では七%〔Narain 1994〕、ウッタル・プラデーシュ州では森林保護委員会に女性メンバーはほとんどいないことが報告されている〔Ballabh and Singh 1988〕。

資源再生に一定の成果を上げた共同森林管理ではあるが、コミュニティの保全活動における責任と利益の配分を決める場に女性の参加がみられないことは、女性にとって何を意味しているのだろうか。共同森林管理政策をジェンダー視点から分析したキャサリン・ロックは、名ばかりの形式的な女性参加や女性固有の知識のみに焦点が当てられており、実質的な意味で女性のコミットメントが成功している例は、現在のところほとんどないと批判する。さらに共同森林管理政策では、プロジェクトを成功させるための道具として女性を捉える傾向があり、むしろ女性にマイナス影響を与えているという〔Locke 1999〕。

農業や環境に関する女性の知識を賛美し、過大評価することの危険性をサラ・ジェウィットも指摘する。彼女が調査したジャールカンド州の事例では、環境知識の所有やその利用にはジェンダーによる格差がある。女性は男性とは農業への参加の仕方が異なり、主な意思決定のプロセスからは排除されている。さらに、生まれた村と嫁いだ村の間で自然に関する知識の伝達が困難であり、女性たちは環境知識を蓄積することに、また、それを表現することにおいて様々な社会文化的制約を受けていることが明らかになった。よって、ジェウィットは単純な参加型アプローチでは、女性をエンパワーすることにつながらないと論じる〔Jewitt 2000〕。

5．女性の権利とジェンダー平等

共同森林管理プログラムに女性の参加がみられる、数少ない森林保護委員会の事例を分析しながら、ビーナー・アガルワールは、女性のメンバーシップや討論への参加（不参加）が、エンタイトルメント（利益を享受する権利）や効率性やエンパワーメントにいかに影響するかを明らかにしている〔Agarwal 1997〕。

第一に、森林保護による利益の配分に世帯がエンタイトルメントをもつかどうかは、森林保護委員会のメンバーシップによる。男性がメンバーである世帯に属していることで女性は何らかの利益を受ける。しかし、男性メンバーが仲介する利益は、女性が直接メンバーとなり、決定の場に参加することに比べると福利厚生に不利である。例えば、男性メンバーが森林保護のために立ち入りを禁止することで、女性が薪を集める負担が増加した事例がある〔Sarin 1995〕。娘を連れて一日に六時間もかけて薪を集めに行かねばならなくなった事例もあり、女児の教育にも悪い影響が出ている〔Shah and Shah 1995〕。こうした女性に限定した困難の増加は、女性が委員会のメンバーではない地域で表面化している。若者男性クラブが森林保護に取り組んでいるケースでは、森林を立ち入り禁止にしただけでなく、間伐や伐採から得られた生産物をすべて売ったため、薪を買う余裕がない貧しい世帯が最も苦しむことになった。得られた現金収入は、メンバー世帯に配分されずに共同基金に入れられ、基金の利用方法は森林保護委員会の男性メンバーが決めるため、学校やクラブハウスの建設に使われた。また、森林保全の利益が世帯に配分された場合でも、女性が利益を享受する保証はなかった。西ベンガル州の三つの村落の森林保護委員会で利益の配分が問題になったとき、参加していたすべての女性は、夫と妻に別々に等しく利益を配分することを要求した。実際、女性の手に利益が届くと、家族のニーズにお金を使うため、世帯全員の福祉を改善する傾向があった。森林保護委員会のメンバーシップを女性がもつことは、資源への正式に独立した権利を女性に与えるため、女性のエンタイトルメントを高める効果があり、男性メンバーが仲介する利益とはまったく異なる意味があった。

次に、資源保護や再生活動の効率性や取り組みの持続可能性という点でも、女性の参加は必須である。薪や草などを集めるのは女性であるため、彼女たちがルールを守る必要があった。男性メンバーが妻を暴力で脅してルールを守らせるケースもあったが、妻が集める薪は家族の基本ニーズを満たすものであり、男性自身も依存しているという状況で、長期的にルールを強制することは不可能である。さらに植物の種類について女性がもっている知識や好みは男性と異なっており、保護区域に何を植樹するかの決定に女性を含めることで、より多くの世帯の必要性が考慮され、女性たちの植物知識が選択の幅を広げることで、生物多様性を高めることにもつながる。

最後に、女性のエンパワーメントについて、女性が新しいコミュニティの取り組みに正式に参加しないことは、既存のジェンダー不平等を強め、世帯内外での女性の交渉力を弱める結果となる。逆に、女性が、伝統的に排除されてきた公開討論の場に出ることは、権利を主張することに自信をもつことができるようになる。例えば、チプコー運動において、女性たちは徐々に力をつけ、村落会議のメンバーシップを要求するようになった。その他多くの事例研究によって、経済的資源の権利をもつことや資源管理について討論する場に参加することが、女性のエンパワーメントにつながることが示されてきた〔Agarwal 1994〕。

アガルワールはフェミニスト環境主義の立場から、メンバーシップや意思決定の場への女性参加だけでなく、女性が土地の権利をもつことの重要性を強く主張する。彼女によれば、女性が土地に対して独立した権利をもつことは、今日のインドでますます重要になっている。農業セクターから非農業セクターへの労働人口の移行が遅く、特に女性は進んでいない。多くの女性が農村で低い賃金の不安定な仕事に就いている状況下で、土地の権利は直接的なメリットとして作物や飼い葉や燃料を女性に与える。間接的には土地は担保として利用することができ、高い賃金の雇用を得るための交渉能力を高めることにもつながる。女性が土地の名義をもつことで、資金へのアクセスがよくなり、農業の効率性を上げることができる。また、新しい農業技術や知識を得る機会も増加する〔Agarwal 2003〕。

さらに財産制度の基礎となっている慣習権や条件付き権利についても、繊細な理解が必要である。プロジェクトによる介入は、既存の財産管理の形態に与える影響に注意を払わねばならない。新しい権利を形式化することで、女性の排除につながった事例は数多く報告されている。例えば、ラージャスターン農村の事例では、土地改革によって土地の所有権を手に入れた農民世帯では、男性世帯主の名で登記されたため、かつて農民女性が享受していた土地へのアクセス権、具体的には、女性を通して耕作権が得られる可能性が失われ、女性の発言力を弱めることになった〔中谷 二〇一五〕。また、プラヴィーナ・コドゥットによる西ベンガル州やケーララ州の事例では、土地の権利を手に入れた小農世帯が、土地所有階層の慣習であったダウリーや女性隔離を採用するようになり、女性の労働に対する評価が低下し、女児を育てる経済的負担が増加した。また、多くの世帯がダウリーの支払いのために土地を売却し、貧困化が進んだ〔Kodoth 2007〕。

女性と土地の権利をめぐる議論については、政府の認識にも徐々に変化がみられるようになっている。第一次五カ年計画では女性に言及はなされず、土地改革によって世帯主である男性が土地の権利を得ることで女性も自動的に便宜を受けると考えられていたのに対し、一九八〇年からの第六次五カ年計画では、夫婦の共同名義が推奨されるようになった。さらに二〇〇〇年になると、新農業政策において、女性が土地の名義をもつことの重要性が、主に農業の効率性や信用貸付へのアクセスの点から議論された〔Goverment of India 2002〕。

しかし、こうした女性の権利改善について、ニッティヤ・ラーオは必ずしもジェンダー平等を意味していないと批判する。新農業政策における女性の土地所有をめぐる議論が、男女の平等な権利という視点からではなく、女性農業者や労働者の状況改善が世帯の食料安全保障や子どもの栄養を高めるという道具主義的な視点で行われていることを指摘し、女性が土地の権利をもつことや土地へのアクセスの改善は、土地や農業の価値が下がっていることの表れでしかなく、女性に農村セクターを守る役割が押しつけられているという〔Rao 2007〕。

ラーオは、経済的価値の低い土地を女性が得ても、女性の労働負担や責任が増すばかりで経済効果が少ないという経済的側面だけでなく、インドでは、女性は家族や親族システムのなかに埋め込まれた存在であるために、土地を個人の資源とみなすアプローチは合わないという文化的側面についても論じている。両性の対立を引き起こし、男性が家族を養う責任を放棄するなど、男性性の危機に結びつく可能性がある。ジェンダーの平等を土地の権利と直接的に結びつけるのでなく、意思決定への参加や、生産・再生産に関わる女性の仕事の価値変化についても注意深くみる必要がある〔Rao 2007〕。

一九八〇年代以降、女性が環境劣化の最大の犠牲者であることが指摘されてきた。しかし、世帯の貧困化や女性の労働負担の増加が、コミュニティや家族における女性の地位にどう影響しているのかはあまり問われてこなかった。現在、農村部で起きている「農業の女性化」についても、女性の労働負担の増加や労働価値の低下が問題視されているが、経済変化や環境変化への貧しい世帯の対応として、世帯の生存戦略の一つとして捉える視点も必要である。農村部で増加している女性当主世帯のなかには、出稼ぎ男性から送金があるケースも含まれている。ジェンダー分析に基づく研究が明らかにした「貧困の女性化」は、同一世帯における貧困の経験が男女によって異なるという指摘であり、「農村女性の多くが貧しい」ことを意味していない。「農業の女性化」が既存のジェンダーの構造をどう変化させるのか、今後、実証的研究を積み重ねる必要がある。

中谷　純江

文献リスト

シヴァ，ヴァンダナ（熊崎実訳）1994『生きる歓び—イデオロギーとしての近代科学批判』築地書館。

中谷純江　2002「環境変化とジェンダー」柳澤悠編『現代南アジア４ 開発と環境』東京大学出版会。

中谷純江　2015「農村社会における交換の変容—あるラージャスターン農村の事例」三尾稔・杉本良男編『現代インド６　還流する文化と宗教』東京大学出版会。

Agarwal, Bina 1992. "The Gender and Environment Debate: Lessons from India," *Feminist Studies* 18-11.

Agarwal, Bina 1994. *Field of One's Own: Gender and Land Rights in South Asia*, Cambridge: Cambridge University Press.

Agarwal, Bina 1997. "Environmental Action, Gender Equity and Women's Participation," *Development and Change*, 28-1.

Agarwal, Bina 2003. "Gender and Land Rights Revisited: Exploring New Prospects via the State, Family and Market," *Journal of Agrarian Change*, 3-1&2.

Ballabh, Vishwa and Katar Singh 1988. *Van (Forest) Panchayats in Uttar Pradesh Hills: A Critical Analysis*, Anand: Institute for Rural Management.

Chen, Martha Alter 1991. *Coping with Seasonality and Drought*, New Delhi: Sage Publications.

da Corta, Lucia and Davuluri Venkateshwarlu 1999. "Unfree Relations and the Feminisation of Agricultural Labour in Andhra Pradesh, 1970-95," *Journal of Peasant Studies*, 26-2&3.

Government of India 2002. *Report of the Steering Committee on Agriculture and Allied Sectors for the Tenth Five Year Plan 2002-2007*, Delhi: Planning Commission.

Green, Cathy, et al. 1998. "Questionable Links: Approaches to Gender in Environmental Research and Policy" in C. Jackson and R. Pearson, eds., *Feminist Visions of Development: Gender, Analysis and Policy*, London: Rutledge.

Jackson, Cecile 1996. "Rescuing Gender from the Poverty Trap," *World Development*, 24-3.

Jewitt, Sarah 2000. "Unequal Knowledges in Jharkhand, India: De-Romanticizing Women's Agroecological Expertise," *Development and Change*, 31-5.

Jodha, N. S. 1986. "Common Property Resources and Rural Poor in Dry Regions of India," *Economic and Political Weekly*, 21-27.

Kodoth, Praveena 2007. "Rendering Livelihoods Insecure: Dowry and Female Seclusion in Left Developmental Contexts: West Bengal and Kerala," in M. Krishnaraj, ed., *Gender, Food Security, and Rural Livelihoods*, Calcutta: Stree.

Krishnaraj, Maithreyi 2007. "Food Security, Agrarian Crisis, and Rural Livelihoods: Implications for Women," in M. Krishnaraj, ed., *Gender, Food Security, and Rural Livelihoods*. Calcutta: Stree.

Locke, Catherine 1999. "Constructing a Gender Policy for Joint Forest Management in India,"

Development and Change, 30-2.

Malhotra, Kailash. C. et. al. 1990. "Joint Management of Forest Lands in West Bengal; A Case Study of Jamboni Range in Midnapore District", *IBRD Technical Paper* No.2, Calcutta: Indian Institute of Bio-Social Research and Development.

Mies, Maria and Vandana Shiva 1993. *Ecofeminism*. London: Zed Books.

Mujumdar, N. A. 2006. "Centrality of Agriculture to India's Economic Development." *Economic and Political Weekly,* 41-1.

Narain, U. 1994. "Women's Involvement in Joint Forest Management: Analyzing the Issue," *Draft Paper, May 6.*

Rao, Nitya 2007. "Land Rights, Gender Equality and Household Food Security: Exploring the Conceptual Links in the Case of India," in M. Krishnaraj, ed., *Gender, Food Security, and Rural Livelihoods*, Calcutta: Stree.

Roy, Shree Bhagwan, R. Mukerjee and M. Chatterjee 1992. *Endogenous Development, Gender Role in Participatory Forest Management*, Calcutta: Indian Institute of Bio-Social Research and Development.

Sarin, Madhu 1995. "Regenerating India's Forests: Reconciling Gender Equity and Joint Forest Management", *IDS Bulletin,* 26-1.

Senauer, Benjamin 1990. "The Impact of the Value of Women's Time on Food and Nutrition" in I. Tinker, ed., *Persistent Inequalities: Women and World Development*, New York: Oxford University Press.

Shah, Meera Kaul and Parmesh Shah 1995. "Gender Environment and Livelihood Security: An Alternative Viewpoint from India," *IDS Bulletin,* 26-1.

Sharma, Kumud 2000. "Perspectives on Gender, Poverty and Environmental Connections under Economic Reforms in India," in Center for Women's Development Studies, ed., *Shifting Sands: Women's Lives and Globalization*, Calcutta: Stree.

SPWD (Society for Promotion of Wasteland Development) 1992. "Joint Forest Management: Concepts and Opportunities", *Proceedings of the National Workshop*, Suraj Kund.

Vepa, Swarna Sadasivam 2007. "The Feminization of Agriculture and the Marginalization of Women's Economic Stake," in M. Krishnaraj, ed., Gender, *Food Security, and Rural Livelihoods*. Calcutta: Stree.

コラム7

薪不足を解決するには

薪不足の代償を払う女性

インド農村部では、多くの人が暮らしに必要な資源を自然から直接採取して暮らしている。一九八〇年代に、人々の生活に重要な自然資源が、各地で質量ともに減少していることが報告され、燃料となる薪や家畜の餌となる飼い葉の危機が明らかになった。農村社会において、調理の燃料を集める、水をくむ、飼い葉を集めるなどは、伝統的に女性の仕事であるため、これら共有資源の減少は、女性たちに深刻な影響を与えていた。例えば、ビーナー・アガルワールの調査では、九地域のうち五地域の女性は毎日薪集めに出かけており、二地域では一日置き、残り二地域では四日に一回という結果だった。平均すると女性たちは薪集めに一回当たり五キロメートルを歩き、四時間程度かけていることがわかった。

筆者の調査地ラージャスターンでは、一九三〇年代に薪不足を解消するため、外来種の乾燥に強い灌木の種がヘリコプターで蒔かれた。トゲのある低木が辺り一面に茂り、人々は歩くのにも困るようになった。灌木は薪の他、畑を囲む柵などに利用することができるが、トゲのおかげで採取時に女性たちは毎回手足に傷をつくり、ときには太いトゲが草履を突き破って足裏に刺さり、スカートの裾が裂けることもある。ある日の夕方、いつもなら仕事が終わり、男性たちは一息

農家のかまど。寒い季節は部屋の中の、暑い季節は外のかまどを使う（1992年、ラージャスターン農村、筆者撮影）

つき、女性たちが夕食の準備を始める頃、隣の奥さんの怒った声が聞こえてきた。「薪がないのに、どうやってお茶をいれるのかい。あんたのその二本の足、かわりに燃やしてやろうか」。何事かと思えば、紅茶をいれるよう催促する勝手な夫に対し、忙しい妻がついに頭にきた様子だった。翌日、ほんの少しだったけれど、灌木を家に運んでいる男性の姿をみかけた。

「薪の危機」は、女性が薪を収集するのにかかる時間や危険性を増加させただけではない。灌木などの代替燃料は、薪に比べると火力が弱く、調理にかかる時間も増えた。薪のように火力が安定しておらず、調整のために常に炉のそばにいなければならなかった。穀物わらや動物糞を乾燥させたものなど、薪に比べると質の劣る燃料は煙が多く出るため、女性やそばにいる子どもたちの健康にも害が及んでいた。女性たちは燃料を節約するため、お湯を温めずに水浴びをし、残り物の食事を冷たいまま食べたりもしていた。こんな状況でも、基本的に男性たちは薪に無関心で、「お茶をいれろ」「食事が冷たい」などと文句を言っていた。

このように薪不足の代償は主に女性たちが支払っており、彼女たちは一番の犠牲者であったが、同時に日々森林や荒地を歩き回っているため、自然資源に関する深い知識を蓄えていた。例えば、薪に関する知識では、高い熱量を瞬時に与える品種、長時間低い熱を出す品種、煙の多い品種などを区別することができた。薪以外のバイオマス種についても詳しく、グジャラート州の村の事例では、女性たちは木、灌木、草などを合わせて三五種類を同定することができた。

伝統的に産婆は、薬草や医療植物の知識をもっており、ガルワール地方の森林地域では、枝落としや刈り込みなど森林管理の技術は、年配女性から若い女性へと伝えられていた。女性たちは薪を集めるだけでなく、種々の森林生産物、例えば、野生の果実や木の実、蜂蜜、飼い葉、竹、葉、ゴム、ワックス、染料などを自家用と販売用の両目的のために収集しており、これらが貧しい世帯の生存に重要な役割を果たしていることもわかった。

人々の暮らしと自然資源との関係が明らかになるにつれ、地元コミュニティに資源管理を移譲し、女性たちを資源再生プロジェクトに参加させることが試みられるようになった。コミュニティによる資源管理は成功を収め、その後、インド各地から資源の再生が報告されるようになった。しかしながら、資源の保全とともに、もう一つの重要な目的であった、貧しい世帯の暮らしは改善したのだろうか。資源が回復したことで、女性の負担は軽くなったのだろうか。

コミュニティ林業の陰で深刻化する薪不足

一九九〇年代前半、コミュニティ林業が始まった直後、マドゥー・サリンがグジャラート州や西ベンガル州で行った調査では、地元の管理委員会によって森林が閉鎖された後、女性たちは遠くの森林まで行かねばならなくなり、頭に薪を積んで歩く距離は延びていた。近隣の村々も同じように森林保護を始めると、さらに状況は厳しくなっていった。

二〇〇〇年に、幾分状況が改善されているのではないかと期待して、アガルワールが行った調査においても、薪不足は続いており、バイオマスが豊富に成長しているにもかかわらず、多くの地域で「薪の危機」は深刻さを増していた。

なぜ、豊富な森林があるのに薪が不足しているのか。なぜ森林の持続的再生に悪影響を与えない程度に薪を採取しないのか。

一方で、「飼い葉の危機」には幾分、改善がみられた。なぜ飼い葉は薪とは違う扱いなのか。アガルワールの研究は、これらの疑問への見通しを与えてくれる。グジャラート州やネパールの村々における彼女の調査では、半分以上の村で必要な薪の一五％以下しか森林から得ることができていなかった。ほとんどの村で、森林から採取されている薪の量は、持続的利用のために採取可能なレベルよりもはるかに低かった。女性たちが直面している薪不足は、保護林の木質バイオマスが十分でないことが原因ではなく、地元の管理委員会によって採取が厳しく制限されているためであった。女性たちの同意なく課せられる厳格なルールのために、必要な薪の採取が行えないのであった。

森林管理委員会への女性参加の重要性

興味深いことに、森林管理委員会のメンバーに女性が三分の一以上を占める地域では、薪不足に改善がみられた（第3章第5節参照）。女性委員の提案により、落ちている枝や乾燥した枝は自由に採取してよく、一年のうち森林が開放される日数も比較的多く設定されていた。では、なぜ男性委員は、女性たちが採取することを認めないのだろうか。薪は家族にとって必要なものであるにもかかわらず。村人たちは、どれくらいの木を持続可能に採取できるのかを知らないのだろうか。女性たちが採取するのを監視する労力が必要だからか。薪不足のコストが女性や子どもによって支払われているため、森林管理委員会のメンバーは現状に気づいていないのか。森林で薪を採取するには、間伐や枝打ちの作業が必要になるため、男性たちはその労力や費用を担うことを望まないのだろうか。

アガルワールの調査によれば、通常、地元コミュニティは植物や種類をよく知っている。乾燥した枝や小枝すら採取を禁じているのは、採取可能な量についての知識がないためではない。次に、監視のコストであるが、特定の期間、森を開放して自由に採取できるようにし、緑の枝を採らないように監視するのは大変なことかもしれない。しかし、委員会で間伐や枝打ちや薪の分配をすべてやるよりも簡単なはずである。つまり、労力がどれくらいかかるかだけでなく、誰がそれを担うかが関係している。

コミュニティ林業によって、不足状況が改善している飼料と、改善していない薪を比べると、男性たちは飼い葉により多くの関心を払っていることがわかった。牛の飼育は、農業や酪農の収入増加につながり、飼料は手に入らなければ、男性たちがお金を支払って購入しなければならない。このため多くの村では、保護林からの飼い葉の集団採取を定期的に行い、飼料の束を市場より安い値段でメンバーに分配するという作業を、年に数回行っていた。一方、薪に関しては、同じように採取の機会をもうけても、男性たちはお金を支払ってまで参加しようとしない。継続的に薪不足の状況があるにもかかわらず、ほんのわずかな金額であっても、薪にお金を支払おうとはしない。薪を購入して得をするのは、男性でなく女性であるためである。さらに牛に与える飼料は、ミルクという目に見える経済利益があるため、投資とみなされるのに対し、薪は消費と考えられているためである。また、管理委員会に女性メンバーがいない、もしくは少ないため、男性メンバーは会議の場で飼料不足については議論をするのに、薪不足については、家庭の問題、女性の問題であると考えていた。

こういうわけで、委員会のメンバーに女性が増えることが、薪不足の緩和に必要であることがわかった。しかしながら、女性メンバーの存在だけでは、燃料問題を解決することはできない。単に薪不足だけでなく、女性が負担している収集時間や労力の問題、健康の被害を解決するには、二酸化炭素の排出が少なく健康にもよい、クリーン・エネルギーが必要となるだろう。インドでは、かつて煙突付きストーブの普及が農村部で試みられたが、様々な理由から成功しなかった。太陽光発電はまだ費用が高く、現在のところ、牛糞燃料を用いたバイオガスが手頃な価格で利用しやすい。NGOなど外部団体の支援により普及が進んでいる地域もある。コミュニティの森林管理委員会が、メンバーシップ代や森林生産物の利益から生じる基金を、このような安くて環境によい燃料への投資に用いるなら、問題解決は可能である。しかし、現在のところ、薪の問題をコミュニティ全体の問題として捉えることに、多くのコミュニティは失敗している。

（中谷 純江）

参考文献

Agarwal, Bina 1986. *Cold Hearths and Barren Slopes: The Woodfuel Crisis in the Third World*. London: Zed Books.

Agarwal, Bina 2010. *Gender and Green Governance: The Political Economy of Women's Presence Within and Beyond Community Forestry*. New York: Oxford University Press.

Sarin, Madhu 1995. "Regenerating India's Forest: Reconciling Gender Equity and Joint Forest Management," *IDS Bulletin*, 26-1.

コラム8

チプコー運動とエコフェミニズム

チプコー運動は、ヒマラヤ山岳地帯一体にあたるウッタラーカンド州で、政府森林局による営利目的の伐採に反対し、地元住民が森林保護や森林の利用権を求めた一連の運動を指す。女性たちが大きな役割を果たした社会運動として世界的に知られる。一本一本の木に女性たちが「抱きつこう（チプコー）」戦術で、伐採業者が木を切るのを阻止した。伝統的なエコバランスの回復を求めたため、自然への回帰運動とみなすものから、地元民の森林資源の利用権を求める運動として捉えるもの、さらには女性の参加が運動の成功を導いたことから、女性運動として位置づけるものまで、様々な評価や解釈がある。実際、社会運動はいずれの場合も、多くの立場や意見の異なる人を巻き込みながら変化し発展していくため、最後の結果や運動の成果だけをもって、運動全体を評価することは不可能である。しかしながら、ここではなぜ女性たちが運動に参加したのか、女性たちはどの程度意識的であったのか、などに答える形で、チプコー運動をエコロジーとフェミニズムの運動として位置づけるエコフェミニズムについて紹介する。

森林の利用権を求めて

ウッタラーカンドの森林は、長い間そこに住む人々の生存に中心的な役割を果たしてきた。多くの世帯の主な経済活動は、出稼ぎと森林農業であり、女性が農業や家畜の世話を行い、男性の多くが出稼ぎに出るのが一般的であった。そのパターンは現在まで続いてきたが、森林局は彼らの利益や必要性を無視した政策を行い続けた。森林の商業的搾取と利用規制は、薪や飼い葉などの森林産物を減少させただけでなく、森林の荒廃によって、耕地の土壌流出、灌漑・生活用水の枯渇、土砂崩れ災害も起きていた。一九七〇年のモンスーンの洪水では、土砂が川に流れ込み、何百もの家が流され、田畑が壊滅する惨事が起きた。続く七三年にも同様の洪水が起き、人々は森林皆伐と土壌流出との関係について認識するようになっていった。また、自然災害に加えて、森林伐採の労働者として従順なネパール人が好まれ、地元民以外が雇われたこと、地元の小さな工場への木材の卸値が平地の大きな工場よりも高く設定されたこと、地元に丸太加工の施設をつくる努力がなされなかったことなど、森林伐採による経済利益の地元への還元がなかったことが、住民の間にもう一つの不満を生み出していた。

人々が林政と生態、生活悪化の因果関係について認識するようになった背景には、地元で活動するガーンディー主義者の存在が大きかった。ガーンディーに師事したイギリス人女性ミーラー・ベヘン（ベヘンはヒンディー語で姉妹を指す。本名はマデリン・スレード）やサララー・ベヘン（キャサリン・マリー・ヘイルマン）は、一九四〇年代後半にヒマラヤ地域に移り住み、アーシュラム（修行場）を建設し、森林生態系への人々の関心を高めると同時に、女性のための教育を行い、女性の地位向上のために力を尽くした。その後、彼女らの影響を強く受けたスンダルラール・バフグナーやチャンディー・プラサード・バットらの男性活動家も加わるようになった。

一九七三年にチプコー運動が始まったチャモーリー県ゴーペーシュワルでは、その一〇年前から、バットを中心に活動家たちが森林を利用して地元に雇用を生み出すため、協同組合を設立し、製材工場や樹脂工場を運営していた。しかし、一九七一年に森林局が組合への材料の供給を断ったために、閉鎖に追い込まれた。彼らが申請したわずか数本の用材伐採が拒否されたにもかかわらず、同じ森林の何百本もの木の伐採権が外部の民間企業に与えられたことをきっかけに、抗議運動が行われた。民間業者に一本の木も切らせないということが地元の人々によって話し合われ、協同組合のメンバーと近隣の約一〇〇村の村人が行進を行い、伐採業者を追い返したことがチプコー運動の始まりとなった。

地元の強い反対によって、森林局は民間業者に与えたマンダル森の伐採許可を取り消さざるを得なくなり、地元の協同組合に与えることに同意した。しかし、今度は同じ県のパタ森の伐採権をその民間業者に与えた。パタの森も地元リーダーとガーンディー主義活動家との連携により、伐採許可の期日が切れるまで寝ずの番をして守りぬいた。こうしたチプコー運動のメッセージをヒマラヤ全地域に伝えるべく、スンダルラール・バフグナーが演奏家や歌い手を伴って、森林を守ろうというスローガンや詩を歌いながら、およそ一四〇〇キロメートルにも及ぶ道のりを行脚した。彼らのメッセージに最も強く応じたのが、洪水で家や畑、家畜を失い、途方にくれていた村々の女性たちであった。それまで活動家たちは男性を組織して、地元の人々の雇用や森林資源の利用を求めてきたが、運動に森林保全という側面が加わったことで、多くの人々を巻き込み、女性たちが参加するようになった。

女性参加による森林保全運動への発展

一九七四年のレニ村の闘争までに、女性たちは活動家との対話を通して、自分たちの犠牲と山が禿げることの関係性を認識し、生存のために何が必要かを認識するようになっていた。村の男性たちの留守を狙って伐採業者が送り込まれてきたとき、女性たちは伐採業者の脅しに立ち向かった。闘争の相手も最初は外部の伐採業者であったが、一九七七年のアドゥワニ村、一九八〇年のドゥングリ・パイントリ村では、女性たちは地元コミュニティの男たちに対して戦った。女性たちは近辺の森林を守ろうとしたのに対し、男性たちは森林局が地元の請負業者や森林組合を通して仕事をすることを受け入れようとしたためである。村の男性たちはバットを非難し、女性たちを脅したが、彼女たちは森林保全の信念を曲げず、行動することをやめなかった。

このときチプコー運動は、エコロジーとフェミニズムの運動になった。**ヴァンダナ・シヴァ**によれば、二つの異なる知識と経済システムの衝突が明らかになった。近代知における「科学」や市場利益優先の「開発」、利潤生産と資本蓄積を目的とする経済システムに対し、土着の知識に基づく生存のための生産とニーズの充足を重視する経済学によって女性たちが挑戦した。この地方の女性たちは、自分たちの、家族の、そして社会の生存に必要なものを森林が与えてくれることを知っていた。自然と調和し、自然の多様性を維持しながら、自然を育んできた。彼女らの暮らしを支える森林を破壊する者がよそ者であろうと身内であろうと問題ではなかった。彼女たちは前面に出て、一方では商業林業に挑み、他方では近代の知に侵された地元男性の認識や経済システムに対して異議を唱えた。

チプコー運動を、女性たちがもつ環境保護への強い意志と資源管理能力の証として表象するシヴァの思想は、インド版「エコフェミニズム」と呼ばれる（第3章第3節参照）。エコフェミニズムは、女性が精神的に概念的に自然と特別な関係をもつことを強調し、女性の支配と自然の搾取は、歴史的にイデオロギー的に結びついて生じていると論じる。自然を収奪の対象とみなす支配的開発モデルは、男性中心の資本主義システムによってつくり出されたものである。これに対し、現代でも自然と結びついた暮らしをしている第三世界の女性たちは、自然に関する伝統的知識や技術を保持している。彼女たちを支えているのが、自然からすべての生命が生まれるという認識であり、自然の恵みを分け合うという倫理観である。シヴァはそれらを「女性原理」と呼ぶ。世界観における女性原理の喪失こそが、自然を搾取し、女性を排除する経済や政治のシステム、ひいては現在の環境破壊を生んだ真の原因であるという。

生存と暮らしの基盤を守る戦い

シヴァのエコフェミニズムは、自然保護やエコロジーの原理を女性原理と結びつける点や、女性原理喪失の責任を植民地化の歴史にあるとし、植民地化前の伝統社会を理想化する点に批判が寄せられている。また、チプコー運動において、男性たちが森林の権利や地域の開発を求めたのに対し、女性たちが森林を守ろうとした背景として、男女の役割分担や生存戦略の違いを見落としてはならないという指摘がある。この地域では、女性たちが農業や家畜の世話などに責任をもち、男性たちは日々の生活において女性たちに依存していた。男性たちにとって、新しい道路やホテルは、雇用先の増加を意味していたが、女性たちにとっては、生計活動の一部である森が失われることで、日々必要な薪や飼い葉を集めるのに一〇キロメートル近くも歩かねばならない現状があった。重い荷を背負って傾斜地を歩く際に、足を踏み外して谷に落ちる事件も起きていた。子どもの世話をする時間も十分にとれず、精神的・肉体的なストレスが女性や子どもたちの健康にも影響を与えていた。度重なる地滑りや洪水は、生活の基盤を不安定にし、暮らしを脅かしていた。女性たちのチプコー運動への参加は、女性問題ではなく、第一に生存への関心からであった。しかし、女性たちは村の近くの森にどんな木を植えるべきかなど森林再生について自分たちの考えを表現し、次第に森林管理について決定権を要求するようになっていった。また、生活に関わる他の問題、男性の飲酒や家庭内暴力などに反対する運動を行うなど、地域の問題を自分たちで解決するという自信をつけるようにもなった。チプコーが女性の運動として評価されることで、両者が分かち難く結びつき、発展していった。

（中谷 純江）

参考文献

シヴァ、ヴァンダナ　一九九四『生きる歓び—イデオロギーとしての近代科学批判』熊崎実訳、築地書館。

Jain, Shobhita 1984. "Women and People's Ecological Movement: A Case Study of Women's Role in the Chipko Movement in Uttar Pradesh," *Economic and Political Weekly*, 19-4.

第4章

家族

「タータースカイ（家庭に衛星放送を直接配信）があれば、家族はいつも一緒に！」 デジタル技術や情報化が日常生活に浸透してきた2000年代、インドの家族言説も新しい表現に。ヒンディー語・英語ミックスの広告は、「家族」がナショナルな心性と深く関わることも示している（2009年、デリー市内の看板、筆者撮影）

1. 家族の多面性と研究視角

家族は、その社会のジェンダー関係の基盤となる単位である。とりわけ南アジアの大半のコミュニティにおける家族は、ジェンダー、年齢、家族のなかの地位によって、構成員の関係、行動と権限が厳しく序列化・規律化されてきた領域であり、ジェンダー規範や価値観が強く作用する領域だった。また、こうした家族のあり方は、女性と男性の諸活動や社会と国家のなかの位置づけとも密接に関わってきた。同時に家族は、多くの個人にとって最も親密な人々の集団であり、家族のなかのジェンダーは、愛、憎悪、共感、理解、孤独、喜びと悲しみといった様々な感情や心性と深く結び合いつつ作動する。家族は、法制度から日々の感情まで、ジェンダーに関わる様々な様相が、相互に深く関わりながら展開される場といえるだろう。

こうした家族のもつ多面性を反映して、家族をめぐる研究は、歴史学、インド学、法学、人類学、社会学、経済学、心理学など多様なディシプリンにわたっている。特定のディシプリン内部においても関心のもち方や叙述方法などは変化してきたため、必ずしもバランスのとれた継続的な研究が行われているわけではない。例えば、何をもって「家族」とするのか、という最も基本的な問題についても、婚姻や相続など制度的な側面に注目する家族制度研究、実態的な家計をともにする同居集団（世帯）を家族とみなす社会学や経済学、文化的側面や宗教実践における単位に着目する人類学研究など、分野によって着目点は多様であり、ディシプリン間での議論には往々にしてすれ違いがみられてきた。

また地域やコミュニティ、さらに階層による違いも大きい。家父長制が強いヒンドゥーの間でも南部ケーララ州のナーヤルのようにかつては母系制がみられた集団もある。家族の形や制度の違いだけでなく、階層による相違も大きい。二〇〇〇年代初頭にきわめて行き届いた研究レビューを行ったパトリシア・ウベロイは、多様な家族研究に言及しながら、南アジアの家族研究では合同家族などの制度面に関心が集中し、家族の機能や実態的な変化についての本格的研究は比較的少ないことを指摘し、今後の研究が必要な多くの課題を提起している〔Uberoi 2003〕。

本章では、こうした研究状況を考慮し、比較的最近の家族の実態的側面についての研究文献を中心に記述したい。インドの家族として多くの関心を集めてきた合同家族については、先述のウベロイのレビュー論文が、本章では取り上げることができなかった多くの文献を紹介し、研究史上に位置づけているのでぜひ参考にしていただきたい。

2. 合同家族研究の傾向と家族法

インドの「伝統的」な家族制度として、最もよく知られてきたのはヒンドゥーの規範的家族とされる「ヒンドゥー合同家族」、すなわち、家父長のもとに既婚の男子が家産を分割せずに妻子とともに同居し、経済活動から祭祀まで一体として行う家父長的な拡大家族の存在である。合同家族における相続についてはいくつかの潮流があるが、おおむね家産相続権を女性に認めず男子均分相続とする。意思決定権をもつ家父長を中心に、ジェンダー、年齢、さらに世代と家族内の地位に基づく関係に従って、それぞれの行動を律し役割を担いつつ、ときに二〇名から三〇名に及ぶ成員が同居する。現在でも都市の中上層、特に家族経営のビジネスを営む層や農村上層などを中心に、こうした大家族がみられることがある。

ただ合同家族がインドの家族として「典型的」であり、支配的な形態であったか、という点については、理念と実態の両面で、いくつかの留保が必要である。歴史的にみれば、インドに特徴的な家族として合同家族に注目が集まり、その制度的な側面への関心が高まったのは、一九世紀以降、主にイギリス人の「現地社会」研究のなかからであった。その後、ナショナリズムの台頭のなかでインド文化の一つの象徴として、合同家族は国民的な家族像として言説化されることになった。パルタ・チャタジーは、インドの民族意識が形成されるなかで、権力をもつ西欧に対して「インド」の文化伝統の優位性を主張するという困難な立場に立たされた当時のナショナリストにとって、家族や家庭はその「解決」の一つの具体的な形であり、女性にはその守り手としての役割が付与されたと論じている〔Chatterjee 1989〕。たしかに、一九五〇年代初頭にインドの親族組織の諸類型を提示したイラーワティー・カルヴェーは、親族組織の違いにもかかわらず同居、共食、家産の共有と家庭祭祀を行う家族がほぼ全インドにおいてみられることを指摘している〔Karve 1953〕。今日でも、この理念的な家族イメージは、西欧的な個人主義ではなく、立場を異にする男女がそれぞれの立場や役割に応じた階層的な調和を実現する場として、あるいは賑やかで強い絆で結ばれるよきインドの「伝統」として、政治的発言からテレビドラマまで様々な形で語られることが多い。その意味では、「合同家族」は、一つの

デリーの地方裁判所（通称ティース・ハザーリー）前で。家族法が執行される場は意外なほどのんびりしている（2012 年、デリー、筆者撮影）

家族形態だけでなく、言説的な家族の理念としての意味を強くもっている。

家族や親族をより実証的な観点から分析する人類学や社会学研究が本格化するのは、独立前後からである。日本でも翻訳が出版されたK・M・カパディア〔カパディア 一九六九〕など独立前からの社会学研究の潮流を引き継ぐ研究に加えて、カシミール地方のバラモンの家族と親族を分析したT・N・マダン〔Madan 1965〕など、一九五〇年代以降、個別のコミュニティの家族についての人類学研究も蓄積されてきた。社会学研究では、家族の形態の実態的な分布に着目した研究が増加し、統計を用いて合同家族の地域的な多様性や実態についてまとめたポーリーン・コーレンダ〔Kolenda 1987〕などがある。ウベロイはこうした関心への背景として、家族の進化としてなんらかの拡大型の家族から夫婦と子どもを成員とする核家族へという、当時の欧米の社会学における家族進化の理論があり、「拡大家族は崩壊しつつあるのか」「拡大家族は実際にどの程度存在するのか」が課題とされたと指摘している。これらの人類学や社会学の研究を通じて得られた知見は多岐にわたっている。主な論点は、拡大家族の具体的な形や相続に関する慣習には地域差が大きいこと、全家族に占める比率は小さいが、顕著に減少する傾向も認められないこと、家族の成長と分解のサイクルのなか、拡大家族期を経験する家族は特定時点での比率より高く、家族の理念としては広く共有されていること、といった点である。

コーレンダやA・M・シャーの研究からすでに三〇年あまりが経過し、インドの家族をめぐる状況にも大きな変化がみられる。一九七〇年代から本格化した**家族計画**、都市化や産業構造の変化、教育、特に**女子教育**の普及は、地域差・階層差を伴いながらも出生率の顕著な低下をもたらした。拡大家族形態が比較的多かった中上層階層では特に、「複数の息子」をもたない家族や、息子（たち）が遠い都市や海外に移動しているケースも増加し、世代間の価値観の違いから同居を望まない高齢者も少なくない。その一方で、育児・介護の公的支援が整備されないなかで「共働き」を望む若いカップルにとって、子育て・ケアを複数世代でシェアする家族機能への期待は強い。拡大家族を核家族と対比させ、機能よりも規範や言説に焦点を当ててきた従来の拡大家族研究ではこうした状況の変化は捉えにくい。ケア機能を担う三世代世帯や、妻方親世帯との同居など、新しい方向も事例としては散見されるようになったが、本格的な研究は、全体としてはまだ少ないのが現状である。

家族法についても植民地期の遺産が強く残されている。植民地期、イギリスはインドの家族法については基本的に各コミュニティの家族規範をもとに対応してきた。婚姻承諾年齢法など「人道的見地」からの立法や、旧来の宗教コミュニティには該当しない人々を対象にした法律も徐々に整備されてきたが、社会文化に関する法的介入は現地社会の強い反応をもたらしたため、あえて介入はしなかったのである。その後、独立後に制定されたインド憲法には、政府の努力目標として「**統一民法典**」の制定を図ることが謳われているが、マイノリティであるムスリムに関する法に介入することは難しく、一九八〇年代、離婚されたムスリム女性の扶養をめぐって大きな波紋を呼んだ**シャー・バーノー裁判**以降、**統一民法典**をめぐる立法化の動きはさらに後退した感がある。そのなかで、近代法として制定されているのはヒンドゥーやキリスト教徒を対象とした民法であり、ヒンドゥー民法典は多くの反対と紆余曲折を経て、一九五〇年代半ばに、相続、婚姻など四つの法に分けて制定され、その後も数度にわたって改定されている。

注目されるのは、**統一民法典**の制定は実現されていないものの、判例の積み重ねのなかで破綻を理由とする離婚や、離婚に際しての扶養義務、夫婦共同財産といった現代の世界的な家族法改革の動きが比較的短時間のうちに部分的には実現されてきたことである。女性問題に関心をもつ法曹家や法学者の関心も、抵抗の大きい**統一民法典**の制定よりも、判例主義の司法体制のなかで、女性に有利な判例を積み重ねる実質的な権利獲得に重点が移っている。こうした民法をめぐる歴史的経緯や、各コミュニティの家族法の制定については、フラヴィア・アグネス〔Agnes 1995〕、ワーナー・メンスキー〔Menski 2003〕などの家族法の文献が詳しく触れているので、ここでは家族法分野以外の視点をもつ文献をいくつか挙げ、新しい課題領域を考えてみたい。

一つは、財産権、特に土地相続権をめぐる問題であり、経済学者ビーナー・アガルワール〔Agarwal 1994〕は各地の土地をめぐる女性の権利を検証し、ヒンドゥー相続法によって相続権が認められたのちも女性の相続権が実質上は実現されていないことを示した。一方、南部タミル・ナードゥ州の農民出身の繊維産業起業家が、息子に英語教育や海外経験をつけさせるとともに、経理部門を監督できる高学歴の嫁を迎えて「ビジネス」の展開に積極的に家族戦略を用いている事例〔De Neve 2011〕など、新しい経済活動と家族の結合も認められる。こうした経済活動と家族や財産権・相続権のあり方は今後注目される課題である。

もう一つは、法の執行の現場の問題である。家族法研究が書かれた条文の分析や制定過程を中心とするのに対し、人類学研究はむしろその実践の場に注目する。ペールヴィーズ・モーディーは、デリーの民事裁判所を舞台に、駆け落ち婚をめぐる当事者、家族・親族、法の執行官の間のせめぎ合いを詳細に記録した〔Mody 2008〕。ヒンドゥー民法では、バラモンの司祭による儀礼をもって婚姻の成立とするが、裁判所への届け出による民事婚も法的には認められており、駆け落ちカップル（多くは異カースト間結婚）のように婚姻儀礼の実施が難しい場合の救済手段となっている。しかし、そのプロセスは、公示期間の存在や社会的慣例を重視しがちな裁判官の対応もあって容易ではない。モーディーの論考は、婚姻という「私事」と国家権力や「社会」との関わりを、駆け落ち婚を事例に検証している。

その一方で、婚姻や相続、離婚等について調停を目的とする家庭裁判所

少子化が進み、子どもの数は1～2人という家族が多数派になった。子ども2人をスクーターに乗せて（2011年、デリー市内、筆者撮影）

の設置や、法曹ＮＧＯによる積極的な裁判支援など、法律を活用して女性の権利や福祉の向上を図ろうとする積極的な制度導入や市民活動が存在することもインドの特色である。法体系としての家族法の整備にはいまだに多くの課題を残し、法が制定されても現実には実施されていない状況がある一方で、司法の場に多くの人々が能動的に関わり、様々な交渉がなされている。インドの家族法研究にとって、家族法を「法律」としてのみ研究対象とするのではなく、経済や社会の変化との関連を視野に入れながら、多様なアクターの関わる「交渉の場」と捉える視点も今後ますます重要になるだろう（キーワード解説「家族関連法」参照）。

3．生活世界としての家族

家族に関する人類学モノグラフ

人類学や社会学分野では、家族を対象、もしくは対象の一部とする膨大なモノグラフが蓄積されている。ここではまず、長期にわたって同一地域を調査し、人類学の観察者として、また、ある意味では調査対象社会の人々と様々な関係をもつ近しい一員として、家族の生活世界を具体的に叙述した文献をいくつか紹介する。

アメリカの文化人類学者スーザン・ウェドレイは、北インド農村部を対象に、インドの家族の長期的な変化を生き生きと叙述した研究を数多く発表している。ウェドレイが調査地としてきた北部インドのウッタル・プラデーシュ州北西部の農村は、一九三〇年代からアメリカの研究者が継続して調査してきた地域であり、四世代にわたる村と家族の変化が記録されている〔Wadley 1984〕。かつて支配カーストを中心にゆるぎないカースト秩序が存在し、家父長夫婦が嫁たちに絶対的な力をもっていた家族は、村外との接触の拡大、教育の普及や農外就業の増加、下位カーストの権利・政治意識の拡大など過去数十年の環境変化のなかで次第に変容してきた。それは、家族のなかに小さな亀裂や葛藤を生み出す。ウェドレイの記述は、農村の構造だけでなく、村人一人ひとりの交渉や微妙な心理の動きも捉えており興味深い。日本の研究者も優れた研究を残しており、ウッタル・プラデーシュ州東部の農村地域を長年にわたって調査研究してきた八木祐子〔八木 二〇一〇〕、オディシャー（オリッサ）州の農村と都市の世代を異にする女性たちの「エージェンシー」に注目した常田夕美子〔常田 二〇一一〕など、従来は家父長的家族のなかの弱者としてのみ捉えられてきた女性たちが、儀礼歌のような女性中心の領域をもち、あるいは都市化や情報・教育が拡大するなかで交渉する存在であることを、共感をもって分析している。

こうした人類学モノグラフの優れた研究の多くが、インド社会以外の出身の女性研究者の著作であることも興味深い。その背景には、家族内の男女役割や居住区域が分かれていることの多いインドの家族研究は、男性研究者よりも女性研究者が実施しやすいこと、ある意味では「外」の世界から来た研究者のほうが参与観察者として受け入れられやすいことにあろう。また研究者が、フィールドワークを通じて自らの社会や自身の生き方を再考していることが研究に光彩を与えている例も多い。

統計資料

前述の人類学モノグラフが、事例を徹底的に記述し、読み解くことによってより大きな変化を見出そうとする研究のベクトルであるとすれば、大型統計はその対極のベクトルであろう。インドには家族に関わる情報を含む科学的・統計的手法に基づいた大規模な統計資料が複数存在する。これらの統計の多くについては、近年、集計データとしてだけでなく個票が公開されるようになり、利用の幅が大きく拡大してきた。統計資料は、地域的特性や長期変動の大きな傾向を示す客観的なデータだが、設計の理念、つまり統計調査の目的の設定、そのために「必要」な情報の選択、調査地の設定やサンプリングなどの調査方法の設計など、特定の論理を背景にもち、それ自体が一つの大きな研究である。また、大型統計が政府や国際機関の主導や了解、行政との連携、膨大な費用を要することを考えると、それぞれの時代の政策ニーズや支配的な開発理念を体現したものでもあり、各統計の性格を考慮しつつ、利用することが必要である。

インドにおける最も基本的な長期統計は一〇年ごとに実施される人口センサスである。男女別・宗教別人口、指定カースト・指定部族人口（初回の一八七二年から一九三一年まではカースト別人口）など基本的人口統計とともに、世帯規模や移動などのデータが含まれている。また全国標本調査は、経済的指標を中心に毎回ごとに収集するデータ項目を変化させて実施されるもので、家族については世帯規模、教育水準、家計支出など多様な項目について、数年ごとに時系列比較が可能な形で公表されている。特に家計所得統計が不備なインドでは、この支出統計が家計レベルでの所得・消費動向推計や「モノ」の面からみた家族の変化を考える基本資料として使用されてきた。一九八〇年代半ば以降については個票データも公開されている。なお、消費については、国立応用経済研究所が一九八〇年代半ば以降、定期的に実施してきた市場動向調査が、いわゆる「中間層」の規模拡大の議論に多用されてきた。ただ、この調査は基本的には市場調査であり、階層区分の区切り方など研究資料として使いにくい点もある。

こうした一般的調査に加えて、出生・死亡、栄養、保健衛生、教育、福祉、意思決定など多様な項目について、階層やジェンダーに焦点を当てた時系列比較が可能な大規模データとして、全国家族保健調査がある。ムンバイーにある国際人口学研究所を中核として、政府保健福祉省、ユニセフなど国連機関や諸財団の資金・技術援助のもとに、第一回（一九九二～九三年）、第二回（一九九八～九九年）、第三回（二〇〇五～〇六年）、第四回（二〇一四～

一五年）が実施されている。女性の地位やエンタイトルメント（ある財を手に入れ、自由に用いることができる能力・資格）と保健、栄養、福祉の関連などを実証的に分析するうえでも貴重なデータであり、多くの研究が生み出されている。

4．家族研究の新しい課題

近年、家族の実態やライフ・サイクル、社会変化のなかの家族などに注目した新しい研究も現れてきた。その一つは、出産や子育て、若者、あるいは高齢者といった、家族のライフ・サイクルの一時期を捉えた研究である。

出産に関する先駆的な研究としては、例えば、人類学の視点から北部インド農村部の出産を取り上げたパトリシア・ジェフリーとロジャー・ジェフリー〔Jeffery and Jeffery 1989〕や、ラージャスターン州をフィールドに家族にとっての出産を論じたトゥルシー・パテール〔Patel 1994〕などがある。松尾瑞穂〔松尾 二〇一三a〕は、この出産の問題を「不妊女性」という点から捉えて家族とセクシュアリティという領域に新しい視点を提供している。さらに、代理出産や避妊などの生殖技術の発達がもたらした出産そのものの商品化については、松尾〔松尾 二〇一三b〕や、「選択的中絶」など中絶を取り上げたリーラ・ヴィサリアとラーマチャンドラン・ヴィマラー編〔Visaria and Ramachandran 2007〕の研究なども重要である（コラム11参照）。

近年、高齢期への関心も高まってきた。特に一九七〇年代から出生率が下がり始めた中間層以上の階層にとっては、高齢化はすでに大きな課題となりつつあり、子ども世帯の大都市部や海外への移住も増えて、高齢者のケアの問題も顕在化してきた。人類学の立場からサラ・ラム〔Lamb 2000〕は、高齢女性という存在についてきわめて興味深い民族誌を著している。また、グローバル化が進む近年の都市中間層が考える老後といった新しい課題については、同じくラム〔Lamb 2009〕などを、社会保障などを含めた社会学的な関心からは例えばイルダヤ・ラージャン〔Rajan 2008〕などを挙げることができるだろう。インドの場合は、高齢者を支える年金や医療制度はまだきわめて不足しており、経済的に自立が可能な中間層上層以上を除けば、家族、親族、地域社会やコミュニティに頼らざるを得ない。同時に平均余命の上昇に伴う高齢者人口の増大と高齢者を包含していた家族や親族、コミュニティや地域社会は変質し、かつてのような高齢者を包摂する力を喪失しつつある。インドの家族研究にとって高齢化は、今後の大きな課題領域である（キーワード解説「親と高齢者の扶養と福祉法」参照）。

家族の関係、特に「愛」やサポートの性格も新しいアプローチがみられる分野である。前述のようにインドの家族研究は、拡大家族に象徴されるような規範的な家族に傾斜する傾向があり、家族内の人々の関係については、家族間の感情よりもその支配と従属や役割分担に焦点が当てられてきた。しかし、人々が日常を過ごす親密な単位である家族を、こうした規範的な関係とそれに基づく「感情」だけで理解できるだろうか。特に近代から現代にかけて、ロマンティック・ラブ言説の普及や世代間の価値観相違が明確になるなかで、家族の関係はどのように変化してい

農村部の拡大家族。数世代の家族が同居している（2013 年、ビハール州北部農村、筆者撮影）

るのだろうか、という問いが生じるのは当然だった。

ウベロイ〔Uberoi 2006〕は、女性雑誌や映画といったメディアを分析しながら、インド近現代の女性たちは規範に従ってアレンジされた結婚をしたうえで、結婚後に夫とロマンティック・ラブの関係を実現しようとする、と論じる。結婚後のロマンティック・ラブは、カーストを前提とした規範的な結婚と恋愛への憧れを結合させることができる絶妙の回路であり、結婚規範の強固さを示すとともに、恋愛や結婚相手を当事者が選ぶことが、少なくともアイデアとしてはプラス価値をもつものとして是認されつつあることも示している。

ウベロイが示したような、家族のなかに生じる価値の多様性や相互矛盾は、ときとして家族のなかに緊張を生み出すものでもあった。その端的な例が「駆け落ち」や家庭内暴力である。駆け落ちという現象は、記録の有無にかかわらず過去においても皆無ではなかっただろう。しかし若い人々がより自己選択を求めるようになってきた現在、それは単に例外的な逸脱というよりも、家族やコミュニティの変質や崩壊の危機を意識させる事件となりがちである。もともと夫による妻への打擲《だてき》など家庭内の「暴力」を認める傾向の強かった北部インドではこうした問題は特に深刻であり、しばしば名誉殺人と呼ばれるような暴力事件も起きている。プレーム・チョードリー〔Chowdhry 2007〕は、家族の名において加えられる暴力を、家父長的な家族制度とコミュニティ（カースト）の広がりのなかで考察しており、興味深い。駆け落ちについては、先述のモーディー〔Mody 2008〕も家族やコミュニティにもたらす影響を考えるうえでも興味深いエスノグラフィーになっている。

家族の関係に関わる近年の実証的研究のなかで、妻方親族との関係も注目されている。都市貧困層の家族・親族関係をデリーにおけるフィールド調査に基づいて論じたシャーリニー・グローヴァー〔Grover 2011〕は、貧困層の夫婦関係の不安定性と、生活の維持のための親族、特に妻にとっては実家の存在が大きいこと、また、実家も婚出した娘の労働力としての貢献を期待することを詳細に記述している。地域やコミュニティによる差異も大きいが、例えば、ラージニー・パルリワーラー〔Palriwala 1996〕が明らかにしたラージャスターン農村部における家父長制のあり方など、夫方優位を規範とする家族にも様々な交渉があり、妻方の家族・親族も関与を続けていることは看過すべきではないだろう。

5. 家族を考える素材としての映画と文学、「回想」のなかの家族

家族を考えるうえで、映画やテレビ、小説、「回想録」などもきわめて興味深い素材である。インド全体では諸言語を合わせると年間一〇〇〇本を超える劇場映画が製作されている。

インド映画、特にヒンディー語やタミル語の劇場映画については、ストーリーとは一見すると関係なく挿入されているような歌と踊りのシーンや三時間を超えるような「冗漫」な構成などに注目が集まり、熱烈なファンが存在する一方で、映画としての評価、特に国際的評価においては娯楽映画というイメージが定着してきた。しかし、ジェンダーという視点からみると、インド映画の重要な要素である「恋愛（ロマンティック・ラブ）」や「家族」の表象は、豊かな情報源でもある。映画のなかの恋愛や家族は現実そのものというより、映画という架空空間と技術・市場の基盤の上に構築され、観客の「共感」を期待しうる創られた家族像であり、研究書や統計ではとらえきれない人々の思いや社会や経済状況のなかでも個人のあり方を考える格好の素材なのである。特に一九九〇年代以降、ヒンディー語商業映画がそれまでの「マサーラー・ムービー」、つまり、荒唐無稽なストーリー展開のなかに恋愛から暴力まで多様な要素を詰め込んだ映画から、テーマや想定する観客（市場）をある程度限定し

た製作者や監督の意図が強く反映された映画が増加するなかで、こうした映画の豊かな情報性に着目した映画表象論や研究は、枚挙に暇がないほどに増加している（第7章第5節、コラム19参照）。ここでは、こうした近年の映画論のなかからいくつか紹介しておこう。

映画や女性雑誌、カレンダー・アートなど大衆文化に早くから注目し、ジェンダー研究に基づいて行き届いた論評を加えてきたウベロイ〔Uberoi 2006〕は、九〇年代半ばに製作された『あなたにとって私とは』（一九九四年、スーラジ・バルジャーティヤー監督）や、『勇敢な心は花嫁を連れてくる』（一九九五年、アディーティヤ・チョープラー監督）を取り上げて、製作者へのインタビューや映画評の分析、さらに作品そのものに埋め込まれた家族関係の諸相を読み解きながら、新しい時代のヒンディー語映画が、グローバル化や男女平等などを取り込みつつインドの家族を文化としてとらえる新しい言説を生み出していることを論じている。同じく九〇年代以降のヒンディー語映画を、経済改革以降の映画産業の近代化や海外市場などを取り込んだ市場の変化、そして映画という技術やシネマ・コンプレックスなど新しい装置との関連を重視しながら論じた著作としてサンギータ・ゴーパール〔Gopal 2011〕をあげておきたい。

ゴーパールは、一九三〇年代にインドに登場して以降、映画が近代的な技術を前提とするがゆえに、つねにロマンティック・ラブや男女の感情的な結合を前提とする婚姻関係など新しい考え方に親和性をもつメディアであったこと、その一方で大衆的な影響力をもつ映画はインド社会の規範や現実、さらに国家のメディア戦略を色濃く反映せざるを得なかったことを踏まえて、九〇年代以降の「ニュー・ボリウッド映画」が資本や技術の近代化やグローバル市場の拡大、さらにシネマ・コンプレックスの登場といった観客との関係を変える装置の出現のなかで変容している様相を鋭く指摘している。同じく九〇年代以降の映画を中心に、主要作品と社会との関連を手際よくまとめた著作として、レイチェル・ドワイヤー〔Dwyer 2014〕もあげておきたい。

映画と同様に小説や伝記、自伝のような自分語りを含む文学も豊かな可能性をもつ素材である。地域や階層による家族と家族観のありようを垣間見せる作品も多い。特に、インドの文学は、地域言語と英語の重層的な構造をもっており、「何語で書くか」は、読み手の層や地域を規定するだけでなく、書かれる内容、そこにおける個やアイデンティティのあり方を読み解くうえでも重要な意味をもっている。

また小説、特に英語で書かれる小説の分野では、単純で読みやすい英語による小説が若年層読者に圧倒的な支持を集める現象がみられるなど、経済成長下の社会変化や情報化のなかで、新しいタイプの文学や読み物の需要も拡大してきた。またすでに一九八〇年代頃から、女性の作家が多数登場し、家族内の（多くは不幸な）人間関係や、女性の視点から性や家族内の抑圧を繊細に描くいわば「女流小説」が、都市部を中心に一定の読者層を得ている（コラム17参照）。

小説類から数点を選ぶのは難しいが、インド在住の女性作家が英語で書いた作品から二点を挙げておく。いずれも国内の都市中間層ではよく読まれている小説である。シャシ・デーシュパーンデーの代表作『あの長い沈黙』（一九八七年）は、ムンバイーに住み公共部門の管理職という都市中間層の核家族一家の危機と主婦の個人としての葛藤を描いた。『難しい娘たち』（一九九九年）のマンジュー・カプールは、家族のなかの亀裂や葛藤を静かな筆致で描いて人気が高い。いずれも現代インドという文脈における都市中間層の家族の困難と、そして「家族」という優しくかつ残酷で親密な人々の集団のなかの個人という、現代世界に共通する課題を考えることのできる作品である。

最後に家族をめぐる「回想」も、ぜひ読んでいただきたい分野である。ある時点の個人が、自分の子ども時代や家族を振り返るとき、どのような点に焦点が当てられ、どのように叙述されるのだろうか。それはまた個人史や個々の身近な家族を、広く歴史の文脈に位置づける作業でもある。インドラニ・チャタジーの編によるもの

〔Chatterjee 2004〕や、社会学・人類学研究者がそれぞれの育った家庭と子ども時代を振り返ったマーラヴィカー・カルレーカルとルドラングシュ・ムカジーの共編著〔Karlekar and Mukherjee 2009〕などは、この分野の記述が家族を再考するうえでもつ可能性をみせてくれる著作であろう。

押川　文子

文献リスト

カパディア，K.M.（山折哲雄訳）1969『インドの婚姻と家族』未来社。

常田夕美子　2011『ポストコロニアルを生きる—現代インド女性の行為主体性』世界思想社。

松尾瑞穂　2013a『ジェンダーとリプロダクションの人類学—インド農村社会の不妊を生きる女性たち』昭和堂。

松尾瑞穂　2013b『インドにおける代理出産の文化論—出産の商品化のゆくえ（ブックレット〈アジアを学ぼう〉）』風響社。

八木祐子　2010「北インド農村の住まいと女性の生活空間」赤坂俊一・柳谷慶子編『生活と福祉』明石書店。

Agarwal, Bina 1994. *A Field of One's Own: Gender and Land Rights in South Asia*, New Delhi: Cambridge University Press.

Agnes, Flavia 1995. *Law and Gender Inequality: The Politics of Women's Rights in India*, New Delhi: Oxford University Press.

Chatterjee, Indrani 2004. *Unfamiliar Relations: Family and History in South Asia*, New Delhi: Permanent Black.

Chatterjee, Partha 1989. "Nationalist Resolution of Women's Question," in Kumkum Sangari and Sudesh Vaid, eds., *Recasting Women: Essays in Colonial History*, New Delhi: Kali for Women.

Chowdhry, Prem 2007. *Contentious Marriages, Eloping Couples: Gender, Caste, and Patriarchy in Northern India*, New Delhi: Oxford University Press.

De Neve, Geert 2011. "Keeping It in the Family: Work, Education and Gender Hierarchies among Tirppur's Industrial Capitalists," in Henrike Donner, ed., *Being Middle-Class in India: A Way of Life*, Oxford: Routledge.

Dwyer, Rachel 2014. *Bollywood's India: Hindi Cinema as a Guide to Contemporary India*, London: Reaktion Books.

Gopal, Sangita 2011. *Conjugations: Marriage and Form in New Bollywood Cinema*, Chicago: Chicago University Press.

Grover, Shalini 2011. *Marriage, Love, Caste and Kinship Support: Live Experiences of the Urban Poor in India*, New Delhi: Social Science Press.

Jeffery, Patricia and Roger Jeffery 1989. *Labour Pain and Labour Power: Women and Childbirth in India*, London: Zed Books.

Karlekar, Malavika and Rudrangshu Mukherjee 2009. *Remembered Childhood: Essays in Hour of André Béteille*, New Delhi: Oxford University Press.

Karve, Irawati 1953. *Kinship Organization in India*, Poona: Deccan College.

Kolenda, Pauline 1987. *Regional Differences in Family Sturucture in India*, Delhi: Rawat

Publications.

Lamb, Sarah 2000. *White Saris and Sweet Mangoes: Aging, Gender and Body in North India*, Berkeley: University of California Press.

Lamb, Sarah 2009. *Aging and Indian Diaspora: Cosmopolitan Families in India and Abroad*, Bloomington: Indiana University Press.

Madan, T. N. 1965. *Family and Kinship: A Study of the Pandits of Rural Kashmir*, Bombay: Asia Publishing House.

Menski, Werner F. 2003. *Hindu Law: Beyond radition and Modernity*, New Delhi: Oxford University Press.

Mody, Perveez 2008. *The Intimate State: Love-marriage and the Law in Delhi*, New Delhi: Routledge.

National Council of Applied Economic Research (NCAER) and Business Standard 2005. *The Great Indian Market: Results from the NCAER Market Information Survey of Households*, New Delhi: National Council of Applied Economic Research.

Palriwala, Rajni 1996. "Negotiating Patriliny: Intra-Household Consumption and Authority in Northwest India," in Rajni Palriwala and Carla Risseeuw, eds., *Shifting Circles of Support: Contextualising Kinship and Gender in South Asia and Sub-Sharan Africa*, New Delhi: Sage Publications.

Patel, Tulsi 1994. *Fertility Behaviour: Poplation and Society in a Rajasthan Village*, New Delhi: Oxford University Press.

Rajan, S. Irudaya ed. 2008. *Social Security for the Elderly: Experiences from South Asia*, New Delhi: Routledge.

Uberoi, Patricia 1993. *Family, Kinship and Marriage in India*, New Delhi: Oxford University Press.

Uberoi, Patricia 2003. "The Family in India: Beyond the Nuclear versus Joint Debate," in Veena Das, ed., *The Oxford India Companion to Sociology and Social Anthropology*, New Delhi: Oxford University Press.

Uberoi, Patricia 2006. *Freedom and Destiny: Gender, Family and Popular Culture in India*, New Delhi: Oxford University Press.

Visaria, Leela and Vimala Ramachandran eds. 2007. *Abortion in India: Ground Realities*, New Delhi: Routledge.

Wadley, Susan S. 1984. *Struggling with Destiny in Karimpur, 1925-1985*, Berkeley: University of California Press.

コラム9

ダウリー（持参財）かブライド・プライス（花嫁料）か？ 婚姻贈与と女性の地位

ブライド・プライスからダウリーへの転換

南アジアの多くのコミュニティでは、婚姻において女性が生家から婚家へと移動する。このとき女性の生家から、女性本人ないし婚家へ贈られる財をダウリーと呼ぶ。伝統的には「ストリー・ダーン（女性財）」と呼ばれ、生家から娘への財産分与の意味合いがあった。基本的には、婚姻後も女性本人が管理し、彼女の暮らしを支える物品からなる。しかし、近代化以降のダウリーは、婚姻成立の条件として花婿側が要求する部分が増加し、さらには花婿の教育程度や職業など、花婿の価値に応じて金額が交渉されるようになった。花婿側が期待する金額に満たない場合、結婚が取りやめになるばかりか、結婚後に花嫁が義理の家族から嫌がらせや非難を受けたり、食事を十分に与えられないなどの虐待を受けることがある。行動が厳しく監視され、自由が奪われることもある。硫酸を浴びせられたり、石油をかぶり大やけどをしたり、焼死するなど、自殺と他殺の区別が難しい事件も起きている。娘をもつ両親は、よりよい花婿に、よりよい家庭に嫁がせたいと願うため、高額なダウリーの支払いは避け難く、娘の結婚は家族にとって大きな経済的負担となっている。その結果、将来を案じて娘を産むこと自体を避けることにもつながっている（キーワード解説「ダウリー禁止関連法」参照）。

一方、ブライド・プライスは、花嫁の生家に対して、彼女を育てるために費やしたコストや結婚によって失われる彼女の将来の労働力を弁済するために、花婿側から贈られる物や現金や労働力を指す。近年まで、南インドでは多くのコミュニティがブライド・プライスを採用し、北インドでは上位カーストがダウリー、下位はブライド・プライスが一般的であった。しかし、一九八〇年代半ば以降、多くのコミュニティがダウリーに切り替えたといわれる。南ではバラモンが最初に取り入れ、キリスト教徒やムスリムにも広がった。北ではベンガルの都市部中産階級から始まり、今ではブライド・プライスは北インドの村々から消えてしまったとされる。しかしながら、筆者の調査するラージャスターン農村では、ブライド・プライスは形を変えながら今も健在である。かつて農民男性は妻をもらうために彼女の生家で数年間の無償労働を行い、自身の労働力によって支払う形が多くみられた。現在では、嫁（妻）をもらう相手に、娘（姉妹）を与える支払いを相殺する女性交換婚が主流となっている。また、一般的にはブライド・プライスからダウリーへの切り替えの背景には、カーストの地位上昇への志向があると説明されるが、ラージャスターン農村の事例では、表向きは中間層として振る舞い、ダウリーを娘にもたせるようになったコミュニティも、裏ではこれまでどおり、花嫁側がお金を受け取っている場合が多くみられる。すなわち、両者が一つの婚姻において並存する形も一般的であり、事実はなかなか複雑である。

教育や近代化が進むことでなぜダウリーが増えるのか、これまで多くの議論がなされてきた。ダウリー増加に関して、一つには、専業主婦化により女性の経済的な貢献度が減っているため、非生産的メンバーを受け入れるための費用として、ダウリーを支払うようになったという説明がある。近年ダウリーを採用するようになった集団には、貧しい世帯も多く、実際に女性の労働参加が減っているとは必ずしもいえない。しかし、家族の地位上昇のためには、女性を野良仕事に行かせるべきでないという志向は強まっており、女性の労働価値は下がっている。よって女性は働いても、かつてのように評価されなくなっており、花婿側が彼女を養う費用を要求するようになったという説明ができる。二つ目には、中産階級化による余剰財産の発生や増加が、ブライド・プライスからダウリーへの転換と高額化につながっているという説明がある。しかし、近年特に増えているのは、女性財の部分ではなく、花婿や婚家に与えられる部分であり、ダウリーを今では花嫁側の任意で贈られるものと定義するのは難しい。三つ目の説明としては、女性たちの間で花婿の奪い合いが激化し、ダウリーの高額化が生じているというものである。単に子どもを産むのではなく、質のよい子どもを産み育てるために、よりよい条件の男性を求めなければならない。つまりダウリーは、娘の将来への投資であり、社会的上昇の手段であると説明できる。

婚姻市場における男女比

よりよい条件の花婿を奪い合うというダウリー説は、人口統計学に基づく研究によって強化されてきた。マリ・バットとシヴァ・ハリの一九九九年の論文によれば、インドの人口全体に占める割合は、男性が多い一方、婚姻市場では適齢期女性の超過傾向がこれまで続いてきた。花婿の獲得可能性は、一九一一年を一〇〇とすると、徐々に低下して八一年で五五・四%まで減少した。理由として、女性の出産時死亡が減り、夫婦生存率が上昇したことで寡男の数が減少した。かつて寡男は貧しい世帯の女性にとって非常に重要な婚姻相手であったが、今ではすべての女性が初婚男性を求めねばならなくなった。しかし、男性の教育期間が延び、結婚適齢期が遅くなったことにより、婚姻市場における男性群の人口が少ない状態が続いた。九一年には最低値となり、その後は急速に上がる。よって花婿不足は和らぐが、結婚していない女性がたくさんいるので、婚姻市場に影響が出るには時間がかかる。しかし、将来は花嫁不足になり、ダウリーの額は確実に減るだろうという楽観的な予想がなされた。

バットとハリの研究から二〇年近く過ぎた現在、パンジャーブやハリヤーナーなど男女人口の不均衡が著しい州で花嫁不足は深刻な社会問題になっている。しかし、ダウリーの支払いが緩和されたというニュースは見聞きしない。以前よりこれらの地域では、根強い男児選好によって、生まれてきても女児はケアを十分に受けることができず、生存率が低いといわれてきた。技術的に性別産み分けが可能になって以降、農村部でも出産時に超音波診断を受ける女性が増えている（キーワード解説「胎児の特別判定抑制法」参照）。近年では生まれてくる女性の数自体が少なくなっており、貧しい男性はますます結婚相手をみつけることができない。このためアッサムなど北東地域から仲買人を通して花嫁を購入する事例が増えている。また、兄弟間で農地が細分化されると家族を養うことができなくなるため、長男の嫁を兄弟で共有する一妻多夫婚も行われるようになっている。

こうした状況は、婚姻市場における男女のバランスだけで、ダウリー問題を分析できないことを表している。花嫁不足は、花嫁購入、移住花嫁、花嫁共有、生涯独身男性などによって調整されており、これらの手段は過去においても繰り返されてきた。

一方で、経済自由化以降に増えた新興中産階級の間では、消費の力こそが社会的地位を測る重要なものさしとなっているため、豊かな男性を奪い合う女性たちが将来への投資として支払うダウリーは、減少するどころかうなぎ登りに上昇している。貧しい家族も社会的地位を上昇させるべく、豊かな花婿を求める競争に加わるために、経済的負担となる二人目以降の女児の誕生を避けなければならず、選択的中絶は広がりをみせている。

婚姻贈与と女性の地位

インドでは、人口比における男女の不均衡、すなわち「喪われた女性」問題の主要因として常にダウリーが指摘されてきたが、ダウリーはポリティカル・エコノミーの一要素でしかなく、ダウリーの廃止が女性の地位を上げるとは必ずしもいえない。例えば、インドと同様に人口に占める女性割合が少ない中国の農村では、エリザベス・クロールによれば、娘に対して生前に贈与される財産分与としての伝統的ダウリーに関する限り、さらにダウリーを所有し、管理し、利用するのが女性本人である限り、ダウリーは新婚生活を始める際に頼

ラージャスターン西部の牧畜カーストの結婚式。右の花婿はもうすぐ10歳になるだろうか。お菓子をほおばる左の花嫁はまだ4歳。嫁ぐ日は15年以上先（1997年、ラージャスターン農村、筆者撮影）

りになる経済的資源であるとともに、婚家において彼女の地位を高める社会的資源でもある。インドでは、法律で兄弟姉妹間の均分相続が定められてはいても、親の死後に実家に対して財産分与を要求することは、社会的に好ましいこととみなされていないため、ダウリーの廃止が逆に女性の相続権をむしばむ懸念もある。ダウリーとは逆に娘側が受け取るブライド・プライスも、女性の生家に対して支払われる限り、そして女性本人がその財に対するアクセス権をもたない限り、女性の地位の向上には必ずしも結びつかない。ラージャスターン農村でも、ブライド・プライスを支払う下層コミュニティでは、女性に再婚が認められているため、女性の再婚を禁じる上位カーストよりも一見すると女性に自由があるようにみえる。しかし、離婚においては実家側がブライド・プライスの返済を行わねばならないため、離婚や再婚を女性本人の意思で自由に行うことができるわけではない。また、離婚や再婚が繰り返されることで、家族のなかの女性の地位が非常に不安定なものとなる。息子を産み育て、徐々に家族のなかの地位を確立していく上位カーストの女性と比べ、ブライド・プライス婚の女性の地位が高いとは必ずしもいえない。つまり、婚姻贈与の形式ではなく、婚姻において交換される財に女性がアクセス可能どうか、財と女性の関係性をみる必要がある。婚姻贈与の形と女性の地位と人口の男女比の問題は、現在の消費社会化のなかで複雑に結びついている。

（中谷 純江）

参考文献

Bhat, P.N. Mari and Shiva S. Halli 1999. "Demography of Brideprice and Dowry: Causes and Consequences of the Indian Marriage Squeeze." *Population Studies*, 53-2.

Croll, Elizabeth 1984." The Exchange of Women and Property: Marriage in Post-revolutionary China." In R. Hirschon, ed., Women and Property, Women as Property, London: Croom Helm.

Jeffery, Patricia 2014. "Supply-and-Demand Demographics: Dowry, Daughter Aversion and Marriage Markets in Contemporary North India." *Contemporary South Asia*, 22-2.

コラム10

バングラデシュ女子の高学歴化と「女子大生」の挑戦

南アジアでは、英領期の一部エリート教育の形態を維持しつつ、国家形成と経済成長の要として、特に一九八〇年代から大衆教育に力が注がれてきた。インドの隣国バングラデシュでも、八〇年代後半以降、初等教育の普及が急速に進み、現在では約九割の子どもたちが小学校に通うようになった。うち約六割の子どもたちは中等教育に進み、その約半数が修了、三分の一（全体の約一割）が高等教育に進学している。現在二〇代の若者たちは親世代より明らかに高い学歴を積んでおり、特に農村では親世代にほとんど通学経験がないなかで学校に通い出した「教育第一世代」である。筆者は、二〇〇〇年からバングラデシュの一農村でフィールドワークを行い、当時小学生だった子どもたちを現在に至るまで追跡し、この世代の多様性と変化に注目している。本稿では、そのなかでも特に女子の高学歴化と社会変容について、三人の女性の事例から検討する。教育は彼女たちの人生をどのように変えているのだろうか。

高等教育改革と大学の両極化

初等教育の大衆化と連動して取り組まれたのが高等教育である。南アジアでも、二〇〇〇年代以降の新自由主義傾向のなかで、高等教育改革が進められている。バングラデシュでは、英領期（～一九四七）から東パキスタン期（一九四七～七一）には一部支配階層の間での享受に限られていた大学教育が規模を拡大させ、理工学系を中心に新たな公立大学が次々と開設された。また一九九二年に私立大学法が施行されると都市部を中心に私立大学も急増している。地方では、九一年に開設された国立大学が管理するカレッジが急増した。この国立大学はダッカ市内にあるが、本校では教育は行われず、実際の教育は各カレッジで行われる。カリキュラムや試験は国立大学が一括で管理している。カレッジには三年制の教養カレッジと四年制の学部カレッジがあり、全国に教養カレッジ二二九一校、学部カレッジ一一六校、修士カレッジ二八八校（二〇一五年現在）があり、特に農村地域では教養カレッジが人気を集めている。

同じ高等教育機関とはいえ、大学とカレッジの質の差はきわめて大きい。大学が富裕層や中間層を対象にエリート教育を成しているのに対して、カレッジの教育はどのように受け入れられているのだろうか。大学では毎日授業が行われ、公立大学では寮生活をする学生も多いが、特に教養カレッジでは授業は試験の直前に行われるくらいである。学生たちにとっては試験を受けて学士資格を取得することが目的となっている。授業が行われないのはカレッジのせいだけでもない。男子学生のなかには普段は都市部に働きに出て、試験時のみ帰省する者も少なくない。また、女子学生には既婚者も多く、やはり試験時とその前後にのみ通学する。

従来の慣習に従えば、農村で暮らす女子たちは中等教育に通う間に「婚期」を迎える。前期中等教育修了認定（SSC）試験の受験後、あるいは後期中等教育修了認定（HSC）後には多くの女子が結婚する。これは隣国の特に北インド農村社会でも共通してみられるが、親たちは、成熟した女性が未婚であることの「リスク」や婚期の遅れによって高まる持参金への不安などから、よい縁談があれば娘の結婚を進める。しかし、そうして結婚した女性たちのなかにはSSCやHSCの試験に合格すれば結婚後も教育を続ける者も多い。それを可能にしているのが教養カレッジである。結婚後もカレッジに在籍して試験を受け学士資格を取得する。彼女たちにとって学士資格は資格そのものに価値がある。「学歴ある妻」「母親に学があれば子どもに勉強を教えられる」という良妻賢母志向によっても女子の学歴形成は当該社会で受け入れられている。彼女たちも、結婚して家庭生活に引きこもるより、カレッジに通って友人と交流や勉強を楽しんでいる。未婚者であっても、家事仕事をしながら通えるカレッジはハードルが低い。あるいは、成熟した女性の未婚を「不安定」として嫌う社会では、学生であることが未婚を保つ理由づけともなっている。

三人の「女子大生」それぞれの希望

農村でNGO運営の小学校に通っていたRは、SSC試験を受けて結果を待つ二カ月の間に結婚した。Rの結婚は村では「恋愛結婚」と認識されている。とはいっても、男性の側がRの村に友人を訪ねてきた際に道端でRを見かけて一目惚れして求婚したのである。Rの父親は数年前から中東に出稼ぎに出ていてRは母と弟と三人で暮らしていた。母親は、男性の家が婚家として条件的に悪くなかったので縁談を受け入れた。Rは結婚したが、SSC試験に合格したので、結婚後も後期中等教育（便宜上「高校」と表記）に進学した。高校は実家と婚家の間にあったが、Rは結婚直後の数カ月以外は実家にいるほうが多く、高校にも実家から通っていた。バングラデシュ農村の女性たちには一〇代後半の早婚が多くみられるものの、結婚後も婚家と実家を行き来し、特に最初の頃は実家で生活することも多い。Rの場合は高校に通うことが実家での生活の理由にもなっていた。その後、妊娠・出産を機に退学したが、出産後も子どもを連れて実家と婚家の二重生活を続けていた。Rの婚家には義母と義兄の妻もおり、Rは「主婦がそんなにいなくてもいいのよ」と話していた。子どもが一歳になった頃にRは教育を再開、HSC試験に合格して通信制教養カレッジに進学した。通信制のカレッジは主に有職者向けに開かれていて、授業は休日のみ、あとは各自勉強して試験を受ける。Rが三年間のうち通学したのは試験期間を除くとほんの数回で、授業の進度や情報は同級生に電話で教えてもらう。Rに教育を続ける理由を尋ねると、「楽しいから」と言う。また、子どもを育てるためにも何か仕事をしたい、機会に備えて学士資格を取っておいたほうがよいと思ったからだという。学士資格も得て、今は子どもを育てながら、美容師技術か裁縫を学んで自分で商売が始められないかと考えている。

Rの実家の隣村に住むSは、公立の小中高校を出て、隣町の教養カレッジに進学した。Sの父親はダッカでリキシャ引きをしていて、村では母親と弟と三人で暮らしていた。母の実家はダッカ近郊にあり、幼い頃は母の実家で父も一緒に暮らしていた。しかし、父の実家である今の家に移り住んでからは父親はダッカで単身出稼ぎとなった。父親からの仕送りで家族は生活しているが、Sは教育費を少しでも工面するために、近所の小学生対象の私塾で朝と夕方教えていた。カレッジには他の学生よりは頻繁に通っていた。Sの母親はSの結婚を常に心配していたが、Sはカレッジを出たら働くことを希望し、HSC資格があれば受けられる公務員試験にも願書を出していた。筆者も含め知り合いの大人たちに、仕事の機会があれば紹介してほしいと伝えていたところ、カレッジ近くの病院の受付に採用された。しかしカレッジは辞めず、仕事をしながら学士資格を取得したいという。就職後一年ほどして同じ病院で働く男性と結婚した。

RとSが農村近くの教養カレッジで勉強しているのに対して、Pはダッカの大学に通う大学生である。中学校卒業と同時に地方からダッカに出てきた。父親はマレーシアに出稼ぎに、兄も父を追ってマレーシアに働きに出た。ダッカでは母とPと弟妹と暮らしている。家族のなかで大学に進学したのはPが最初で、その意味では彼女もまた第一世代である。Pは人類学を専攻しており、在学中から開発機関による農村での調査補助の仕事をしている。様々な開発事業が実験的に繰り広げられてきたバングラデシュでは、人類学のフィールドワークのスキルが開発機関やコンサルタントで重宝され、人類学専攻の大学生たちが調査補助のアルバイトをしたり、卒業後には就職の可能性もある。Pはそうした情報を先輩から得て積極的に仕事に携わる。稼いだお金で自分の服を買ったり、友だちと映画に行ったり、時には母に渡して家計の足しにもしている。Pによれば、同級生女子のなかには、仕事がしたくても親が外泊を伴う仕事に出かけることを許さないことも多いという。幸いPの母親はPを自由にさせ、頼りにさえしている。調査補助の仕事は研究者や開発専門家の下でなされるため、Pにとっては大学での人類学の学びとリンクすることがおもしろいという。卒業後は開発系の仕事に就きたいと思っていたが、今はさらに勉強したいと考えている。

既存の価値観への挑戦

このように、初等教育の普及によって学校教育イデオロギーが社会に受け入れられるようになった先に、カレッジは農村部の既存の文化慣習にも対応し得るかたちで下からの高学歴化をもたらし、都市部の大学はエリート教育の拡大という上からの学歴化をもたらしている。良妻賢母思想や持参金の懸念が女子の教育経験を左右する状況は、インドにも強くみられる傾向である。また、インドでもバングラデシュでも、特に初等教育では女性教員が望まれることから、教育の普及は農村の女性たちに、社会が容認する就労の機会をもたらし、その限られた機会に備えて学歴を積んでおく動機ともなっている。

本稿で紹介した三人の事例では、中学校卒業後すぐに結婚出産したが細々と教育を続けるR、地方の教養カレッジに通いながら就職の機会を得たS、ダッカのエリート大学に通うPと、学びも生活状況も大きく異なる。しかし、それぞれに教育を享受し、自ら生活の糧をつかむことを望んでいる。特に農村で生きるRやSにとっては、結婚をはじめとする既存社会の慣習や価値観から抜け出すのは難しいが、それでも彼女たちの結婚は親が一方的に決めた結婚ではなく、婚姻後の生活にも新たな挑戦があふれている。

大学とカレッジの格差は、高等教育の質保障という観点からは課題であるが、既存社会の価値規範に少しずつ挑戦し、新たな可能性をもたらしている点ではどちらも大きな役割を果たしている。エリート大学で学ぶ女子学生の多くもまた、卒業後には就職より結婚を優先させざるを得ない者が少なくない。彼女たちは自らの希望と既存社会からの役割期待の間で折り合いをつけ、時に葛藤する。この新たな生き方の模索に彼女たちの教育経験が影響しているのは確かである。

（南出　和余）

参考文献

押川文子・南出和余　二〇一六『「学校化」に向かう南アジア―教育と社会変容』昭和堂。

南出和余　二〇一〇「結婚前後の女性の学歴形成―バングラデシュ農村の社会変容を背景に」『多民族社会における宗教と文化』第一四号。

コラム11

錯綜する「家族」のつくり方――生殖医療と代理母問題

インドにおける生殖医療

生殖医療（技術）とは、人工妊娠中絶や避妊手術といった産児制限に関わる手術や、その反対の子どもを得るための不妊治療など、生殖に関わる医療とその技術のことをいう。

家族計画は、一九五二年から全国的に展開されており、インドは年間四〇〇万人近い女性が避妊手術を受ける産児制限大国である。だが、ここで取り上げるのは、近年注目を集めている体外受精や代理出産をはじめとする、生殖補助医療（以下、ART）である。

二〇〇五年頃以降、インドはタイと並ぶ生殖ツーリズムの中心地となってきた。ARTの規制がなかったインドでは、多くの国では認められていない商業的代理出産や配偶子（卵子、精子）の売買が行われており、欧米はもとより、アジアや中東諸国、さらには同性愛者や独身者、そしてインド国内の富裕層へと利用者は拡大していった。統計がないため正確なところはわからないが、実際、年間一〇〇〇人もの代理出産児が誕生しているのではないかともいわれている。

代理出産をめぐる問題

代理出産をめぐる問題は数多くあるが、その代表例が、依頼人の居住国が代理出産を法的に認めていない場合、依頼人と子どもとの間に親子の認定がされなかったり、子どもに国籍が付与されなかったりするという問題である。インドで代理出産を依頼した日本人夫婦が、子の出生前に離婚したことから、子どもが無国籍状態となった「ベビーマンジ事件」が有名だが、それ以外にも、生まれた子の法的立場をめぐるトラブルは後を絶たない。また、倫理的問題も大きい。多くの国で、商業的代理出産はおろか、無償の代理出産も認められていないのは、妊娠、出産というリスクを伴う行為を第三者に負わせることや、他者の身体を手段として用いることが、倫理的に許容されにくいからである。

本コラムでは、インドの生殖医療のうち、特に商業的代理出産をめぐる諸実践について、グジャラート州アナンドの事例からみていこう。アナンドは、人口一〇万人に満たない小さな地方都市だが、年間一〇〇人以上の代理出産児が生まれている、世界的に有名な病院があり、多くの依頼人が訪れている。依頼人は、基本的には受精卵を代理母に移植するときと、受精卵が着床し、無事に出産に至った一〇カ月後の二回、アナンドに来て二週間から数カ月ほど滞在する。そんな海外やインド各地から来る依頼人のために、町にはホテルやレストラン、旅行会社、両替商など、長期滞在に必要なインフラが整えられていった。

筆者がAさんと会ったのも、そんな代理出産の依頼人が多く集まる、病院近くの新築ホテルであった。

代理出産の依頼人

Aさんは、四〇代半ばのムンバイー出身のバラモンの男性で、二五年以上カナダで暮らすNRI（在外インド人）である。Aさんは、シングルペアレントとして子どもをもつことを決め、購入した卵子と自分の精子からなる受精卵を第三者の代理母に移植し、妊娠、出産をしてもらっていた。ちなみに、映画監督や俳優にも、独身のまま代理出産で子どもを得た人が何人かおり、新聞などでよく取り上げられている。Aさんは「結婚せずこの年齢になってしまったが、せめて子どもは欲しいと思い、知人に聞いたこの病院に連絡をとった」といい、アメリカに比べて値段が安いこと、家族や親族の協力を得られやすいこと、同じインド人の卵子や代理母を依頼できることを、インドで行う利点として挙げた。どのように代理母と出会ったのかと聞くと、「来る前はアメリカのようにデータベースか何かがあって、自分で選べるのかと思っていた」が、来てみると代理母はこの人、卵子はこの人、とあらかじめ決められていた。「さしずめ、院長が赤ん坊のデザイナーというわけですね」とAさんは笑う。

カナダに暮らすAさんはほとんど代理母と会うことはなかった。そして、赤ん坊が生まれるとすぐにホテルに引き取り、世話のために自身の母親と乳母をムンバイーから呼びよせていた。赤ん坊は二歳まではムンバイーのAさんの両親のもとで暮らし、それからカナダに連れていくのだという。インドでは代理母になる女性は貧困層が多く、依頼人との間には、経済的、社会的に圧倒的な格差がある。それゆえ、富裕な依頼人が安価な値段で代理出産を頼むという構図は、貧困女性の経済的搾取であるとの批判も起こっている。

代理母の生活

しかし、代理母らに聞き取りを進めてみると、話はそれほど単純なものではなかった。この病院では、妊娠が確認された代理母は、原則として病院所有の「代理母の家」と呼ばれる施設で臨月まで生活をする。ここでは、常時数十人の代理母が暮らしており、ケアスタッフらとともに共同生活を送る。代理母になることができるのは、子どもがいる三五歳までの既婚女性であるため、彼女たちは、その間は自分の家族から離れて暮らすことを余儀なくされ、カーストも宗教も異なる、見知らぬ人たちと共同生活を送らなければならない。病院の管理のもと、医学ケアや栄養摂取などに関して、依頼人が望む生活を送ることも契約の一部であり、こうした管理は、万一の体調異変や、代理母の失踪などのトラブルを回避するための対策である。筆者がアナンドに滞在していたときには、六〇人以上の代理母が二つの家に分かれて暮らしていた。

こうした施設での暮らしは、代理母にとっては行動の制限やストレスがある一方で、近隣や親族に知られずに代理出産の請負ができ、手当をもらいながら妊娠期間を過ごすことができるという利点もあった。代理出産によって手に入る年収の一〇倍以上のお金は、親族間での無用な軋轢を生むおそれもあり、婚家にも秘密にしている人が多いのである。さらに、スタッフが作る食事をおなかいっぱい食べ、テレビを見たりおしゃべりをしたり、裁縫を習ったりして過ごす九カ月間は、彼女たちにとって人生ではじめて、生きるための労働から解放された時間でもある。ある代理母は、「自分の子どもの出産のときには、一度も検診を受けたことはなかった。こんなにケアを受けたのははじめてです」と言う。

また、共同で祝われる妊娠七カ月目の妊婦儀礼や、ホーリー、ディワーリー、イードなどの祭礼を通して、宗教もカーストも異なる女性たちに、一時的に「家族」のような共同性が現れることがある。サリーなどを贈り、パトロンとして振る舞うのは、院長である女性医師である。海外や遠い都市に住み、ほとんど会うことがない依頼人よりも、医師、ケアスタッフ、代理母のコミュニティが、彼女たちにとっては代理出産の実践における最も重要な関係性となっている。代理母たちは、代理母の家での暮らしは、「本当の家族のようで楽しかった」とまで言う。

Aさんのように、赤ん坊の世話に不慣れな依頼人のため、病院は代理母経験者らを「ベビー・ケアテイカー」として雇い、宿泊ホテルに派遣するというサービスも提供している。また、代理母の家や病院で働くスタッフとして、長期的に雇われる人もいる。さらには、代理母になった経験をもとに、病院に卵子ドナーや代理母候補を紹介するエージェントとなる人もいる。このように、アナンドにおける商業的代理出産は、一度の契約で終了するだけでなく、卵子の提供からベビー・ケアテイカーまで、複数のサービスからなる「ケア産業」なのである。したがって、女性たちにとっては、いかにこのケア産業のなかで継続的に職を得るかが重要であり、代理母はその通過点にすぎない。ここからは、単に貧困女性の経済的搾取というストーリーにとどまらない、彼女たち自身の生活向上への主体的な関与や希望が見出される。

代理出産を規制する新しい動き

インド政府はこれまで代理出産を規制することはしておらず、二〇一〇年にインド医学審議会のガイドラインに基づく規制法案が国会に提出されるも、長らく成立には至っていなかった。ガイドライン自体も商業的代理出産を容認したうえで、いかにトラブルを軽減、規制するかという実際的な立場をとるものであった。ところが、人身売買疑惑、子の無国籍問題、引き取り拒否などの相次ぐトラブルや、同性愛の依頼人の増加などを受け、代理出産は「五年以上結婚している異性愛夫婦」に限定され、同性愛カップルや独身者の依頼は不可能となった。これは、インドの社会通念上、望ましくないとの立場からである。

さらに事態が急展開したのは、二〇一五年一一月に政府が海外居住者の依頼を全面禁止したうえ、翌年九月には商業的代理出産そのものも禁止とし、代理出産はインド人夫婦と無償の代理母の間のみに限定する法案を提出したことである。急な方向転換には、同じように代理出産が容認されていたタイで、オーストラリアからの依頼人が障がいをもつ子の引き取りを拒否した事件や、様々な人種の卵子を購入し、複数の代理母に十数人もの実子を産ませていた日本人の事件などが相次いで起き、タイ国会が代理出産の禁止を決定した動きとも関わっている可能性がある。インド人民党の政治家は、代理出産の是非を問われ、「インド女性は外国人のために利用されるべきではない」と明言した。その一方で、代理母たちからは経済的機会を奪うものだとして、法案の撤回を求める陳情書が提出されている。

いずれにせよ、インドにおける代理出産は規制され、一気に収束に向かおうとしている。先進国の依頼人が相対的に安価な値段でインドの女性の生殖能力を「買う」という構造に対して、経済力をつけた大国インドが、ノーを突きつけたといえるだろう。無償に限って代理出産を認めている点に関しては、臓器移植同様、親族内での「愛情に基づく行為」が称揚されているからである。こうした変化のなかでも、科学技術を用いた家族規範の強化や、女性に偏った生殖医療のあり方など、今後も議論すべき点は残されている。

（松尾　瑞穂）

参考文献

松尾瑞穂　二〇一三『インドにおける代理出産の文化論―出産の商品化のゆくえ』風響社。

Pande, Amrita 2014. *Wombs in Labour: Transnational Commercial Surrogacy in India*. New York: Columbia University Press.

第5章

信仰と儀礼

北インド、ウッタル・プラデーシュ州の農村で、農民カーストの女性が、村を守る女神カーリー・マーイーに祈っている。毎朝、家族の健康や長命を願って、村や家を守る神々に祈りをささげるのは、ヒンドゥー教徒の長男の嫁の役割である（2015年、ウッタル・プラデーシュ州の農村、筆者撮影）

1. インドの信仰と儀礼

本章では、信仰と儀礼について、ジェンダーに関する視点から文献を紹介する。儀礼と女性、儀礼・信仰の担い手としての女性、女神信仰との関わりから、研究動向をみていきたい。

まずはじめに、女性と儀礼の関わりについてみていく。従来、ヒンドゥー教徒の女性は、月経や出産などによって不浄性をもつため、清浄な儀礼に関わらないとされてきた。一方で、実際には、女性は家庭祭祀や通過儀礼などの主要な儀礼の担い手となっており、それには、女性の吉性が大きく関わっている。さらに、婚姻儀礼や夫の長命や子どもの健康を祈って行うヴラタ儀礼では、歌や踊りなどのパフォーマンスという形で、儀礼に深く関与しているのが注目される。

次いで、儀礼・信仰の担い手として、一般の女性を中心にみていき、特別な役割をもつ職能カーストの女性や、近年注目されてきた、女性の出家者についても扱う。

最後に、女神信仰と女性について取り上げる。インドのみならず、南アジアにおいて、女神信仰は独特の地位を占めており、社会における女性に対する態度、社会・文化的イメージ、役割像の投影というものと関わって、女神信仰を検討する価値があると思われる。インドの女神信仰の特徴や、女性と女神に対する身体やセクシュアリティのイメージとの関わり、また、表象としての女神や女性についてレヴューし、最後に、変化する信仰と儀礼について、近年の研究動向について紹介したい。

2. 儀礼と女性

浄と吉の観念と女性

ヒンドゥー教の古典文献に関する研究では、一九九〇年代頃まで、儀礼における女性の役割についての研究自体が少なかった。男性中心主義的な権威に基づく古代の儀礼においては、女性は祭司者として関わってこないとみられてきたが、ジュリア・レスリーの編著にあるように、紀元前一六〇〇~紀元前六〇〇年頃に行われていたバラモン教の聖典であるヴェーダにおいても、女性もまた重要な役割を果たしてきたことが報告されている。宗教的な世界において、インドの女性は劣位で受動的な姿として描かれることが多いが、ヴェーダ儀礼においては女性的なエネルギーが重要であり、儀礼執行者の妻として、女性は大きな役割を果たしているという指摘がある。しかしながら、古代の文献においては、どこまで女性が主体的に儀礼に参与してきたかは明らかにされていない〔Leslie ed. 1992〕。

人類学や社会学的研究においては、一九六〇年代から、ルイ・デュモンを中心に、エドワード・ハーパーなどが、ヒンドゥー教の浄・不浄の観点から儀礼論を展開してきた〔Dumont 1980 ; Harper 1964〕。デュモンは、通過儀礼において浄・不浄の観念が強くみられ、出産や死に伴う一時的不浄が、カースト・ヒエラルキーと関わる永続的不浄と結びついていると主張した〔Dumont 1980〕。女性の儀礼的役割も、この浄・不浄の観念と関わって言及され、不浄性をもつために儀礼に積極的に参与しないとみなされてきた。だが実際には、通過儀礼やヴラタ儀礼などの多くの儀礼、特に家庭祭祀においては、女性が儀礼の担い手として重要な役割を果たしている。

民族学的資料が蓄積されるにつれ、一九七〇年頃から、浄・不浄論に対する批判が起こった。特に、ヴィーナー・ダースは吉・凶という観念を浄・不浄の観念と対等の立場に置き、評価した。ダースは、吉と浄の観念を関連づけて、儀礼の枠組みとして提出した。ダースは通過儀礼にみられる不浄が、出産の不浄は吉であるのに対し、死の不浄は凶であることから、単純に不浄＝否定的とは捉えられないと、出産と死の不浄を同一視するデュモンの立場を批判した〔Das 1982〕。さらに、アプフェル・マルグリンは、世俗的領域の頂点にある王権のイデオロギーを代表とする観念として、吉・凶の観念を再評価した。彼女は、神に仕える巫女であるデーヴァダーシー（第7章第4節、コラム14、キーワード解説「デーヴァダーシー奉納禁止関連法」参照）は、浄とされるジャガンナート寺院の内陣への立ち入りが禁じられるが、出産儀礼、婚姻儀礼などの通過儀礼の際には、吉なる歌を歌い、吉なる踊りを踊ることで、王国の豊饒性を増すと指摘し、女性の不浄性と同時に吉性を増すという両義的属性を明らかにした〔Marglin 1985〕。

儀礼的役割とパフォーマンス

ダースやマルグリンの研究は、儀礼と女性の関わりを研究する際の有効な視点を提供しているが、それぞれ儀礼に関わる人間の属性を考慮していないことや、特殊な地位の女性についての考察にとどまっている。つまり、儀礼と女性の関わりを考えるには、一般の女性が儀礼において果たす役割を検討する必要がある。ベッカー・レイノルズは、結婚して夫や子どもがいる女性は、「吉なる女性」（コラム12参照）とされ、通過儀礼や家庭祭祀に積極的に関わることや、不妊や寡婦の女性は、「凶なる女性」とされ、繁栄や豊饒の儀礼については関わらないなどといった、一般の女性がもつ吉性と儀礼の関係について論じている〔Reynolds 1980〕。従来の浄・不浄の議論では、ハーパーなどにより、汚い血液が出るため月経中の女性は不浄であり、儀礼の場に参与しないといわれてきたが〔Harper 1964〕、一方で、八木祐子によれば、家の繁栄につながるため、吉であるとされ、清浄な婚姻儀礼の場に参与できることも報告されている〔八木 一九九二〕。

先述したように、インド各地で、女性がヴラタ儀礼を行うことが知られているが、ジューン・マクダニエルは西ベンガル州のヴラタ儀礼について、民俗歌謡や物語の内容分析の観点から研究を行っている〔McDaniel 2003〕。八木は、北インドのウッタル・プラデーシュ州で調査を行い、既婚女性が婚姻儀礼や出産儀礼において、歌を歌い、踊りを踊るといったパフォーマンスを演じることによって、様々な役割を果たしていることや、婚姻儀礼において男性をあざける歌謡や性的な行為をまねる踊りを踊ることが、女性の豊饒性と関わることを指摘している〔八木 一九九二〕。

また、アン・マッケンジー・ピアソンは、ワーラーナシーにおけるヴラタ儀礼について、ライフ・ステージとの関わりや機能に焦点を当てて研究し、常田由美子は、オディシャー（オリッサ）州の初潮儀礼におけるエージェンシーの問題を取り上げているが、いずれも女性たちが儀礼を実践することが、積極的な自己理解やエンパワーメントにつながっていることを指摘している〔常田 二〇一一、Pearson 1996〕。

女性が儀礼において歌う民俗歌謡や口承伝統の内容に関する分析も研究がなされている。例えばスーザン・ウェドレイは、北インドや中央インドの女性がバーラーマーサーという一二カ月の各月に歌う歌謡を通して、家族や生活への不満を表現し、自己主張を行っていると指摘し、同じく、グロリア・ラヘージャとアン・ゴールドは、ラージャスターン州やウッタル・プラデーシュ州における女性の歌謡や物語、口頭伝承の果たす意味や役割について分析している〔Wadley 1977; Raheja and Gold 1994〕。ウェドレイはまた、サンスクリット語文献や女性による口承伝統を分析して、ヒンドゥー教の伝統的観念のなかに、妻としての女性と母としての女性の類型がみられることを指摘し、そのうち妻としての女性がより強調されていることから、結婚することにより女性のセクシュアリティをコントロールするという男性支配の構図がみられると指摘している〔Wadley 1977〕。

3. 儀礼・信仰の担い手としての女性

職能カーストの儀礼的役割

ここでは、儀礼・信仰の担い手としての女性を取り上げるが、まず、通過儀礼において、重要な役割を果たしている職能カーストの女性についての研究を取り上げる。まず、ウェドレイが指摘するように、バラモン司祭と同様、儀礼の担い手として、バラモン司祭の妻もまた、通過儀礼や祭祀において、民俗歌謡や物語をリードしたり、儀礼の指示を行うなど、職能的役割を果たしていることが知られている〔Wadley 1977〕。

チャマール・カースト（皮革処理を行うカースト）の女性は、北インドでは、出産儀礼の際に、臍の緒を切り、不浄とされる産褥期の産婦と新生児の世話をするといった産婆の役割を行う。ドービー・カースト（洗濯屋カースト）の女性が産婆の役割を行う地域もある。出産後六日目の日に、産婦と新生児は、産婆の手によって出産後はじめて沐浴する。産婆は、不浄を取り除く存在というだけでなく、悪霊の攻撃から産婦と新生児を守る役割を果たすという指摘もある〔八木 一九九一〕。ラヘージャもまた、産婦の調子が悪いときには、産婆にダーン（儀礼的贈与）を与えることにより、産婦の災厄を取り除く事例を報告している〔Raheja 1988〕。次に、ドービー・カーストの女性は、産婦が着ていた衣類を洗濯するなど不浄な衣類を扱うため、不浄な存在とみなされてきたが、婚姻儀礼で女性の行う儀礼への参与が許されたり、結婚の印である赤い粉（シンドゥール）をつける儀礼を行うことを報告する研究もあり、吉との関わりが指摘されている〔Srivastava 1974〕。

通過儀礼において、最も大きな役割を果たしている職能カーストの女性が、ナーイー・カースト（散髪屋カースト）の女性、ナウンである。ナーイー・カーストも、髪の毛や爪などを扱うため、不浄とされてきたが〔Harper 1964〕、ナウンは、婚姻儀礼の際には吉兆の文様を描いて儀礼の場をつくり、女性が行う儀礼全般において指示を与え、司祭的役割を果たす。また、花嫁と花婿や、出産儀礼の際に産婦と新生児の手足に赤い色を塗って化粧させ、葬送儀礼の際にも、女性の遺体や親族女性の手足の赤い色を塗るなど、産婦や喪に服した女性親族を社会的な場へ復帰させる役割を果たしたり、新生児、花嫁と花婿、死者が新しい世界へ参入する仲立ちも担っているという報告もある〔八木 一九九一〕。

女性の出家者

世俗を離れた世界で、信仰や儀礼の担い手として、考えなければならないのは、女性の出家者の問題である。ミーナー・カンデールワールが指摘するように、男性の出家者に関する研究は以前からみられるものの、ウパニシャッドやヴェーダなどの古典文献では、男性の出家者は欲望が起こるのを怖れて女性を避けるとか、男性中心主義の観念のもとでは、月経や出産の不浄によって女性は修行者になれないと考えられ、また女性は良き妻、良き母として家庭を守るべき役割が重要視され、女性の出家者に関する研究は、非常に少なかった〔Khandelwal 2004〕。

一九八〇年代以降になると、女性出家者に関する研究が少しずつ増えてきた。ラージャスターン州の女性出家者の調査を行ったアントニッテ・デナポリは、女性出家者にとっては、バジャンという宗教歌を歌うことがバクティ（神への献身）を示し、奉仕ともなると認識しているだけでなく、稼ぎの手段ともなっていることから、男性出家者とは異なる固有の宗教実践を行っていることを指摘している〔DeNapoli 2014〕。

ソンドラ・ハウスナーとカンデールワールは、西ベンガル州におけるバウルという放浪する歌い手の女性に関する研究や、ハリドワールの女性苦行者に関する研究を通じて、女性が未婚というスティグマを避けたり、悲惨な結婚から逃れるために出家するという例を取り上げ、女性にとって出家の行為は、女性性が強調されるヒンドゥー教などの南アジアの宗教的伝統が構成するイデオロギー的なものからの解放の試みだと述べている〔Hausner and Khandelwal 2007〕。これに関連して、リン・デントンは、ワーラーナシーにおける一〇〇名以上の女性出家者に関する調査から、社会的に不吉とされるため寡婦が出家者となる事例や、持参金を用意できなかったため結婚できず、出家者となったベンガル難民の女性たちが多くいることを報告し、男性とは異なる女性出家者の実態について指摘している〔Denton 2004〕。

また、世俗と同じく、修行者の世界においても、男性に従属する女性出家者の差別の実態を描く報告も出てきている。カンデールワールは、ハリドワールでの調査を通じ、結婚や家族生活を捨てることに対する家族の猛烈な反対にあったり、女性の身体は穢れていると考えられているためにマントラを唱えるのを禁止されるなど、女性出家者ならではの問題を紹介しているが、なかでも一番の問題は、暴力や性的な搾取にあうことだと述べている。

一方で女性出家者は、マータージー（お母さん）と呼ばれるなど「母」として崇拝されたり、食事などの世話をしたり、憐み深さをもつといった母性によって、霊的な優位性をもつとも指摘している。さらには禁欲によって得られた力によるエージェンシーの問題にも言及している〔Khandelwal 2004〕。

4. 女神と女性

女神信仰

女神信仰は、インダス文明の時代にまでさかのぼり、大地母神の像が遺跡からみつかっている。のちに、すべての女神を統合した大女神という考え方が生まれてくるが、一方で、ヒンドゥー教の神々に統合されずに、村落に固有の神として崇拝されている女神も数多い。村落祭祀の女神は、家族の守り神や病気との関わりで、特に女性に信仰されている。

インドにおける女神信仰の特徴として、シヴァ神やヴィシュヌ神などの男性神の配偶神として、女性神が欠かせない存在であり、**シャクティ**と呼ばれる女性原理が神々の力の源泉となっていること、また、男性神にみられない特徴である未婚の神、既婚の神の区別があることをデイヴィッド・キンズレーが指摘している。既婚の女神には、ラーマ神の貞淑な妻であるシーター女神型と、シヴァ神の怒れる妻であるドゥルガー女神型の二つのタイプの神のイメージがみられるという。前者は、セクシュアリティのコントロールを男性に委譲し、豊饒で慈悲深い存在として、夫に献身的な家庭の繁栄に奉仕する神であるといわれている。後者は自分自身でセクシュアリティをコントロールする母神であり、その特徴は、村に豊饒をもたらす存在であるとともに、また村を脅かす存在として、両義性をもつという議論がある〔Kinsley 1986〕。

これに関連して、リン・ガトウッドは、女神信仰を社会観念との関わりから捉え、力強くて危険な性質をもつ未婚の女神は、下位カーストの生き方や理念の反映であり、夫に従順でセクシュアリティをコントロールされた既婚の女神は、上位カーストの女性の生き方や理念の反映であるという議論を展開している〔Gatwood 1985〕。

また、サラ・コールドウェルは、ケーララ州のバガワティー女神が処女であると認識され、未婚の女性の性的な奔放さと強欲さのイメージが女神と結びつき、その怖さを強化していることを指摘している〔Caldwell 1996〕。

「熱い」女神と「冷たい」女神――セクシュアリティと女性

女神には、「熱い」女神と「冷たい」女神という分類がある。人間の女性に関しても、同じような考え方がみられる。一般に人間の身体は男女ともに生まれたときは「熱い」状態であり、だんだんと「冷たく」なるという。だが、青年期には一時的に身体が熱くなる。女性の身体も成熟するにつれ、「熱い」状態になる。この「熱さ」は、セクシュアリティと関わっており、性的に成熟した女性は子どもを産むために、十分な「熱さ」が必要とされる。「熱い」・「冷たい」という考え方には、生命エネルギーといわれる**シャクティ**の観念が関わっている〔Reynolds 1980：八木 二〇一五〕。

ポーリン・コーレンダは、チャンディーガルの女神に関する研究において、天然痘の女神が「熱さ」と関わり、処女神的な性質をもつ危険な女神である一方で、逆に「冷たさ」をもたらし、天然痘から子どもを守る母神的な側面をもつという相反する女神の性格に言及している。そして、この女神の性格には、社会のなかで恐れられ、危険な存在として認識されている不妊の女性や子どもがいない女性の現実の姿と、子どもをもちたいという希望が投影されていると論じており、このように、女神信仰と女性に関する観念について関わりがあると指摘している〔Kolenda 1982〕。

ラルフ・ニコラスは西ベンガル州の調査地において、天然痘の女神が「熱い」女神であると認識され、この女神を鎮めるためには、「冷たく」する儀礼が必要であることを報告し、また、八木はウッタル・プラデーシュ州の調査地で、天然痘の女神も含んだ七姉妹と呼ばれる一群の女神が「熱い」女神とされ、未婚の女性政治家はシャクティが多いと認識されるため、それらの「熱い」女神と同一視されるという、女性や女神の身体とセクシュアリティの関わりについて指摘している〔Nicholas 2003：八木 二〇一五〕。さらに、マルグリンもまた、オリッサ州の寺院において、神の巫女であるデーヴァダーシーが、司祭と交わることにより、雨や食べ物をもたらすという神話を紹介し、女性や女神のセクシュアリティと豊饒性の関わりを述べている〔Marglin 1985〕。

表象としての女神——求められる女性像と女神像

ここでもう一つ、表象としての女神という観点から、女神信仰についてみておきたい。というのは、求められる女性像と女神像は深い関わりがあり、その民族や社会にとって、望ましい女性の姿は、当該社会が信仰する女神に投影されると考えられるからである。

ヒンドゥー教徒の間では、ラーマ神の妻であるシーター女神は、魔王ラーヴァナに誘拐されたが、自ら火に入るという試練を通じて純潔を証明したとされ、貞淑な妻であり理想的な女性像として崇拝されている〔Wadley 1977〕。また、夫の亡骸とともに生きながら焼かれた女性が**サティー**女神として信仰される慣習が悲惨な事件を引き起こすことがある。一九八七年にラージャスターン州でループ・カンワルという若い女性がサティーを行った。この事件は、彼女を女神としてたたえるなど、サティーを擁護するグループと、殺人であると訴えるフェミニストグループの動きをメディアが大々的に報道することによって、大きな社会的反響を呼んだが、背景にあるサティー女神への信仰が女性への暴力とつながったともいえる〔Hawley 1994〕。

インド国家そのものが、ライオンに乗り、剣を持って闘う勇ましいドゥルガー女神のイメージに基づいて**バーラト・マーター**という女神で表象されることもある。インド初の女性首相となった**インディラー・ガーンディー**も、夫に従順に従うシーターではなく、ドゥルガーという闘う女神であり、母なる女神として表象された〔Wadley

1977〕。ラミンダル・カウルが指摘するように、ヒンドゥー・ナショナリストが、ヒンドゥトゥヴァのイデオロギーのシンボルとして、**バーラト・マーター**をはじめとして女神を利用する動きもある〔Kaur 2005〕（第1章第2節参照）。また、ハイジ・パウエルズは、ヒンドゥー神話における代表的な女神であるシーターとラーダーを、古典文献、テレビシリーズ、映画のそれぞれにおいて、どのように描かれているかを比較分析し、貞淑な女性のモデルとしてのシーター、主体的に行動する女性のモデルとしてのラーダーというイメージがいかにつくり出されているかを検証している（コラム13参照）。特にシーターは、女性運動の展開と関わって、時代によって表象のされ方がかなり異なることを指摘し、さらに、ヒンドゥトゥヴァとの関わりについても分析している〔Pauwels 2008〕。

このように、女性は夫に貞淑を尽くす、守るべき存在や弱者として表象される一方、共同体を守る力強い存在としても表象されるなど、犠牲や統合のシンボルともなり、時代や社会状況に応じて、その社会や文化が求める象徴的な存在となっており、それが女神信仰に投影されている。

5. 変化する信仰と儀礼

最近増えてきたのは、都市の中間層の儀礼や信仰に関する研究である。ヒンドゥー教徒としての正統性の問題や、アイデンティティと関わっての研究が、経済自由化が進んだ一九九〇年代半ば以降にみられるようになってきた。従来の農村社会の女神信仰のリバイバルに関する研究だけでなく、都市の祭礼で女神信仰への注目が集まっているが、なかには、消費社会化による宗教への関わり方が変化し、中間層の女性たちも祭礼に参加する動きがみられることが報告されている。マリー・ハンコックは、タミル・バラモン女性の宗教的慣行の変化やヒンドゥトヴァと結びつく動きなどを紹介している〔Hancock 1999〕。

また、女性たちが儀礼を通じて、家庭や村を超えた新たな社会関係を築き、それが女性自身の行動の変化につながるという研究も行われるようになってきた。例えば、トレーシー・ピンチマンによる論集では、ピンチマン自身が北インドのワーラーナシーにおけるクリシュナ関連の儀礼を通して、女性たちが集まることで連帯を深めているという報告を行っている〔Pinchman 2007〕。この論集では、他にも興味深い事例が報告されているが、ラージプートの女性についての調査では、儀礼を通じて、女性たちが様々な情報を交換するだけでなく、嫁ぎ先で嫁がヴェールをしなくなるなど、行動規範に影響を与える例が報告されている。ヒマーチャル・プラデーシュ州のカングラ渓谷での調査事例では、女神の儀礼を行うために異なるカーストや背景の女性が集まることで宗教的な洞察を獲得するだけでなく、自分たちの生活を改善し、他の女性を助けたりするといった機会を提供することで、女神信仰が宗教的・社会的エンパワーメントの源泉となり得ることが指摘されている。また、アーンドラ・プラデーシュ州の一部地域では、天然痘などの病気が大流行すると、小さな女の子が病を防ぐために女神にささげられ、彼女たちは初潮が始まると、結婚式で身につけるターリーという飾りを交換して女神と「結婚」するという。そのため、まず最初に女神に仕え、夫に従うのは二番目となることで、他の既婚女性と異なり、社会的にも身体的にも夫に縛られずに行動する自由を得ることができるとされ、女神の力

ヴラタ儀礼を行う女性たち（2017年、ウッタル・プラデーシュ州の農村、筆者撮影）

で女性がエンパワーメントされるという興味深い報告もみられる〔Pinchman 2007〕。

さらに、女性の教育レベルが上昇し、メディアが農村社会にも浸透することにより、儀礼の際に若い女性が歌う歌謡に英語の歌詞が入るなど、世代差がみられるようになったことや、凶とされる寡婦の参加がみられるなど、儀礼の場の変容という近年の状況が報告されている〔八木 二〇一五〕。これに関連して、ウェドレイは、衛生の観念が入ってきたことにより、都市近郊の農村部における若い女性たちが、儀礼の場に必要とされてきた聖なるものである牛フンを触ることができなくなった様子を紹介しており、吉・凶や浄・不浄といった宗教的な観念の薄れを指摘している〔Wadley 2000〕。

このように、儀礼の場そのものの変容や連帯感などを、信仰や儀礼に求める動き、儀礼の場を通じての女性のエージェンシーの発揮やエンパワーメントの高まりなど、特に、二〇〇〇年代以降は、インド社会で起こった大きな変化に対応して生じた様々な状況や実態に関する研究がみられ、信仰と儀礼についての研究は新たな展開をみせている。

八木 祐子

文献リスト

常田由美子　2011『ポストコロニアルを生きる—現代女性の行為主体性』世界思想社。

八木祐子　1991「儀礼・職能カースト・女性—北インド農村における通過儀礼と吉・凶の観念」『民族学研究』56巻2号。

八木祐子　2015「第八章　北インドの女神信仰にみる社会変容—身体と儀礼のかかわりから」粟屋利江・井坂理穂・井上貴子編『現代インド5　周縁からの声』東京大学出版会。

Caldwell, Sarah 1996. "Bhagavati :Ball of Fire," in John Stratton Hawley and Donna Marie Wulff, eds., *Devi: Goddess of India*, Berkeley: University of California Press.

Das,Veena 1982. *Structure and Cognition: Aspects of Hindu Caste and Ritual.* 2nd ed., Delhi: Oxford University Press.

DeNapoli, Antoinette Elizabeth 2014. *Real Sadhus Sing to God: Gender, Asceticism, and Vernacular Religion in Rajasthan*, New York: Oxford University Press.

Denton, Lynn Teskey 2004. *Female Ascetics in Hinduism*, Albany: State University of New York Press.

Dumont, Louis 1980 (1966). *Homo Hierarchicus : The Caste System and Its Implications.* Chicago : The University of Chicago Press.

Gatwood, Lynn E. 1985. *Devi and the Spouse Goddess: Women, Sexuality, and Marriages in India.* Riverdale: The Riverdale Company.

Hancock, Mary 1999. *Womanhood in the Making: Domestic Ritual and Public Culture in Urban India*, Boulder: Westview Press.

Harper, E. Edward 1964. "Ritual Pollution as an Integrator of Caste and Religion," *Journal of Asian Studies*, 23

Hausner, L. Sondra and Meena Khandelwal 2007(2006). "Introduction: Women on Their Own," in Meena Khandelwal, Sondra L. Hausner and Ann Grodzins Gold, eds., *Nuns, Yoginis Saints and Singers: Women's Renunciation in South Asia*, New Delhi: Zubaan.

Hawley, John Stratton ed.1994. *Sati: The Blessing and the Curse, The Burning of Wives in India*, Oxford: Oxford University Press.

Kaur, Raminder 2005. *Performative Politics and the Cultures of Hinduism: Public Uses of Religion in Western India*, London: Anthem Press.

Khandelwal, Meena 2004. *Women in Ochre Robes : Gendering Hindu Renunciation*, Albany: State University of New York Press.

Kinsley, David 1986. *Hindu Goddesses: Visions of the Divine Feminine in the Hindu Religious Tradition*, Berkley: University of California Press.

Kolenda, Pauline 1982. " Pox and the Terror of Childlessness: Images and Ideas of the Smallpox in a North Indian Village," in James Preston, ed., *Mother Worship: Theme and Variations*, Chopen Hill: University of California Press.

Leslie, Julia ed. 1992 (1991). *Roles and Rituals for Hindu Women*, London: Pinter Publishers.

Marglin, F. Apfel 1985. *Wives of the God-King: The Ritual of the Devadasis of Puri*. Delhi: Oxford University Press.

Marglin, F. Apfel 2008. *Rhythms of Life: Enacting the World with the Goddess of Orissa*, New Delhi: Oxford.

McDaniel, June 2003. *Making Virtuous Daughters and Wives: An Introduction to Women's Brata Rituals in Bengali Folk Religion*, Albany: State University of New York Press.

Nicholas, W. Ralph 2003. *Fruits of Worship: Practical Religion in Bengal*, New Delhi: Chronicle Books.

Pauwels, Heidi Rika Maria 2008. *The Goddess as Role Model: Sita and Radha in Scripture and on Screen*, Oxford : Oxford University Press.

Pearson, Anne Mackenzie 1996. *"Because It Gives Me Peace of Mind " :Ritual Fasts in the Religious Lives of Hindu Women*, Albany: State University of New York Press.

Pinchman, Tracy ed. 2007. *Women's Lives, Women's Rituals in the Hindu Tradition*, New York: Oxford University Press.

Raheja, Gloria Goodwin 1988. *The Poison in the Gift: Ritual, Prestation, and the Dominant Caste in a North Indian Village*, Chicago: Chicago University Press.

Raheja, Gloria Goodwin and Ann Grodzins Gold 1994. *Listen to the Heron's Words: Reimagining Gender and Kinship in North India*, Berkeley: University of California Press.

Reynolds, H. Becker 1980. "The Auspicious Married Women," in Susan Snow Wadley, ed., *The Powers of Tamil Women*, Syracuse: Syracuse University.

Srivastava, L.S. 1974. *Folk Culture and Oral Tradition*, Delhi: Abhinav Publication.

Wadley, Susan Snow 1977. "Women and Hindu Tradition," in Doranne Jacoson and Susan Snow Wadley, eds., *Women in India: Two Perspectives*, New Delhi : Manohar.

Wadley, Susan Snow 2000. "From Sacred Cow Dung to Cow 'Shit'," 『南アジア研究』 第 12 号。

コラム12

あるムスリム寡婦の経験——北インドの名家の事例から

ムガル皇妃の墓廟

インド・イスラーム建築の最高傑作タージ・マハルは、ムガル朝第五代皇帝シャー・ジャハーン（一五九二～一六六六）が、愛妃ムムターズ・マハル（一五九五～一六三一）のために造営させた白亜の巨大な墓廟である。彼女は皇妃であった一八年間、夫帝の寵愛を一身に受けて一四人の子どもをもうけたのち、夫帝の見守るなかで世を去った。その翌年から二二年もの歳月をかけて建てられたのが、イスラーム世界最大の墓廟タージ・マハルである。清純で可憐な貴婦人を彷彿させる白大理石のタージ・マハル廟は、そのため美の極致としてだけでなく、愛の象徴としても称賛の対象となってきた。

北インドのムスリム女性がムムターズ・マハル妃に抱く憧憬の気持ちは、タージ・マハルをかたどったオブジェが結婚式のお祝いの品に喜ばれることや、タージ・マハルの絵葉書が愛の告白に使用されることなどからも推察できる。皇妃がいかに幸福な女性であったか、なぜ羨望の的になっているのか。この問いに答えるため、筆者の知人女性マヘルの身に起きた不幸を通して、北インド・ムスリム社会における女性の地位をみていきたい。彼女は、筆者が北インドに滞在していた二年間（一九九五年四月～九七年三月）のうち、ほとんどの時間をともに過ごしたリズヴィー一族出身の女性である。

夫の死、そして待婚期間

筆者が、留学先大学の先生に人類学的現地調査の候補地として紹介されたのは、デリーからバスで約四時間のところにあるウッタル・プラデーシュ州西部のC町であった。まもなく筆者は、先生が属する「デリーのリズヴィー一族」と複雑な親族関係・姻戚関係で結ばれている「C町のリズヴィー一族」の家庭に長期滞在することになった。デリーとC町のリズヴィー一族は、C町から車で東に向かって約一時間のところにある「N町のスィッディーキー一族」との間にも複数の姻戚関係を有している。マヘルはデリーのリズヴィー一族からN町のスィッディーキー一族に嫁ぎ、マヘルの夫の姉と妹は、N町のスィッディーキー一族からC町のリズヴィー一族に嫁いだ。しばらくの間、マヘル夫婦はN町に住んでいたが、仕事の関係でデリーに転居した。一男二女に恵まれ、幸せな家庭を築き、やがて適齢期を迎えた長女が、今度はC町のリズヴィー一族に嫁いだのだった。

一九九六年五月末日午前一〇時頃、C町のリズヴィー一族にデリーから訃報が届いた。長く心臓を患っていたマヘルの夫が、自宅で発作を起こして、そのまま息を引き取ったという。遺族に伴われ、遺体がデリーから故人の生家があるN町まで車で運ばれた。夜九時からN町で葬儀が行われるというので、C町のリズヴィー一族のうち、故人の姉妹・娘とその夫たちを含む数人が車でN町に向かった。翌日の午後三時頃、デリーのリズヴィー一族もN町に到着した。すぐに遺体が埋葬され、続いて「埋葬後三日目の儀礼」も行われた。葬送儀礼が慌ただしく進められたのは、寡婦となったマヘルが婚家ではなくデリーの長兄の家で「待婚期間（イッダト）」を過ごすことを希望したためである。一般には、待婚期間は婚家で過ごすものらしいが、彼女にはいくつかの事情があってデリーを離れられなかったのである。

葬送儀礼は、なんとか夜半までに終えられた。マヘルは、デリーからの一行とともに直ちに来た道を引き返すと、自宅に寄ってもらって急いで支度を整え、次女を連れて長兄の家へ行き、待婚期間に入った。待婚期間は、寡婦の場合、夫の死の直後から始まり、四カ月と一〇日後に終了する。その間、寡婦は戸外へ出ることはおろか戸口にも近づかず、非親族の男性に姿を見せないようにする。待婚期間中の寡婦は化粧品、香水、髪油だけでなく、一切の装身具を身につけない。また、待婚期間が終わっても貴金属製の腕輪や耳飾りなどをつけるのみで、ガラス製の腕輪や鼻ピアスはつけない。ガラス製の腕輪と鼻ピアスは「夫が存命中の女性の徴」だからである。衣服についても、寡婦は赤や濃いピンクなど花嫁衣装を想起させる色のものは避ける。白やクリーム色をはじめとした淡い色の衣服に身を包み、白か白っぽい色のヴェールをまとうのが「寡婦のスタイル」である。だが、マヘルは少なくとも六月一二日までは装身具（貴金属製の腕輪、耳飾り、鼻ピアス）を身につけたままでいた。手持ちの寡婦のスタイル的な衣服に袖を通そうとはせず、遠くから眺めては溜息をもらすばかりであった。夫の死を受け入れることができなかった、受け入れたくなかったのであろう。

それぞれの服喪

遺族の家には、弔問客が次々に訪れた。親族、友人、隣人らが絶え間なくやって来て、それぞれにお悔やみを述べ、遺族を元気づけようとする。弔問客に男性が混じっているときは、寡婦は別の部屋に移動し、そこで会話の内容を聞いている。女性客はタイミングを見計らって寡婦のいる部屋へ行き、突然の不幸に同情し、懸命に慰めた。弔問時の女性の衣服の色は、寡婦と同様のクリーム色か、寒色系の色である。男性も、派手な服装は避ける。「埋葬後一〇日目の儀礼」を経て、遺族は「四〇日目の儀礼」まで喪に服す。この間、結婚式は行われない。

マヘルの夫の場合、姪（弟の娘）の結婚式が六月七日に予定されており、招待状もすでに配ってあった。けれども、親族会議の結果、結婚式は「四一日目」にあたる七月六日（埋葬と「三日目の儀礼」が同じ日に行われたため）まで延期されることになった。その結婚式においても、服喪の意志は表明された。N町のスィッディーキー一族の間では、結婚式の前夜に女性たちが中心となってドーラク（小型の両面太鼓）を叩いて結婚式の歌を歌う慣習がある。だが、今回は喪が明けたばかりだというので、花嫁側はこれを自粛した。

寡婦については、待婚期間が終わらなければ服喪期間も終わらない。一九九六年一〇月六日に、「その日」がマヘルにも訪れた。待婚期間を終えた寡婦は、まず両親や親族の家を訪問するという。彼女も、真っ先に次兄の家で暮らしている母のもとに行った。その次兄の家には、デリーのリズヴィー一族だけでなく、C町のリズヴィー一族とN町のスィッディーキー一族も集まり、夜には盛大な食事の会が開かれた。皆が待婚期間を無事に終えたマヘルの労をねぎらうとともに、故人を思い出して涙する彼女と娘たちを慰めた。

今や、寡婦は自由の身である。時間と事情が許せば、弔問に来てくれた人たちを逆に訪問することもできる。実際、彼女は自宅に戻って大掃除をした後、デリーの友人や隣人の家を訪ね、C町とN町にも足を運んだ。イスラーム法においては、待婚期間を終えた寡婦には再婚が許される。だが、経済的に困窮しているか、婚家に残りづらいとか、生家に戻れないといったことがない限り、この両一族の間では寡婦の再婚はみられない。彼女らにとって「一回目の結婚はザルーリー（必要）」だが、「二回目の結婚はマジュブーリー（仕方なく）」なのだという。

吉なる女性と凶なる女性

前にも述べたように、北インド・ムスリム社会では、鼻ピアスとガラス製の腕輪は「夫が存命中の女性の徴」である。これを身につけ、子どもをもつ女性は、一族の繁栄につながる「吉なる女性」とみなされる（第5章第2節参照）。冒頭で触れたムムターズ・マハル妃は、夫帝に立派な墓を建ててもらえたが、それだけでなく、吉なる女性の状態のまま生涯を終えた点でも幸運であった。それに対して筆者の知人女性マヘルは、夫を亡くすという不幸に直面したことによって、寡婦すなわち「凶なる女性」となったのである。

北インド・ムスリム社会において、吉なる女性であることには大きな意味がある。結婚式をはじめとした人生儀礼に際し、吉なる女性が果たす儀礼的役割は非常に多いが、凶なる女性はその限りでない。後者は白という不吉な色の衣服をまとい、煌《きら》びやかな装身具の一切を外し、儀礼の傍観者となるのである。つまり、夫の死は結婚や出産と並んで、女性の地位を大きく変える契機となる。マヘルが待婚期間に入っても吉なる女性のスタイルをとり続けることで慣習に抵抗しようとした姿は、この社会における寡婦の地位の低さを物語っているのである。

ところで、北インド・ムスリム社会には、ヒンドゥー社会のカーストに似た社会区分が存在する。社会の頂点に立つのは預言者ムハンマドの子孫とされるサイヤドであり、これに続くのが預言者の教友などの子孫とされるシェーフである。両者の次にくるのがムガルとパターンであり、前者はトルコ（中央アジア）、後者はアフガニスタンまたはパキスタン北西部に父祖の起源を求める。以上の四つのムスリム・カテゴリーは「外国起源」とみなされ、社会の上層に位置づけられるが、その他のムスリム集団は「インド起源の改宗ムスリム」であるとして社会の下層に位置づけられる。この分類に従えば、マヘルの実家のリズヴィー一族はサイヤドであり、婚家のスィッディーキー一族はシェーフとなる。

C町の年配のリズヴィー女性は、女性がより上位のカテゴリーに婚入するのは名誉なことだが、より下位のカテゴリーに婚入するのは間違いだと主張し、マヘルの周辺で起きた不幸を次のように説明した。マヘルの実父はマヘルの結婚の翌年に亡くなり、義理の父もその数年後に亡くなった。しばらくして義理の弟も病死し、そしてこのたびマヘルの夫も急死した。これはまさに、マヘルの正しくない結婚が招いた不幸である。

「正しくない結婚」の当事者は、マヘルだけではない。しかし、一連の不幸の原因はマヘルにあると語られる。女性は、夫が存命中の吉なる女性の状態にあるときですら、いとも簡単に、不幸をもたらす存在として名指されてしまうのである。

（小牧 幸代）

参考文献

小牧幸代　一九九七「北インド・ムスリム社会の婚姻儀礼と贈与交換―ウッタル・プラデーシュ州C町のサイフィー・ビラーダリーの事例から」『アジア・アフリカ言語文化研究』五四号。

小牧幸代　二〇〇五「北インド・ムスリム社会のサイヤド―カーストとイスラームのはざまで」赤堀雅幸・東長靖・堀川徹編『イスラーム地域研究叢書7　イスラームの神秘主義と聖者信仰』東京大学出版会。

小牧幸代　二〇〇六「生と死―アザーンからナマーゼ・ジャナーザまで」「ヴェール―ブルカは〈女性蔑視〉か」小杉泰・江川ひかり編『ワードマップ　イスラーム』新曜社。

コラム13

クリシュナに恋する女性聖者たち

バクティ聖者とは

六～七世紀頃、南インドのタミル地方では、ヴィシュヌ神やシヴァ神を一心に愛し、献身するバクティ（信愛）と呼ばれる信仰形態が盛んになった。インド最古の聖典「ヴェーダ」に則った、神の恩寵を得るために神に供物を捧げる祭式中心主義の宗教伝統は、祭式を司るバラモンを中心としたものであった。しかし、バクティは広く民衆に開かれていたため、カーストやジェンダー、地域の枠を超えてインド全体に広まった。一五～一七世紀頃にバクティ運動は最盛期を迎え、多数の聖者たちが活躍することになる。

バクティ運動は音楽文化の源泉でもある。聖者たちは神々をたたえる歌をつくり、自ら歌い、踊り、トランス状態に入って神と一体化することを望んだ。特に、音楽文化に貢献した聖者は「楽聖」と呼ぶにふさわしい。自らの信仰を吐露し、神への愛を表現する手段としての讃歌の伝統は、バクティが民衆に広まるうえで大きく貢献した。

楽聖たちにはバラモンなど比較的高カーストの男性が多かったが、少数とはいえダリトや女性も含まれている。そこで、二人の有名な女性聖者、九世紀頃にタミル地方で活躍したアーンダールと、一六世紀頃にラージャスターン地方で活躍したミーラー・バーイーを取り上げてみたい。この二人は時代も地域も異なるが、いずれもヴィシュヌ神の第八番目の化身クリシュナを自らの夫として一心に愛する讃歌を残した。彼女たちの讃歌は今日も人々に愛唱され、伝説に彩られたその姿は、**アムリターナンダマイー**をはじめクリシュナ神を信仰する女性聖者のロールモデルにもなっている。

アーンダール

六〜一〇世紀頃、タミル地方ではアールワールと呼ばれる一二人のヴィシュヌ派聖者とナーヤナール（ナーヤンマール）と呼ばれる六三人のシヴァ派聖者が活躍した。アーンダールはアールワールのなかで唯一の女性である。彼女の生涯は伝説に彩られているが、『聖なるパーヴァイ』（パーヴァイはタミル暦マルーガリ月〔一二月〜一月〕に歌われるヴィシュヌ派讃歌の形式）と『ナーチヤールの聖なる言葉』（ナーチヤールはアーンダールの別名）という二つの讃歌集などをもとに再構成されている。

後期アールワールとして代表的な人物ペリヤールワール（別名ヴィシュヌチッタ）は、シュリーヴィッリプットゥール（タミル・ナードゥ州）という村の寺院司祭であった。ある日、彼は聖なるトゥラシーの木陰で女の子をみつけ、神からの贈り物として大切に育てることにした。この地域ではバクティ運動が最盛期を迎えており、クリシュナを最高神として信仰していたペリヤールワールの家で、アーンダールはクリシュナ神話を聞いて育ち、自然にクリシュナに親しみをもつようになった。やがて彼女は、クリシュナの恋人ラーダー、あるいは妻のルクミニーとサティヤバーマーのように、クリシュナと結ばれたいと願うようになり、クリシュナとの結婚を夢見るようになった。彼女は妻にふさわしい美しい女性になりたくて、花嫁衣装を身につけ、首に花輪をかけて、その姿を鏡に映しては容姿をチェックする毎日を送った。

ペリヤールワールはアーンダールを大切に育て、その成長を喜んでいた。ある日、彼は、寺院で神に捧げるために準備した花輪に、一本の髪がからまっているのを発見した。彼はそれがアーンダールの仕業だと気づき、彼女を叱責したが、彼女自身は神がその花輪を受け入れるに違いないと信じていた。ペリヤールワールは新しい花輪をつくって神に捧げようとするが、驚いたことに神はアーンダールの髪がからまった花輪のほうを受け入れたのである。この出来事以来、彼は、先にアーンダールが花輪を首にかけるのを許すようになった。

アーンダールは美しく成長し、ペリヤールワールはよい結婚相手をみつけようとしたが、彼女は神と結婚する夢をみたと話し、人間との結婚を嫌がった。しかし、彼女を神の妻にすることが本当にできるのかわからなかった。そんなある日、彼の夢に神が現れてアーンダールと結婚する意志を表明したのである。そこで、アーンダールをシュリーランガム寺院の主神ランガナータ（蛇の上に横たわるヴィシュヌ神）の前に連れていくと、彼女は光とともに神に溶け込み、思いを遂げた。彼は、故郷にランガナータとアーンダールの寺院を建てた。

今日、アーンダールの二つの讃歌集のうち『聖なる言葉』はあまりにエロティックな要素が強すぎるとして歌われることが少ないが、より哲学的で精神的な内容の濃い『聖なるパーヴァイ』はシュリーランガムの寺院に集まる女性たちによって好んで歌われている。

ミーラー・バーイー

全インドでバクティ運動が最盛期を迎える一五～一六世紀頃、北インド各地でも多くの聖者が活躍した。ヒンディー語でラーマ王子の物語をわかりやすく語った『ラーム・チャリト・マーナス（ラーマの行為の湖）』の作者として知られるトゥルシーダースや、神の前での平等を説くイスラームに触発され、カーストを否定して一神教的宗教観を唱え、シク教にも影響を与えたカビールなど、男性聖者は数多い。そのなかで数少ない女性聖者として名高いのがミーラー・バーイーである。

ミーラーの生涯も憶測と伝説の域を出ないが、一四九八年頃にメールター（ラージャスターン州）を支配するラージプート（古代クシャトリヤの子孫を自称する尚武のカースト）の王女として生まれたという。幼い頃に母を亡くした彼女は祖父母に育てられ、読み書きや音楽から乗馬や武術に至るまで、王女としての教養を授けられ、美貌と美声と教養で近隣諸国に知られるようになった。一五一六年、この地方で強大な力を誇っていたメーワール王国に請われてボージラージ王子と結婚する。ヴィシュヌを深く信仰する祖父をこよなく尊敬していたミーラーにとって、この結婚は望まぬものであったが、結婚の際、彼女に多くの村が与えられ、弱小王国メールターには好都合であった。

幸福な結婚生活は長続きしなかった。一五二一年、メーワール王国とデリー・スルターン朝との戦闘で大けがを負ったボージラージ王子は若くして亡くなってしまう。まさにデリー・スルターン朝が滅びムガル帝国建国に至る激動の時代である。ミーラーを愛してくれた人々は次々と戦乱で命を落とし、彼女を取り巻く環境は激変した。伝説によれば、新しいメーワール王は何度もミーラーの殺害を企てたという。王国内で徐々に孤立していったミーラーは、つらい状況のなかでますますクリシュナにのめり込み、信仰に生きる決意を固めたのだった。

その後のミーラーの生涯は謎に包まれている。彼女の師はカビールの弟子とされるラヴィダース（ライダース、一五～一六世紀頃）であったという説があり、「神に会わずして生きられず、師なくして実現できない」と述べ、自らの師として彼の名に言及している。低カースト出身のラヴィダースを師としたため、バラモンたちから批判され、彼女は王家の暮らしを捨て、クリシュナの聖地ヴリンダーヴァンに巡礼の旅に出る。その後ドワールカー（グジャラート州）に巡礼し、一五四六年頃、この地のクリシュナに溶け込み、姿を消したという。彼女の作品は『ミーラー・バジャン（宗教歌）』として民衆に親しまれ、コンサートのレパートリーとしてすっかり定着している。

クリシュナ信仰のモチーフ

ヴィシュヌの化身であるクリシュナは、人間の子としてこの世に誕生し、生涯を人間界で送った。悪をくじき人々を助ける英雄であると同時に、幼少期はいたずらっ子、若き日は横笛を吹いて牛飼いの女たちを誘うハンサムな色男、とにかく民衆にこよなく愛されている。バラタ族のいとこ同士、パーンドゥ族の五王子とクル族の一〇〇王子の間の戦争を描いた『マハーバーラタ』は、クリシュナが活躍する物語でもある。パーンドゥ族の三男アルジュナは、戦場で敵のなかに親しい人々の姿を見て戦意を失ってしまう。そのときアルジュナの馬車を操る御者のクリシュナが語るのが『バガヴァッド・ギーター（神の歌）』と呼ばれる部分である。宗教的義務としてのダルマ、解脱の手段としてのヨーガ、そして第三のヨーガとしてのバクティが説かれている。その真髄は、クリシュナの行いを歌い、その歌を聞き、観想し、信じ、愛し、献身し、「神と一つになる」ことである。

クリシュナをめぐる恋愛模様を描いた最も有名な作品が、一二世紀の詩人ジャヤデーヴァの抒情詩『ギータ・ゴーヴィンダ（牛飼いの歌）』である。クリシュナは、ヴリンダーヴァン（ウッタル・プラデーシュ州）の森で牛飼いの子として育てられた。彼は究極のモテ男、恋人のラーダーは、牛飼い女たちとの浮気の現場を見て嫉妬に狂い嘆き悲しむ。女友だちは、後悔するクリシュナとの間を取りもってくれる。時が過ぎて心の傷も癒え、最終的にクリシュナとラーダーは結ばれる。

クリシュナとラーダーの物語は、男女の恋愛と神と信者の間の愛をパラレルに描き出す。クリシュナ・バクティの聖者として最も有名な人物はチャイタニヤ（一四八六〜一五三四）である。彼は信者からクリシュナの化身とみなされ、彼の周りに集う男性信者たちは、自らをクリシュナの恋人ラーダーになぞらえ、クリシュナへの愛と献身を歌い踊ったという。

クリシュナ信仰をモチーフとする神への愛と男女の恋愛を同一視するバクティは、甘美のバクティと呼ばれている。その関係は、聖者と信者たち、王と宮廷の女たちといった実際の人間同士にまで拡大解釈されていった。クリシュナを夫とみなして献身する歌を歌い踊るというバクティの方法は、女が伝統的女性像を損なうことなくヨーガを行い、解脱を目指すことを可能にする一方で、夫への愛と献身の表現であり、家父長的秩序を強化することにもつながったといえるかもしれない。


（井上　貴子）

参考文献

Dehejia, Vidya 1990. *Āṇṭāl and Her Path of Love: Poems of a Woman Saint from South India*. New York: State University of New York Press.

Mukta, Parita 1994. *Upholding the Common Life: The Community of Mirabai*, Delhi: Oxford University Press.

Raghavan, V. 1978. *Cultural Leaders of India: Devotional Poets and Mystics*, Part 1 & Part 2, New Delhi: Publication Division, Ministry of Information and Broadcasting, Government of India.

コラム14

宗教・芸術・売春のはざまで——反舞踊運動とデーヴァダーシー

反舞踊運動の展開

一九世紀末頃から、大規模なヒンドゥー寺院の多いマドラス管区では、インド人知識人やキリスト教宣教師によって反舞踊運動が展開された。彼らは、「デーヴァダーシー」「踊り子」と総称される寺院付きの女は娼婦であり、彼女たちの舞踊公演は不道徳を助長する社会悪だとして非難したのである。その結果、舞踊公演を控える人々が続出、舞踊は存続の危機に瀕するようになった。

一九二〇年代に入ると、彼女たちの舞踊を、インドを代表する「古典芸術」として再生しようとする動きが起こった。音楽芸術を保護育成することを目的として、一九二八年に設立されたマドラス音楽アカデミーの書記E・クリシュナ・アイヤル（一八九七～一九六八）は、反舞踊運動によって舞踊公演の機会が著しく減少したのに売春は存続していると指摘し、舞踊と売春とは関係がなく、芸術と社会改革とは切り離して論じるべきだと主張した。アカデミーは、舞踊は売春の道具ではなく保護育成すべき「芸術」だとして公演を実現していった。さらに、バラモン女性がデーヴァダーシーから舞踊を学んで伝統の再生に尽力し、今日の古典舞踊「バラタナーティヤム」となったのである。この名称はサンスクリット語の古典文献バラタ著『ナーティヤ・シャーストラ（芸能規範書）』に由来する。

デーヴァダーシー制度廃止と舞踊再生をめぐる論争の過程で、宗教・芸術・売春という三つの異なる範疇が立ち現れた。制度廃止反対派も賛成派も、売春は撲滅すべき社会悪だが、宗教や芸術は保護育成すべき存在であり、売春とは切り離して論じるべきだという点で一致した（キーワード解説「デーヴァダーシー奉納禁止関連法」参照）。

しかし、そこに自身の声は存在しない。彼女たちはこの問題にどう対応したのだろうか。著名な二人のデーヴァダーシーの声に焦点を当てて、彼女たちの描いた理想のデーヴァダーシー像について考えてみたい。

理想のデーヴァダーシーを演じた人々

ナーガラトナーンマール（一八七八～一九五二）は、マイソールのシヴァ寺院付きデーヴァダーシーの娘として生まれた。母は娘を宮廷付きの踊り子にするために最高の教育を受けさせ、苦労して娘を育て、亡くなった。娘は成長し、亡き母の夢を実現し宮廷に迎え入れられた。しかしその頃、反舞踊運動の影響でデーヴァダーシーに対する風当たりは強くなっていた。彼女はマドラスに移住し、舞踊よりも声楽と宗教講話を中心に活動するようになった。まもなく彼女は、マドラスで最も忙しい人気歌手となったが、後継者にはめぐまれなかった。

彼女の後半生は、南インドを代表する楽聖ティヤーガラージャ（一七六七～一八四七）への献身に費やされることになる。ティヤーガラージャは、当時から「インドのベートーベン」と紹介されるほど著名な楽聖であり、その作品は南インド古典音楽の主要レパートリーとして定着している。彼はラーマ神に帰依して死の直前に出家、カーヴェーリー河畔に埋葬された。弟子たちは師の記憶をとどめるため、毎年、師の作品の奉納演奏を伴う慰霊祭アーラーダナーを挙行していた。ある晩、ナーガラトナーンマールの夢に楽聖が現れた。彼女は埋葬地の荒れ果てた状況を知って愕然とし、楽聖を祀った寺院の建立を決意した。寺院完成への道のりは困難を伴うものだった。当時、ティヤーガラージャの弟子筋の音楽家はアーラーダナーの主導権をめぐって二派に分裂、対立抗争を続けていたのだが、最大の問題は、いずれの派閥も女性音楽家を拒否していることだった。彼女は、誰もが望めば楽聖に奉納演奏ができるアーラーダナーの実現に尽力し、今日の発展の礎を築いた。

また彼女は、マドラス・デーヴァダーシー協会会長として制度廃止に反対した。デーヴァダーシーの役務は神への奉仕にある。正式な婚姻がなくとも恒久的なパトロンをもち、財産を相続することができる。制度廃止によってデーヴァダーシーが失業すれば売春に頼らざるを得なくなる。すなわち、制度廃止は売春という社会悪を助長するものでしかない。彼女はその主張のとおり、楽聖への奉仕に人生を捧げる「理想のデーヴァダーシー」として行動したのである。

バーラサラスワティ（一九一八～八四）は、タンジャーヴール（タミル・ナードゥ州）宮廷付き音楽舞踊家の家系に生まれた。一族は王国の崩壊後にマドラスに移住し、音楽家としての名声を勝ち得た。彼女は一族の反対を押し切って舞踊家としてデビュー、まもなく舞踊は芸術として再生の道を歩み始め、彼女はマドラス音楽アカデミーをはじめ、インド各地で舞踊公演を行うようになった。独立後の五〇年代末からは海外公演を次々とこなした。欧米でバラタナーティヤムを学ぶ者が増加したのは、主に彼女の活躍によるといっても過言ではない。

T．バーラサラスワティ、1949 年の公演より（Unknown Photographer, 1949）

当時、デーヴァダーシーの舞踊の主要なテーマは男女の恋愛であり、そのため低俗さを免れないと批判されることが多かった。そこで、バラモン女性舞踊家として有名な**ルクミニー・デーヴィー**は舞踊改革を掲げ、演目にサンスクリット語の宗教歌を加え、舞台上に踊るシヴァ神ナタラージャの像を置き、恋愛表現を控えて舞踊の神聖さを強調した。一方、バーラサラスワティは、「アビナヤ」と呼ばれる顔の表情や手の形などを用いた微妙な感情表現を得意としていた。彼女はデーヴァダーシーによる恋愛表現は信徒から神へのバクティ（コラム13参照）の表現にほかならないと反論し、舞踊の訓練をヨーガになぞらえて心身統一の重要性を訴えた。また、伝統的な舞踊公演における演目の上演順序は、門をくぐって前庭を通り、本殿に入って内陣に至る寺院の建築構造に匹敵するとして説明を試みた。ステップを中心としたウォーミングアップ的な演目から始まり、本殿のホールで長大かつ複雑な大曲を上演し、主神が安置される内陣では神への愛をアビナヤで表現し、最後に神と一体化した喜びを全身で表すのである。ナーガラトナーンマールと同様、彼女もまた、神への愛を踊る舞踊を奉納する「理想のデーヴァダーシー」を演じ続けたのである。

こうしてデーヴァダーシーの舞踊は再評価されることになったのだが、結局、制度自体は廃止の方向へと進み、デーヴァダーシーに代わってバラモン女性が舞踊の世界に進出していったのである。

終わらないデーヴァダーシー問題

現在、デーヴァダーシー制度は全インドで法的に廃止されている。国家女性委員会による一九九三／九四年の調査報告によれば、デーヴァダーシー人口は、カルナータカ州で二万二九四一人、アーンドラ・プラデーシュ州で一万六六二四人、マハーラーシュトラ州で二四七九人、タミル・ナードゥ州はゼロ、オディシャー州ではプリーのジャガンナータ（クリシュナ）寺院に一人である。調査の信頼性は別としても、カルナータカ州で圧倒的にデーヴァダーシー人口が多いのは確実であろう。二〇〇七年の再調査では、その人口は約三万人に達するともいわれ、毎年約二五万人もの少女が、カルナータカ州とマハーラーシュトラ州の州境近辺で篤い信仰を集めているカンローバー神（戦うシヴァ神）やレーヌカー女神（ヴィシュヌの六番目の化身パラシュラーマの母）の寺院に奉納されているとの報告も存在する。

特に多数の少女奉納で有名な寺院が、北カルナータカ、サヴァダッティのイェランマ（レーヌカー）女神寺院である。毎年一一〜一二月に大規模な祭礼が執行され、その際に奉納される少女はジョーガティと呼ばれている。また、寺院にはジョーガッパと呼ばれる男性もおり、ジョーガティと同じ服装や慣習を維持している。ジョーガティやジョーガッパの役務は、主に寺院の清掃および女神への讃歌を歌い楽器を演奏することである（キーワード解説「ヒジュラー」参照）。多くの場合、奉納儀礼の際に特定のパトロンを得るが、長続きすることはほとんどなく、いったん奉納されれば正式に結婚できる可能性は皆無に近い。パトロンをなくした女性たちが生きる術として売春が最も手っ取り早いのである。同州には、彼女たちを救済し社会復帰を促進するためのプログラムも準備されており、多くのNGO団体が救済活動をしているのだが、限られた予算のなかで前途は多難である。

二〇〇五年、マハーラーシュトラ州では、ボンベイ警察修正法によってダンス・バー（舞踊公演を伴う飲食店）の営業を禁じる法律が施行され、ムンバイーだけで業界関係者約一五万人が失業したという。バーで働いていた女性たちは、インド・バーガール連合を結成、一斉に反対の声を上げた。また、インド飲食店協会は裁判に訴え、ボンベイ高等裁判所はこの法律を違憲とした。最高裁判所は高等裁判所の判決を支持し、宗教・人種・カースト・性別・出生地を理由とする差別の禁止を定めた憲法第一五条や言論や表現の自由について定めた第一九条などに抵触することを指摘、ダンス・バーの営業再開を許可すべきとの判決を下した。

この問題は、一九世紀末〜二〇世紀前半の反舞踊運動との類似性から「第二の反舞踊運動」とも呼ばれている。

古典舞踊の世界にバラモン女性が進出したことによって、芸術としての舞踊の保護育成は実現されたが、かつて舞踊の担い手であったデーヴァダーシーに残されたのは娼婦という汚名だけだったのと同様に、最高裁判所の判決によってダンス・バーの営業が公認され、そこに中間層の少女が進出するならば、かつてのバーガールに残されるのは、やはり「不道徳な社会悪」という汚名だけかもしれない。一〇〇年以上も同じ問題に取り組んでいながら同じ道を繰り返したどるのだろうか。この古くて新しい問題の解決は可能なのだろうか。

（井上 貴子）

参考文献

井上貴子　二〇一〇「バンガロール・ナーガラトナーンマール——英領インド社会を生きた女性歌手——」池田忍・小林緑編著『ジェンダー史叢書第4巻　視覚表象と音楽』明石書店。

Balasarasvati, T. 1991. *Bala on Bharatanatyam*, compiled and translated by S. Guhan, Madras: The Sruti Foundation.

Morcom, Anna 2013. *Illicit Worlds of Indian Dance: Culture of Exclusion*. London: Hurst Company.

第6章

歴史

著名なベンガル派画家ナンダラール・ボース（1882～1966）が描いたサティー。夫の死骸とともに生きながら焼け死んだサティーの存在は、「インド」文明の「野蛮さ」を示すのか、固有の「精神性」を示すのか、女性への暴力なのか。これらは、イギリス支配期以来、現在まで続く論争であり、同時に、インドのジェンダー史研究の核心を形成する一つの問いである（ニューデリー国立近代美術館蔵）

1. ジェンダー史とは何か

近代になって学問として成立した歴史学は、近年まで（いや、今でも）ナショナル・ヒストリーの枠組みのなかで叙述され、また、主として公文書や政治家の書き物に基づいた政治史に偏ってきた。そこに登場する女性は、当然ながら、いくらかの女性統治者を除けばきわめて限られる。例えば、二回の世界大戦に突き進む時代、政治過程に関与する地位にいた女性は皆無だったのだから（選挙権もほぼなかった）。政治領域に文化・芸術の分野を付加したとしても、「卓越性」の基準がマスキュリンなそれであるならば、女性の作品は埋もれてしまう（第7章第1節参照）。時代の変化のなかで女たちはいかに生き、歴史の変化とどのように関係をもったのか。こうした関心はフェミニスト歴史家をして、女たちを歴史の主体として「復権」させようとする「女の歴史」へと向かう衝動を突き動かしてきた。しかし、ジェンダーの視角を歴史研究に導入するということは、「女たち」の姿を可視化するという作業とイコールではない。「男」「女」といったカテゴリーが構築されるプロセス、および、政治であれ、文化であれ、経済であれ、それらが男と女という二項対立を基礎としたジェンダー言説によっていかに構成され、「理解」されるのかを、ジェンダー史研究は追究してきた。その結果、通常「進歩」だとみなされてきた事項が、ジェンダー関係からみるならば、必ずしもそうとは言い切れないことも明らかになる（スコット 二〇〇四、ローズ 二〇一六）。

インドにおける歴史研究の分野では、女を可視化する作業と、ジェンダー言説の作用を分析する作業は、車の両輪のように研究蓄積を生んできた。筆者は二〇年ほど前に、インドにおける女性史研究のサーヴェイを行ったが、その後の研究の広がりと深まりには驚きを禁じ得ない〔粟屋 一九九五〕。本章では、同サーヴェイとの重なりを可能な限り避けながら、一九八〇年代以降、多様かつ豊富な蓄積を重ねてきたインドの女性史・ジェンダー史の成果を批判的に紹介する。

2. 歴史叙述における女性の可視化

初期フェミニストの肖像

社会改革やナショナリズム運動の歴史のなかで、すでに名前の知られていた女性から始まり、まったく歴史から忘れ去られていた女性まで、様々な女性の存在が掘り起こされ、彼女たちの活動をジェンダーの視角から再考する作業が続けられている。自伝や雑誌論考、創作作品など、現地諸語による女たちの書き物を英語に翻訳した各種アンソロジー（第7章第2節も参照）が次々と刊行されている。これはフェミニスト研究者の登場なくしては不可能だったであろう。

はじめて一般の読者に紹介された例としては、東ベンガルのオーソドックスなバラモン地主の家に生まれ、一二歳で結婚し、一四歳で大家族の家事を担いながら、当時、女性に禁じられていた識字能力を家人から隠れて身につけたのみならず、ベンガル語で最初の自伝を刊行（一八七六年）したラーススンダリー・デーヴィー（一八〇八年頃の生まれ）〔Sarkar 1999〕、カルカッタの赤線地帯に生まれながら演劇界で成功するも、引退を余儀なくされ、やはり自伝を出したビノーディニー・ダーシー〔Dasi 1998〕、性の二重規範を糾弾する激烈なマラーティー語の著作『女性と男性の比較』（一八八二年）を残して歴史から姿を消したターラーバーイー・シンデーなどが挙げられる〔O' Hanlon 1994〕。ラースンダリーが苦労して識字能力を獲得した理由が、一六世紀にベンガルで活躍した宗教家チャイタニヤの伝記を読みたいという強い希望だったという事実は興味深い。男性社会改革者たちが思い描いていた、「良妻賢母」的**女子教育**とは重ならないのである。

タミル・ナードゥ地域において一九二〇年代半ば以降に展開した、反バラモン主義を掲げる自尊運動に参加した女性たちの書き物を集めたアンソロジー〔Srilata 2003〕からは、婚姻やカースト制度に関する急進的な主張を読み取ることができる。後述する**パンディター・ラマーバーイー**とも近しかったカーシーバーイー・カーニトカル（一八六一～一九四八）は、マハーラーシュトラにおける初期フェミニストとして、その活動と著作がミーラー・コーサンビーによって掘り起こされた〔Kosambi 2008〕。コーサンビーはカーニトカルのマラーティー語作品『神輿の釣り紐』（執筆は一八九七年頃、一九二八年出版）に、フェミニスト・ユートピア小説を読み取るが、教育や就業の領域での男女平等を描きながら、家庭内のジェンダー関係については焦点化しなかった（できなかった）点に、社会的・時代的な制約をみる。

パンディター・ラマーバーイー。バラモン出身だが、キリスト教に改宗した（Pandit Ramabai Sarasvati, *The High-Caste Hindu Woman*,1887）

社会改革・民族運動との関わりで評価されてきた女性も、フェミニストとしての側面に光が当てられつつある。ベンガルにおけるムスリム女性の教育に精力を傾けたローケーヤ・サハーワット・ホサイン（一八八〇～一九三二）の書き物は、極端な**パルダー**（男女隔離の慣習）への批判を展開するとともに、同時代のジェンダー慣行への風刺に彩られている。男女の役割を転倒させたユートピア小説『スルターナーの夢』（一九〇五年）は、ホサインによって書かれるべくして書かれた作品である。ラビーンドラナート・タゴールの姪であり、ベンガルの初期ナショナリズム運動で有名となったサルラーデービー・チャウドラーニー（一八七二～一九四五）であるが、彼女が富裕で開明的な雰囲気のある家庭に育ちながら、それでもなお、彼女が「女」としての制約を強く意識していたことをバーラティ・ラーイは指摘している〔Ray 2002〕。マハーラーシュトラのバラモンとして生まれながらキリスト教に改宗し、ヒンドゥー寡婦を保護・自立させるための寄宿学校を創設したパンディター・ラマーバーイー（一八五八～一九二二）の書き物が次々と刊行されるとともに、ウマー・チャクラバルティなどによる評伝がある〔Chakravarti 1998〕。

以上のような研究や翻訳出版が進展してきた結果、それまでベンガル地域に偏っていた研究に地域的な広がりが生まれつつある。しかし、こうした研究がすくいあげることができるのは、どのような形にせよ、書き物を残したわずかな女たちに限られるという限界は残る。彼女たちは、ビノーディニー・ダーシーという実に貴重な例外を除けば、圧倒的に上位カースト出身の女なのである。こうした状況に変化が生まれるのは、独立後、ダリト（元不可触民）の女たちによる自伝や創作作品が登場してからのことである（コラム2参照）。

労働史、革命のなかの女

前節の研究・出版が扱っているのは、もっぱら植民地期に誕生した中間層の「主婦」である。欧米の女性史・ジェンダー史研究では女性労働者に関する研究が蓄積されてきたことと比較したとき、インドにおいてはこの分野での研究が乏しい。そうしたなかで、サミタ・センの研究は、ベンガルのジュート産業における女性労働者に焦点を当てた重要な研究である。センは、ジュート産業において単純労働に限定されて従事した女性労働の実態に迫ろうとしたのみならず、そもそも従来の労働史研究が、産業労働者に、なぜ、どのような事情で女性労働者が少なくなったのかという問いすら挙げなかったと批判する。そこには、男性＝稼ぎ手というジェンダー・バイアスが働いているのではないか、と彼女は指摘するのである。センは、労働争議において女性労働者がしばしば強硬な姿勢をとった事実を、「階級意識」とは別の観点（コミュニティ意識や「名誉」の感覚）から掘り下げている〔Sen 1999〕。

マハートマー・ガーンディーとして知られるモーハンダース・カラムチャンド・ガーンディーがナショナリズム運動の指導者として地位を確立した時期以降、女性の運動参加が拡大したというのが一般的な了解事項である（コラム16参照）。ガーンディー主導のもとで「非暴力」を旗印にするナショナリズムが主流となる陰で、暴力的な反植民地運動や革命運動も遂行され、それらには女性も参加したが、多くの場合、彼女たちは不可視化された。そうした女性たちが体験記などを残さないなかで、聞き取りが重要な研究方法となる。たとえば、女性組織ストリー・シャクティ・サンガタナが独立前後に南インドのハイダラーバード藩王国で起こった、農民の武装闘争テランガーナ闘争に参加した農民女性たちのライフ・ストーリーを聞き取っている〔Stree Shakti Sanghatana 1989〕。彼女たちの語りは、出産や両性関係がモラルの問題として、しかも女の側の問題とされたことなど、共産党指導部と女たちが抱いた新たな価値観や未来像との間の乖離を伝える。一方シュリラ・ロイは、一九六〇年代後半に西ベンガルで起きたナクサライト運動（ナクサルバーリー地域における農民の武装闘争を契機に、毛沢東派共産主義思想を支持した学生によってコルカタに広がった革命運動）に参加した中間層出身の女性の聞き取りから、特に、運動の過程で受けた性的暴力を言語化することの困難について明らかにしている〔Roy 2012〕。「革命」の歴史には、ジェンダー関係とセクシュアリティの問題が乗り越えられない要素として立ち現れるのはインドも例外ではない。

3. 歴史のジェンダー化

社会改革・ナショナリズム・植民地支配

ナショナリズム的な視角に立つインド近代史は、長らく、**サティー**（寡婦殉死）の慣行に対する批判などを典型とする、イギリス支配下で一九世紀初頭以降に行われた社会改革に始まって、**女子教育**の広がり、ナショナリズム運動への女性の参加、そして独立へ、といった直線的な女性の地位の向上・解放という筋道を描いてきた。こうした歴史像では、インドの古代ヴェーダ時代（紀元前一六〇〇〜紀元前六〇〇年頃）は、女性に抑圧的な諸慣習が存在しなかった「黄金時代」とされ、「黄金時代」以降からイギリス支配に先立つ時代、特にイスラーム政権のもとで、女性の地位が低下したという理解が、ナショナリズムが高揚するなかで、ヒンドゥー知識人層のいわば「常識」ともなった。「女性の地位」について社会改革やナショナリズムのなかで盛んに論じられたのは、当時（現在でも）、それぞれの「文化」や「国」における「女性の地位」が「文明化」の度合いを測る指標とされていたからである。こうしたアプローチ自体に、ジェンダー言説の機能を感知することができよう。

古代ヴェーダ時代という女にとっての「黄金時代」、その後の女の地位の凋落といったテーマを包括的に提示しようとした代表的な著作の一つが、アナント・S・アールテーカルのものである〔Altekar 1959〕。これに対して、フェミニスト研究者によって「アールテーカル・パラダイム」とも名づけられたアールテーカルを典型とする歴史理解、ヒンドゥー上位カースト男性が推進した社会改革の性格、および、インドの「近代化」の物語に、フェミニスト史家はジェンダーの視角から再考を迫ってきている。

既存の歴史理解をジェンダーの視角から批判するという意図を明確に打ち出し、後に続く研究がしばしば言及する論考を多数含んだ論文集がクムクム・サンガリとスデーシュ・ヴァイド編の論集である〔Sangari and Vaid 1989〕。同論集の序文や各論考は、イギリス支配期に顕著となるモダニティ（植民地的近代）を、解放や進歩のプロセスとする前提に対する批判的スタンスを顕著に示している。この論集がインド最初のフェミニスト出版社である**カーリー・フォー・ウィメン**から刊行されたのは偶然ではない。

なかでも、古代の黄金期を語るアールテーカル・パラダイムは、下層女性の存在を無視していると批判するウマー・チャクラバルティ、ベンガルに関して、女性たち固有の文化が下賤で淫らなものとして周縁化されたと論ずるスマンタ・バナジー、サティーの禁止をめぐるヒンドゥー男性改革者と植民地政府の言説を分析したラター・マニ、ナショナリスト男性らの女性問題へのアプローチの変化を論じたパルタ・チャタジーの論考などが重要である。ラター・マニの指摘、すなわち、サティーの是非について激論を戦わせたヒンドゥー改革者・擁護者にせよ、植民地政府にせよ、サティーを行う女自身の身体・命について関心を示したというよりも、争点はヒンドゥー社会におけるあるべき伝統だったのであり、女は「聖典／伝統／法をめぐる様々な解釈が練られ、競われる場（site）になった」という論の立て方は新しかった。彼女の論考は批判を受けつつも、一見、女性問題がイシューとなっている場合も、実際には、あるべきジェンダー規範をめぐっての対立だったと読み替える作業を促進したように

サティー・ストーン（2004年、カルナータカ州ハンピ、井上貴子撮影）

思われる。なお、サティーに関連する論考を集めたマニ個人の論文集には、サティーを行おうとした女性たちの声を分析した論考も含まれている〔Mani 1998〕。さらに影響力が大きいのは、チャタジーの提示したフレームワークであろう。「女性問題のナショナリスト的解決」という挑発的なタイトルが付されたチャタジーの論考の概要は、次のようなものである。一九世紀後半になってナショナリズム意識が芽生えるとともに、女性問題が公の議論の舞台では後景に退く。その背景には、一部のナショナリスト男性たちが、文化の領域を「物質的」（＝外界、ソト）、「精神的」（＝家、ウチ）と二分し、西洋文化を「物質的」、インド文化を「精神的」と規定することによって、インド文化の「精神性」に西洋に優越する価値を見出すという彼らの戦略があった。インド女性（正確には、ヒンドゥーの中間層、上位カースト女性）は、家のなかで「精神的な」インド文化を体現する存在とされた。こうして一九世紀後半、男性ナショナリストたちは、「女性問題」へのイギリス政権による法的な干渉を「精神的」な領域への侵犯として拒否するようになったのである。

同論文集は、イギリス支配期のインド家父長制やジェンダーとナショナリズムとの関係、植民地的近代に関するジェンダー言説分析を中核にする諸研究に多大な影響を与え、インドのジェンダー史を学ぶためには必読の書である。しかし、イギリス支配期における「家父長制の創造と再創造」ばかりを論じ、女たちのエージェンシーを軽視しているという批判もあることは留意すべきである〔Anagol 2005〕。編者二人がともに文学研究者であるという事実は、歴史研究の分野における、ポストコロニアル文学批評の影響を示唆するものである。

タニカ・サルカールも、ヒンドゥーの「家庭」が植民地支配の影響から逃れた自律した領域とみなされ、ヒンドゥー・ナショナリズムの言説を支えたとする点でチャタジーに近いが、ヒンドゥー中間層男性たちが社会改革から距離をおき、はっきりと保守的になった要因として、特に一八七〇年代のベンガルにおける社会経済的な変動を重視している点で異なる。サルカールは、下位カーストへの一定の教育の広まりや小作法の制定などによって、既存の階層秩序への脅威を上位カーストの中間層が感じ取っていたことを指摘する。また、言説分析に専念する研究がしばしば、植民地支配によって体現された西洋の「知」がもった権力、およびそれに対するインド男性知識人の抵抗といった図式を絶対化し（チャタジーの議論も含む）、植民地主義と在地の家父長制との共犯関係を軽視する傾向を、サルカールは批判する〔Sarkar 2001〕。

「ジェンダーとは権力関係を表す第一義的な方法である」というジョーン・スコットの主張は、植民地支配のイデオロギーを理解しようとするとき、説得力をもつ。支配者と被支配者との関係は男女の非対称的な関係に重ね合わされ、自然化、正当化される。支配者は男性性を誇示する一方、非植民地側は「女性化」される。こうしたイデオロギーの働きをするどく描いたのが、ムリナリニ・シンハの研究である〔Sinha 1995〕。彼女の対象地域であるベンガルのヒンドゥー中間層男性は、植民地主義者たちからことさら「女々しい」と名指されたが、それは自治への要求を否定する（つまり、自治能力無しということ）レトリックとなった。一方、ベンガルの知識人たちは、自らの男らしさ（マスキュリニティ）を主張しようとした。シンハの研究はマスキュリニティ研究に端緒をつけたと評価できる。

分離独立とジェンダー

イギリス支配地域からインドとパキスタンという二つの国が分離独立するに至る政治プロセスについては膨大な研究があり、これからも生産されていくだろう。しかし、分離独立に際して、七万五〇〇〇人ほどの女性が、宗教を別とする男たち（同じ宗教の男である場合もあった）によって、拉致され、強かんされたという事実、ならびに、インド、パキスタン両国が独立後数年にわたって、拉致された女性たちの強制的な交換政策を遂行したという事実は、公の場で語られることはなかった。この事実を掘り返しジェンダーの視角から論じたのは、フェミニスト研究者ウルワシー・ブターリア、リトゥ・メーノーン、カムラー・バシンである〔ブターリア 二〇〇二、Menon and Bhasin 1998〕。さらに彼女たちは、家族のメンバーによって殺害されたり、あるいは自殺したりした女性の存在は、身内やコミュニティのなかで語りつがれてきたとしても、それは「殉教」「犠牲」として読み替えられてきたということに注意を喚起する。ここでも、女たちの身体や生命は、家族、コミュニティ、新生国家にとってアイデンティティや名誉を形成する象徴となっているといえよう。

前近代のジェンダー史

イギリス支配期に関する研究に比較して、前近代に関する論考は圧倒的に少ない。これはもっぱら史料の偏在によることは明らかである。しかし、サンスクリット語、パーリ語などによるヒンドゥー教、仏教、ジャイナ教の古文献をジェンダーの視角から読み替えることで新たな解釈を生む可能性は、例えば、古代・中世初期を専門とするクムクム・ロイの研究が証明している。性愛について堂々と論じた文献としてイギリス支配期以来、世界的にも有名になったサンスクリット語による性愛書『カーマスートラ』(二〜四世紀頃に成立)に、ロイはジェンダーの視角から検討を加える。彼女によれば、性に関して「おおらかな」インド、といった了解を生んできた同書は、徹底して都市部の富裕な男性たちの視点から書かれた文献であり、また、性の非対称性は明らかであると指摘する。同論文も所収された、ロイの研究の集大成ともいえる論文集は、ヴェーダ期以降から初期中世にかけて、尼僧たちの声、女による寄進行為、宮廷高級娼妓たちの伝統、サンスクリット詩人カーリダーサの作品におけるジェンダー関係など多岐にわたるテーマを扱い読みごたえがある〔Roy 2010〕。家庭祭祀に関する規定書であるグリヒヤ・スートラ文献(紀元前五世紀頃)は、ジャヤー・ティヤーギによって分析され、男子の誕生への希求が祭祀の一貫したテーマであると指摘される〔Tyagi 2008〕。ロイ編によるアンソロジーには、前近代における南インドにおける女性の所有権、古代タミル地域における女性の労働のあり方について論じた貴重な論考を含む〔Roy 1999〕。北インドで、イスラーム勢力が支配した時代については、ジェンダー史研究は相対的に立ち遅れているように思われる。

4. 新たな領域へ

セクシュアリティ

セクシュアリティの領域は新たに開拓されつつある領域である（第1章第2節参照）。一九世紀の後半以降、中間層が登場する過程で、いわゆる「リスペクタビリティ」が構築されていく。それは、本国イギリスのヴィクトリア朝的な性道徳と上位ヒンドゥー的なジェンダー観が融合したような性格だった。それまで一般大衆のみならず、エリート層の間でも享受されていた文学様式やテーマのなかから、「わいせつ」「淫ら」とみなされる要素が抽出され、排除されていく（コラム19参照）。チャール・グプタの研究は、一九世紀後半から二〇世紀初頭の北インドを対象とし、ヒンディー語出版を通じて男性ヒンドゥー・イデオローグたちが、社会の激変のなかでヒンドゥー的国家像を立ち上げるに際して、いかに貞節かつ性的に無垢な理想的ヒンドゥー女性像を形成していったか、そして、その営為は、「性的にアグレッシブな」イスラーム教徒男性というステレオ・タイプを創造することと同時に進められた過程を跡づける。「女」は宗教コミュニティの間の境界線の確定に決定的な役割を果たしたのである。さらには、貞節なヒンドゥー女性像への希求は、上位カーストの間のみならず、社会的な上昇を遂げつつある下位カーストの男性によっても共有されていた。重要なのは、グプタは、こうしたヒンドゥー・ナショナリズムの言説が、文化領域にたいして完全なヘゲモニーを行使することに成功したとはみなさず、常に対抗言説の余地が残されたことに注意を喚起する点である〔Gupta 2001〕。

生殖や産児制限を進める文献が、欧米で「わいせつ」な読み物とされたように、インドでも同問題は公の場では語るにふさわしくない話題とされてきた。生殖・産児制限についてはインドにおいて政治問題化しており多くの議論があるが（コラム11参照）、歴史的な研究はまだ緒に就いたばかりである。サンジャム・アフルワーリヤーは、イギリス支配期における産児制限をめぐる議論を俯瞰している〔Ahluwalia 2008〕。

女・男という性的な二項対立の構図は、すぐれて近代的な性格をもつ。インドにおいて、異性間以外の関係が逸脱、しかも西欧文化に固有な逸脱であって、インドの「伝統」ではないという言説は、ナショナリズムの高揚のなかで創造されたものである。こうした「常識」に抗して、インド古代・中世・近代を通して、同性間の愛や流動的な性のあり様を描く「伝統」が存在したことを示す文献を集めた労作が、ルース・ヴァニターとサリーム・キドワイーとによって編まれたアンソロジーである〔Vanita and Kidwai 2000〕。

「売春婦」（あえて最近の用法であるセックスワーカーという用語は避ける）に関しては、インド史のなかで例外的に、というよりも過剰なほど文学その他の領域で可視化されてきた存在であり、少なくない先行研究が存在するが（第7章第4節参照）、ジェンダーの視角から取り組んだ歴史研究が進んだのは近年になってからであるといえる。紙面の都合上、割愛せざるを得ないが、これらの研究は、イギリス支配下での「売春」をめぐる制度、言説の変容を明らかにしている。

ダリトの女たち

歴史の主体として「女」が復権されつつあるとき、「女」が均質で固定したカテゴリーではないという事実は、理想的なインド女性像から、非ヒンドゥーや下位カーストが排除されてきたことからも明らかであろう。従来の女性史・ジェンダー史研究の対象は圧倒的に都市部、ヒンドゥー、上位カースト、上層・中間層に偏ってきており、しかも、彼女たちの上位カースト性に十分注意が払われてこなかった。一九九〇年代にダリト・フェミニズムが台頭するとともに、同問題は自覚的に取り込まれるようになる（第1章第2節、コラム2参照）。

女の可視化作業に分類できるが、ビームラーオ・ラームジー・アンベードカル（一八九一〜一九五六）が指導したダリト解放運動に参加した女たちのライフ・ストーリーを収集した、自身がダリト出身であるウルミラー・パワールとミーナークシー・ムーンの著作は、新たな分野を開拓した画期的な作業としてここで紹介する〔Pawar and Moon 2008〕。そこに収集された女たちの活動や渇望は、明らかに上位カーストとは異なる。最近では、チャール・グプタが、植民地期を対象にヒンディー語出版物を渉猟して、時代の変動のなかでダリト女性がいかに表象されてきたかを分析した〔Gupta 2016〕。

5. ジェンダー史の可能性

イギリス支配期以降に限ってであるが、すでにインド女性史の通史が複数刊行されており、運動の流れを俯瞰するのに手がかりとなる〔Kumar 1993 : Forbes 1996〕。ラーダー・クマールのものは、フェミニズム運動に自ら関与してきた著者らしく、独立以降の運動を中心にした批判的視点に特徴があり、一方、ジェラルディン・フォーブスは、イギリス支配期に都市部の中間層出身エリート中心の初期フェミニズムの関心が、いかに工場や炭鉱その他で働く女性たちの生活から乖離していたかを明らかにする。さらにパドマー・アナゴールは、すでに紹介したサンガリとヴァイド編の論集に典型的にみられる、イギリス支配期における家父長制の再構築を強調する潮流に対して、女のエージェンシーを積極的に評価しようとし、また、ベンガル中心の叙述を修正すべくマハーラーシュトラ地域の女の歴史を描いた〔Anagol 2005〕。

一九九五年の研究動向〔粟屋 一九九五〕以降、膨大な研究が蓄積されてきた。そうしたなかでも、いくつかの課題が残されている。まず、ヒンドゥー女性や非ヒンドゥー女性、特に上層・中間層の上位カースト女性に研究が集中していることである。下層のヒンドゥーの女性に関する研究はいまだに手薄である。また、時代的には圧倒的にイギリス支配期以降に偏っている。さらには、女をめぐる言説については理解が格段と深まった一方で、実際の生活についての情報は少ない。これらの問題はいずれも史資料の厚さに左右されている。とはいえ、階層、宗教その他で分断された〔分断されていった〕女性たち相互の関係がどのようなものであったか。これは、ヒンドゥー至上主義の潮流が台頭するなかで、女性自身が攻撃的な言動の主体となる現在、特に、歴史的考察が求められている。この問題に関連して、これまでは、「改革」に向かう女性に関心が注がれてきているが、改革に抗した「保守的」な女性たちの心性についても掘り下げが必要であろう。また、さかんに植民地期におけるジェンダー関係の再構築が指摘されるが、それ以前の時代についての知識を欠いては、その意義を真に位置づけることはできない。

近年、初期からフェミニスト運動に関わってきた活動家や研究者の回想などが刊行され、彼女たちの葛藤や困難の一端を知ることが可能である〔Menon 2011〕。彼女たちの達成した地平を越えていくには、さらに多様な史資料の渉猟と既存の史資料の読みを磨く必要があると思われる。同時に、「女の歴史」を独自に追究する営為は、これまで歴史叙述で不可視化されてきた存在を可視化する点で重要であるが、大きな歴史の物語がこれまで同様に男性を主体として描かれながら、「普遍的な」歴史として了解されたままであるならば、「女の歴史」はそれをたんに補完する領域として「ゲットー化」する危険性を常にはらむ。さらには、ダリト女性の事例が示すように、インド「女性」内部の多様性への留意もまた必須である。

粟屋 利江

文献リスト

粟屋利江　1995「インド女性史研究の動向」『南アジア研究』第7号。

スコット，ジョーン W.（荻野美穂訳）2004『ジェンダーと歴史学』（増補新版）平凡社ライブラリー。

ブターリア，ウルワシー（藤岡恵美子訳）2002『沈黙の向こう側―インド・パキスタン分離独立と引き裂かれた人々の声』明石書店。

ラマーバーイー，パンディター（押川文子訳）1996「高位カーストのヒンドゥー婦人」『ヒンドゥー社会と女性解放』明石書店。

ローズ，ソニア O.（長谷川貴彦・兼子歩訳）2016『ジェンダー史とは何か』法政大学出版局。

Ahluwalia, Sanjam 2008. *Reproductive Restraints: Birth Control in India 1877-1947*, Ranikhet: Permanent Black.

Altekar, A.S. 1959（1938）. *The Position of Women in Hindu Civilization: From Prehistoric Times to the Present Day*, Delhi: Motilal Banarsidass.

Anagol, Padma 2005. *The Emergence of Feminism in India, 1850-1920*, Aldershot: Ashgate.

Chakravarti, Uma 1998. *Rewriting History: The Life and Times of Pandita Ramabai*, New Delhi: Kali for Women.

Dasi, Binodini 1998. *My Story and My Life as an Actress*, edited and translated by Rimli Bhattacharya, New Delhi: Kali for Women.

Forbes, Geraldine 1996. *Women in Modern India*, Cambridge: Cambridge University Press.

Gupta, Charu 2001. *Sexuality, Obscenity, Community: Women, Muslims, and the Hindu Public in Colonial India*, Delhi: Permanent Black.

Gupta, Charu 2016. *The Gender of Caste: Representing Dalits in Print*, Seattle and London: University of Washington Press.

Kosambi, Meera 2008. *Feminist Vision or 'Treason against Men' : Kashibai Kanitkar and the Engendering of Marathi Literature*, Ranikhet: Permanent Black.

Kumar, Radha 1993. *The History of Doing: An Illustrated Account of Movements for Women's Rights and Feminism in India, 1800-1990*, New Delhi: Kali for Women.

Mani, Lata 1998. *Contentious Traditions: The Debate on Sati in Colonial India*, Berkeley: University of California Press.

Menon, Ritu and Kamla Bhasin 1998. *Border and Boundaries: Women in India's Partition*, New Brunswick: Rutgers University Press.

Menon, Ritu ed. 2011. *Making a Difference: Memoirs from the Women's Movement in India*, New Delhi: Women Unlimited.

O'Hanlon, Rosalind 1994. *A Comparison between Women and Men: Tarabai Shinde and the Critique of Gender Relations in Colonial India*, New Delhi: Oxford University Press.

Pawar, Urmila and Meenakshi Moon 2008. *We Also Made History: Women in the Ambedkarite Movement*, translated from Marathi by Wandana Sonalkar, New Delhi: Zubaan.

Ray, Bharati 2002. *Early Feminists of Colonial India: Sarala Devi Chaudhurani and Rokeya Sakhawat Hossain*, New Delhi: Oxford University Press.

Roy, Kumkum ed. 1999. *Women in Early Indian Societies*, New Delhi: Manohar.

Roy, Kumkum 2010. *The Power of Gender and the Gender of Power: Explorations in Early Indian History*, New Delhi: Oxford University Press.

Roy, Srila 2012. *Remembering Revolution: Gender, Violence, and Subjectivity in India's Naxalbari Movement*, New Delhi: Oxford University Press.

Sangari, Kumkum and Sudesh Vaid eds. 1989. *Recasting Women: Essays in Colonial History*, New Delhi: Kali for Women.

Sarkar, Tanika 1999. *Words to Win: The Making of Amar Jiban, A Modern Autobiography*, New Delhi: Kali for Women.

Sarkar, Tanika 2001. *Hindu Wife, Hindu Nation: Community, Religion, and Cultural Nationalism*, London: Hurst & Co.

Sen, Samita 1999. *Women and Labour in Late Colonial India: The Bengal Jute Industry*, Cambridge: Cambridge University Press.

Sinha, Mrinalini 1995. *Colonial Masculinity: The 'Manly Englishman' and the 'Effeminate Bengali' in the Late Nineteenth Century*, Manchester and New York: Manchester University Press.

Srilata, K. ed. 2003. *The Other Half of the Coconut: Women Writing Self-Respect History, An Anthology of Self-Respect Literature (1928-1936)*, translated from Tamil, New Delhi: Kali for Women.

Stree Shakti Sanghatana 1989. *'We Were Making History…': Life Stories of Women in the Telangana People's Struggle*, New Delhi: Kali for Women.

Tyagi, Jaya 2008. *Engendering the Early Household: Brahmanical Precepts in the Early Gṛhyasūtras, Middle of the First Millenium B.C.E.*, Hyderabad: Orient Longman.

Vanita, Ruth and Saleem Kidwai eds. 2000. *Same-Sex Love in India: Readings from Literature and History*, New York: Palgrave.

コラム15

『マヌ法典』をどう読むか

『マヌ法典』は、代表的なオリエンタリスト、ウィリアム・ジョーンズ（一八四六〜九四）の英訳（一七九四年）に始まり、ヨーロッパ諸語に翻訳されて以降、長らく欧米の人々、そして日本人が、「インド社会」（より正しくは「ヒンドゥー社会」）を理解するための基本文献として、（誤って）位置づけられてきた。マヌ法典、もしくはマヌという名は、今日、インド社会において、女性差別やカースト差別を象徴するものとして機能している。ここでは、ジェンダーの視点から、『マヌ法典』をめぐる歴史的な議論を振り返ってみる。

『マヌ法典』とは

『マヌ法典』は、サンスクリット語で書かれた古法典（ダルマシャーストラ）のなかで最も有名な文献の一つである。正確な成立時期を特定するのは困難であるが、紀元前二〜紀元後二世紀ごろに成立したと考えられている。マウリヤ朝期に、バラモンやヴェーダの絶対的な権威を否定する仏教が王族や商人層らに影響力をもったことへの危機感を背景に、バラモンを頂点とする社会秩序を体系的に再構築しようとする努力が読み取れる。ちなみに、マヌとは著者の名前ではない。世界の創造主であるブラフマンの子マヌが聖仙たちに請われて宇宙の創造、人としての正しい生き方（ダルマ）を語り始めるという形をとっていることから文献の名称は生まれている。

全体の四分の三は、上位二ヴァルナであるバラモンと王（クシャトリヤ）の行動規範で占められる。『マヌ法典』に関するいくつもの注釈書の存在が示唆しているように、その権威はすでに紀元一〇〇〇年期半ばまでには確立していたと思われる。しかし、バラモンがほぼ独占したサンスクリット語で書かれた同書の規定が、バラモンなどの上位カースト以外の人々の生活をどこまで律していたかは、大いに疑問の残るところである。多くのインド人は『マヌ法典』の存在さえ知らず、地域やコミュニティで異なる「カースト」慣習に従って生活してきたというのが実際ではなかろうか。しかも、その慣習そのものも、歴史的に大きく変化してきた。しかし、イギリス支配下で「ヒンドゥー法」が家族法の分野で適用される原則が確立され、『マヌ法典』も「法源」の一つと位置づけられたのみならず、英訳され、英語教育を受けたエリートたちにもアクセス可能になったがために、むしろ、イギリス支配時代に、『マヌ法典』の権威が広まるという皮肉な状況が生まれたともいえる。ここで想起されるのは、**サティー**（寡婦殉死）の禁止を訴えたラーム・モーハン・ローイ（一七七二／七四〜一八三三）が、『マヌ法典』こそ、数あるヒンドゥー法典のなかで最も権威ある書であるとしつつ、そこには寡婦はサティーを行うべきであると規定されていないという事実（次節に引用した『マヌ法典』五・一五七と一五八を参照）を、サティーを批判する主張を正当化する武器としたという歴史である。

『マヌ法典』に描かれた女性像と女性の義務

『マヌ法典』に描かれた女性の義務、性質などをめぐる記述は、今日の感覚からすれば、受け入れがたいほど差別的に響く。長くなるが、代表的な文言をいくつか引用する。

五・一四八　子どものときは父の、若いときは夫の、夫が死んだときは息子の支配下に入るべし。女は独立を享受してはならない。

五・一五四　夫は、性悪で、勝手気ままに振る舞い、よい資質に欠けていても、貞節な妻によって常に神のように仕えられるべし。

五・一五七　夫の死後は、清浄な花や根や果実〔を食して〕身体を痩せ細らせるのも自由である。しかし他の男のことは名前すら口にしてはならない。

五・一五八　死ぬまで、辛抱強く、自己抑制をし、貞節を守り、一人を夫とする妻にとっての最高の生き方（ダルマ）を求めるべし。

九・一四　女は容姿を気にしない。彼女らは年齢を意に介さない。容姿が良くとも悪くとも男であることだけで受け入れる。

九・一五　この世において、女たちは注意深く守られても、男に対する関心、移り気、そして生来の薄情から夫を裏切る。

三・五五　父親、兄弟、夫の兄弟は、多幸を望むならば、〔家の〕女たちを敬い、飾りたてるべきである。

三・五六　女たちが敬われるときは神々は満足する。しかし敬われないときはいっさいの祭儀は果報をもたらさない。

三・五九　それゆえに、繁栄を望む者は、常に、客のもてなしのときあるいは祝祭のときには必ず女たちを装身具、衣服、食べ物によって敬うべきである。

三・六〇　夫は妻に満足し、同様に妻は夫に〔満足する〕。そのような家では常に幸福は揺るがない。

三・六一　妻が輝かなければ夫を喜ばせることはできない。夫が喜ばなければ子どもは生まれない。

五・一四八は、女性の自律を否定し、生涯にわたる男性への従属を規定したものとしてしばしば引用されるが、儒教の「三従の教え」と重なる価値観であり、興味深い。五・一五四や五・一五八に示される一生に一人の夫への献身とともに、家父長的世界観に共通するスタンスといえ、ある意味、目新しくはない。また、九・一四、九・一五などには、女性がセクシュアリティを自らコントロールできない存在であるという認識が示され、こうした認識が、女性の行動の管理を正当化するであろうことは想像に難くない。特に、バラモンを最優位に置くカースト秩序を維持存続させるためには、上位カーストの女性が下位とされるカーストの男性と関係をもつことはタブーであったから、この意味で、ジェンダー規範とカースト秩序は有機的に結びついていた。

一方で、『マヌ法典』は、ヒンドゥー教は古来より女性を尊重してきたという主張のためにもち出される場合もある。例えば、引用した三・五五以降の文言などである。しかし、フェミニスト研究者が指摘するように、文脈を勘案するならば、女を敬い喜ばせることは、何よりも、子孫（男子）の誕生、家系の存続、家の繁栄といった目的に従属させられているのは明らかであろう。

『マヌ法典』批判の系譜

インド女性自身による『マヌ法典』批判の嚆矢《こうし》は、**パンディター・ラマーバーイー**（一八五八～一九二二）による英語の著作『高位カーストのヒンドゥー婦人』（一八八八年）に認めることができる。彼女は西インドのバラモンとして生まれたが、キリスト教に改宗した。女性としてはめずらしく、サンスクリットに精通していた。彼女は、次のように書く。「サンスクリットで書かれた原典を一部始終丹念に読んだ人ならば、律法者マヌ（彼女もマヌを歴史上の人間の固有名とみなしている）が、女性をこの世で最も忌むべき存在におとしめるべく精力を傾けた数多くの人々の一人に数えられることを、見逃さないでしょう」「文献のあちらこちらに女性に好意的な一言一言が織り込まれているのも事実ですが、私からみればそれらは、女性全体に罪と悪行の科を負わせたあげくに与えられる、形ばかりの言葉にしか思えないのです」。

これらの文章は、ラマーバーイーがアメリカ滞在中に、もっぱらアメリカ人女性に向けて、彼女が創設を計画していた寡婦のための寄宿学校への援助・寄付をアピールするために書かれたものである。したがって、ことさらにヒンドゥー女性、特に、厳格な行動規範を課せられた上位カースト女性の人生の悲惨さを強調する傾向があった。とはいえ、彼女がキリスト教に改宗した背景に、ヒンドゥー教の現状への批判が存在したことは否定できないだろう。

一方、イギリス人でありながら神智学協会の会長として「インド文明」を礼讃する言質を数多く残したアニー・ベサント（一八四七～一九三三）は、マヌを偉大な聖人として頻繁に称賛したものの、幼児婚を批判する過程で、『マヌ法典』の幼児婚に関する規定（九・九四に、男が三〇歳のとき一二歳、二四歳のとき、八歳の娘を娶《めと》るべし、とある）は、後世の挿入であろうとしたり、もしくは、自然における神の法と人間の書き物（『マヌ法典』を含む）とが矛盾する場合、前者が優越すると主張した。この立場は、古法典の規定が「真実（サティヤ）」に反するときは、真実を優越させるべきだとしたマハートマー・ガーンディーの主張とも共通する。

ダリトが生んだ最大の指導者ビームラーオ・ラームジー・アンベードカル（一八九一～一九五六）は、貯水池のダリトへの解放を目指したマハード・サティヤーグラハ運動の過程で、一九二七年一二月二五日、『マヌ法典』を公の場で焼くというパフォーマンスを行った（実際に焼いたのは、アンベードカルを信奉するバラモンだったが）。『マヌ法典』がカースト差別を擁護・正当化する世界観の源泉であるという認識に基づく示威行為である。カースト差別を弾劾するダリト運動のなかから生まれたダリト・フェミニズムはさらに、『マヌ法典』が焼かれた一二月二五日を女性解放の日とする提唱を行った。そこには、『マヌ法典』がカースト差別のみならず、女性差別を象徴する代表的な書物であるという理解がある。

現代インドにおける『マヌ法典』

一九八〇年代から北インドで台頭したダリトを支持母体とする大衆社会党は、「マヌワーディー（マヌ主義者）」を糾弾してきた。一方で、極端なヒンドゥー至上主義者たちの一部は、「マヌ」の世界に戻ることを主張している。否定的にせよ、肯定的にせよ、インド社会のあるべき姿や倫理を一言で表現するキータームの一つとして「マヌ」という言葉は機能し続けているといえよう。（粟屋 利江）

参考文献

『マヌ法典』二〇一三 渡瀬信之訳注、平凡社。
ラマーバーイー、パンディター（押川文子訳）一九九六「高位カーストのヒンドゥー婦人」『ヒンドゥー社会と女性解放』明石書店。

コラム16

フェミニストたちはガーンディーをどう評価するのか

マハートマー・ガーンディー（一八六九～一九四八）が一九一〇年代末、インド民族運動の指導者として登場したことが、インド女性、特にエリート層の女性たちの意識や活動に多大な影響力を与え、民族運動への参加を促したという理解を否定する者はほとんどいないだろう。ただし、その影響をどのように評価するかは、論者のスタンスによって様々である。

ガーンディーの運動とジェンダー観

ガーンディーは、「サティヤーグラハ（真理の把持）」という運動を追求するなかで、非暴力（アヒンサー）や自己犠牲といった価値を前面に掲げた。その際、非暴力にせよ、自己犠牲にせよ、ガーンディーが、それらを本質的な女性性と結びつけた点が注目に値する。例えば、ガーンディーは次のように主張した。「女性はアヒンサーの化身である。アヒンサーは無限の愛を意味する。そして、それは苦しみに対する無限の能力を意味する」「女性は自己犠牲、そして非暴力の体現者である。（中略）私は後者（男性）の暴力を恐れる。女性は、こうした男性の暴発に対する防御になるだろう」。このような女性の位置づけは、エリート層の女性に自負を抱かせ、彼女らが公の場に登場することを容易にしたと思われる。また、彼が単なる「政治指導者」というよりも「聖者」としてのイメージを確立したことや、シーター、ドラウパディー、ダマヤンティーといったヒンドゥー神話に描かれた理想的女性への言及をふんだんに盛り込んだ彼の言説も、エリート女性たちの運動参加を促進することに寄与したと指摘されてきた。なぜなら、ガーンディー指導下の運動は、女性の「政治」参加があたかも「宗教的」な活動の延長であるかのように捉えられることになり、かつ、そのような運動への参加はジェンダー秩序を脅かさない「安全な」性格のものとみなされたからである。ガーンディーが、ヒンドゥー神話の女性登場人物を倣うべきモデルとして挙げる一方で、一八世紀後半にマールワー王国を統治したアヒリヤー・バーイー・ホールカルやインド大反乱で命を落とした**ラクシュミー・バーイー**など、公的な舞台で活躍した歴史上の人物を近代インド女性のロール・モデルとして提示することはほとんどなかった点も看過できない。

さらに、彼が提起した具体的な戦術の多くも、基本的に家庭内の存在とされる女性たちを念頭に置いたのではないかと想像させる内容である。糸車（チャルカー）を使った手紡ぎの称揚、手織り布（カーディー、カッダル）の使用・販売、あるいは、政府が独占した塩の違法製造・販売、禁酒、外国製布を売る店や酒店のピケットは、いずれも、家庭と公の政治領域との境界線を曖昧化するものであった。

ガーンディーが繰り返し示した、非暴力的で自己犠牲の能力に長ける存在という女性観は、ある意味できわめて本質主義的であり、あるフェミニスト研究者が指摘するように、都市の中間層、かつ上位カーストのヒンドゥー男性による女性観に基づくともいえよう。さらには、ガーンディーが理想とする両性間の関係には、ヴィクトリア朝期の中間層のジェンダー観とも通底する性的役割分業が濃厚にみられる。例えば、一九四〇年の時点でも、彼は、次のように述べていた。「両者（男女）は基本的に同じであるが、形態において決定的な違いがあるというのも同様に真実である。したがって、両者の職業は異ならねばならない。大多数の女性が常に引き受けるであろう母親の責務は、男性がもたない性質を必要とする。女性は受動的で、男性は活動的である。彼女は本質的に家庭の女主人である。彼は稼ぎ手である」「新たな秩序において、女性はパートタイム労働者であり、彼女の主たる役割は家庭の世話であろう」

酒店や外国製布を販売する店のピケットは、特に女性が取り組むのにふさわしい活動とされたが、それは、酒や衣服が家庭を守るべき女性の関心領域と重ね合わされ、同時に、非暴力的に遂行されるという認識と結びついていたからであろう。もちろん重要なのは、そうした運動を通じて、公共の場での活動に参加した女性たちが感じた解放感や、自己改革、さらには、社会のジェンダー構造自体への間接的な揺るがしであったことは改めていうまでもない。

禁欲主義とセクシュアリティ

アメリカ出身の歴史家バートン・シュタインは、ガーンディーの女性への影響は、「個人的にも政治的にも有害であった」と断罪する。シュタインの厳しい評価は、ガーンディーが繰り返して強調した女性の「貞潔」、およびセックスに対する強度な忌避意識を踏まえたものである。ガーンディー自身は、一三歳で同い年であったカストルバーイーと結婚する。息子三人をもうけたのち、南アフリカ時代の一九〇六年、彼はブラフマチャリヤ（禁欲）の遵守を決めた。この決定を下すにあたって、妻の合意を得なかったことは、しばしば批判されてきた。

ガーンディーの禁欲主義は、ある大義を遂行する際に性欲のコントロールが必須であるという思想に基づくが、これは女性に関わる問題で、ガーンディーに独特のスタンスをとらせることにつながった。例えば、ヒンドゥー寡婦の理想化、「売春婦」への徹底的な拒否感、人工的な産児制限への反対などである。

上位カーストの女性にとって再婚がタブーとされてきた長い歴史があるが、一九世紀以降、幼児婚を背景に多数の「処女寡婦」を生み出している現状を改善するために、初期の社会改革者たちは、寡婦の再婚運動をすすめた。ガーンディーは幼児婚に対して、それが幼いうちからの性生活を意味することからも絶対反対の立場をとり、処女寡婦の再婚はもちろん、成人した寡婦の場合でも、当人に再婚の意思があれば認められるべきだとの立場をとった。さらに、女性に再婚を許さないにもかかわらず、男性は自由に再婚するという性の二重規範も批判した。しかし、それと同時に、彼はヒンドゥー寡婦の禁欲的な生活を自己犠牲の精神として理想化する言葉をしばしば発したのである。例えば、彼にとって、「真のヒンドゥー寡婦は宝物である。彼女はヒンドゥー教がもたらす恩恵の一つである」というように。

一方、彼にとって「売春婦」はヒンドゥー寡婦の対極にあった。彼女たちへの極端ともいえる拒否感は、例えば、ベンガルのボリシャルでの事例で典型的に示された。彼は、当地で「売春婦」たちが国民会議派の旗のもと、社会活動にたずさわっていることを知り、怒りをあらわにした。彼によれば、自らの改革（「売春」からの離脱）を経たのちにはじめて、会議派の活動に参加できるのであって、彼は「売春婦」からの寄付も拒否した。彼にいわせれば、娼婦は盗人以下の存在であった。なぜなら、盗人は物品を盗むが、彼女たちは美徳を奪うからである。とはいえ、売買春を問題視する男性たちが、もっぱら「売春」を問題にする傾向に反して、ガーンディーは男性による「買春」も手厳しく批判した点を補足しておくべきだろう。彼は、女性の「貞節」を汚す責任は男性側にあるとしたのである。

一九三〇年代になると、エリート女性の間で、人工的な産児制限をめぐって論争が起き、産児制限運動で有名なマーガレット・サンガーも来印した。彼女はガーンディーとも対話する（一九三六年）が、ガーンディーは断固反対の立場をとった。生殖目的以外の性交を認めない彼にとって、人工的な産児制限とは、性的な享楽を許すものでしかなかった。彼が許容した産児制限の唯一の方法は禁欲だった。

非暴力を唱えたガーンディーが、例外的に「暴力」も許されるとしたのが、強かんの危機に直面した場面であるという点は注目に値しよう。彼によれば、死を恐れず全力で抵抗すれば強かんは防げるはずだったし、さもなければ、自ら命を絶つこともよしとした。

彼は晩年、ヒンドゥー・ムスリム間での暴力的な対立が深刻化し、自らの理想が瓦解する事態に直面したとき、ティーンエイジャーであった又姪マヌ・ガーンディーを裸で横に寝させ、自己の禁欲主義に試練を課すという「実験」を試み、非難された。彼にとって、セクシュアリティのコントロールがいかに大義の遂行に結びつけられていたかを示すエピソードであると思われる。

ガーンディーの遺産

ガーンディーは、同時代の政治指導者のなかで、最も意識的に女性に向けて覚醒と運動への参加を呼びかけた人物の一人であり、実際、絶大な反応を引き出した。女性の「個人」としての尊厳と自律性を認めたことを高く評価する研究者も少なくない。

彼のメッセージは実際にどのように受容されたのか、どの部分が、そして、どのように再解釈されつつ実践されたのか、まだまだ検証が必要である。中間層の女性から多くの信奉者を獲得したことは明らかであるが、彼女たちがガーンディーのジェンダー観をそのまま受動的に受け入れたわけではない。シーターなどの理想的なヒンドゥー女性像にせよ、夫への献身といった、貞女たちの「美徳」ばかりが強調されたのではなく、勇気の源泉とみなされたし、性的役割分業などを軽々と超越した女性たちも数多い。また、農村部における税不払い運動に参加した女性が「女性を弱き性と呼ぶのは侮辱である」というガーンディーの言葉を引いたという事実から、彼のメッセージが都市の中間層女性を超えて達していたことがうかがわれる。

彼の死からすでに七〇年以上経過するが、自然破壊を伴う開発主義への抵抗や、女性への暴力や既存の政治権力構造への異議申し立てを含む禁酒運動などにも明らかなように、ガーンディーは多様な運動の正当化やパワーのシンボルとして機能し続けるであろう。

（粟屋　利江）

世界社会フォーラムで、ガーンディー像を掲げて行進するホームレス支援団体（2004年、ムンバイー、井上貴子撮影）

参考文献

Joshi, Pushpa compiled. 1988. *Gandhi on Women*. Ahmedabad: Navajivan Publishing House.
Kishwar, Madhu 1985. "Gandhi on Women." *Economic and Political Weekly*, 20-40, 20-41.
Patel, Sujata 1988. "Construction and Reconstruction of Woman in Gandhi." *Economic and Political Weekly*, 23-8.

第7章

表象文化

タミル音楽祭における舞踊のデモンストレーション。かつて、舞踊はデーヴァダーシーと呼ばれる寺院付きの女たちによって伝承されてきた。いまや誰もが望めば学ぶことができる子女のたしなみとして定着している（2003年、タンジャーヴール、筆者撮影）

1．表象文化研究の目的と意義

「表象」とは

本章で扱うのは、主として、従来「芸術」の名のもとにくくられてきた諸ジャンル（文学、美術、音楽、演劇、舞踊など）である。最初に、「芸術」ではなく「表象文化（culture and representation）」という言葉をあえて用いることにした理由を述べておきたい。「representation」という英語は、従来は特に政治学の分野で間接民主主義の代議制に関わる用語としてよく用いられてきたが、本章では、この言葉を、日本で一九八〇年代から文芸研究の領域で議論されるようになった「re-presentation（外界の対象が知覚され、心の内に再び現れること）」の意味で用いる。

従来の研究では、「芸術作品」を外界に存在する研究対象として捉え、その美的価値を論じ、その際には作品が作者の意図を素朴に反映するものと前提する傾向が強かった。一方、「表象」とは「関係」を表す概念である。表象文化の研究とは、これらの作品を静的な対象として受容し鑑賞することではない。外界にある対象が聴覚や視覚など人間の感覚を通じて知覚され、それが再構築されて生み出されたイメージが、具体的な文化事象として現実空間に存在するに至る過程とそれを生み出す行為とを、人間社会の関係性の枠のなかに置き直して考察しようとするものである。

かつては、これら人間の生み出す文化事象のうち、美的価値が保証された「芸術」のみが研究対象とされ、それ以外は研究に値しないものとして切り捨てられる傾向にあった。もちろん、研究対象を選択するのも、その価値を決めるのも、人々の営みの一部にほかならない。従来の芸術学にみられた高踏的かつ限定的な研究枠組みから解放されてはじめて、あらゆる文化事象、映画やテレビからインターネットなど現代の多様なメディアを用いて表現される、視覚的、聴覚的、身体的、言語的……なイメージの意味生成作用に注目することができる。客観中立を使命とする新聞やテレビなどのマスコミ報道、政府関係機関の調査報告書、真実を伝えていると銘打ったドキュメンタリー映像も、ある特定の視点に基づいて切り取られ、再構築された表象文化の一部であり、美的表現を目的とした抽象絵画や、想像力を駆使したファンタジーなどと同列の地平で論じることができる。

多様なメディア空間で生成されるイメージのもつ権力作用、すなわち文化のポリティクスの研究にとって、ジェンダーの視点を組み込むことは非常に重要である。なぜならば、ジェンダー研究とは肉体的差異に付与された意味作用の権力性を扱う研究だからである。歴史上の「巨匠」たちが生み出した芸術作品も、娯楽目的の商業的なポップカルチャーも、フィクションもノンフィクションも、ファンタジーもドキュメンタリーも、同じジェンダーの権力関係に生きる人間の営みだという現実から逃れることはできないのである。

誰が表象するのか、誰を表象するのか

従来の芸術史は、偉大な芸術家の代表的な作品の歴史、すなわち、美的価値が保証された「カノン〔真作〕」の歴史として描かれ、これらの作品の作者の属性や社会的・文化的背景などは等閑視される傾向にあった。政治や社会から切り離された自律的な領域としての「芸術」という強固な枠組みの政治作用は非常に強力で、その結果、ジェンダーの視点からの研究は、現実世界の諸問題を直接扱う政治や経済など社会科学分野に比較して大きく後れを取った。しかし一九八〇年代以降、文学作品をジェンダーの視点から読み直すフェミニズム批評が活発になると、美術や舞踊、音楽などの非言語的芸術も次々と批評の対象とされるようになった。それでもなお、抽

象度の高い聴覚芸術、いわゆる音楽の場合は、歌詞や表題等に表れる言語的イメージや身体的表現に表れる視覚的イメージを手かがりとしないで、鳴り響く音そのものに付与されたジェンダー的意味作用を論じるのは困難である。実際、女性作曲家と男性作曲家の作品を、鳴り響く音響のみで区別することは不可能に近く、音楽そのものの分析にジェンダーの視点を組み込んだ研究はいまだに少ない。

いずれにせよ「カノン」の製作者や依頼主の多くは男であり、女は描かれる存在であっても描く側ではなかったことがわかる。すなわち「カノン」の歴史は男が鑑賞するために男がつくった作品の歴史であり、まなざす男とまなざされる女の関係の歴史と捉え直すことができる。そこにジェンダーの視点を組み込むためには、次のような関係性のなかに作品を位置づけ直して考察することが重要だろう。すなわち、男は男をどのように描いてきたか（自己イメージ）、男は女をどのように描いてきたか（他者イメージ）、男は男女関係をどのように描いてきたのか（関係のイメージ）である。

では、女は表現する主体ではなかったのか。芸術表現が男の特権だったわけではないだろう。女の作品は芸術的価値が低く、論じるに値しないものなのか。そのような「芸術観」こそは、ジェンダー・バイアスのかかった一種のイデオロギーとして問い直されるべきだろう。すなわち、表象文化のジェンダー分析においてもう一つ重要な視点は、「カノン」の歴史において無視されてきた、隠されてきた、見過ごされてきた女性作家、女性芸術家、あるいはセクシュアル・マイノリティの作家や芸術家の作品にも光を当てることである。こうして新たに歴史のなかに登場した作家や芸術家たちの営みについても、女が女を、女が男を、女が男女関係をいかに描いてきたのか、さらに、ＬＧＢＴがジェンダー関係をいかに描いてきたのかといった視点からも考察することが可能となり、「カノン」の歴史を相対化することにつながるだろう。

表象文化における南アジア的特質

前述のような表象文化のジェンダー分析は、南アジアばかりでなく、いかなる地域にもある程度共通するものである。しかし、これらの共通点を踏まえたうえで、南アジア特有の政治的・社会的・文化的状況を研究に組み込んでいく必要がある。近現代の女性の地位向上運動には、地域的特性を超えた共通の問題を追究する側面もあったが、南アジアの状況を詳細に検討するならば、家父長制と女性差別のような汎地域的な問題も、社会空間における意味作用は異なってくる。なかでも宗教的多様性（ヒンドゥー、ムスリム、その他の宗教）やカースト制度、言語や民族の多様性（南北インドの文化慣習の違いなど）は顕著で、そこから生じる婚姻慣習や家族観がジェンダーをめぐる諸問題を複雑にしている。

宗教に目を向けるならば、イスラームでは偶像崇拝が禁じられ、音楽は人の心を惑わすものとされてきたため、スーフィー（神秘主義者）による集団歌謡カッワーリーのような例外を除いて、宗教芸能は発展しなかったが、ヒンドゥー教では神々の世界が音楽や舞踊を伴いながら劇的に表現されてきた。寺院芸能はヒンドゥー教の世界観を人々に伝えるメディアであると同時に娯楽でもあった。主要な神々には妻や子があり、それが現実の家族観を反映すると同時に理想の家族像をも提供してきた。また、バクティ（コラム13参照）と呼ばれる帰依信仰においては、神々と信者との関係が男女の恋愛模様に例えて描かれ、歌われ、踊られてきた。ヒンドゥー教の神々の世界が提供する理想の家族像は、しばしば、家父長的規範を重んじる上位カーストの家族観と通底するものがある。女の美徳は貞節であり、最も重要な女の役割は男児の出産である。理想の夫婦を体現する男神と女神との婚姻は、しばしば寺院儀礼として盛大に祝われ、こうした価値観を社会に広めるのに一役かったといっても過言ではない。

ヒンドゥー教徒にとって婚姻は人生で最も重要な儀礼の一つで、盛大な音楽舞踊の上演を伴って挙行される。こうした人生儀礼の際には、しばしば芸能を生業とする特殊なコミュニティの人々の存在が重要であった。南インドでは、寺院に奉納されたデーヴァダーシー（コラム14、キーワード解説「デーヴァダーシー奉納禁止関連法」参照）と呼ばれる女たちは奉納の際に神と婚姻儀礼を行い、寡婦になることがないため「吉」なる存在とみなされ、寺院儀礼や年中行事、婚姻や子の誕生などの「ハレ」なる席には欠かせない存在であった。また、一般に女の身体や慣習を擬態するトランスジェンダーあるいは第三の性を生きる人々はインドに広く存在し、芸能を生業とすることが多い。なかでも**ヒジュラー**と呼ばれる人々は、カーストにも似た強固なコミュニティを形成し、研究者の注目を集めてきた。カースト制度は表象文化の担い手について考える際には特に注意を払うべき領域である。カーストは職業と密接に結びついており、多くの場合、芸能や美術工芸など伝統的な表象文化の担い手は、特定のカーストあるいはカーストに準じるコミュニティによって担われてきた。

以上のように、表象文化をジェンダーの視点から分析するためには、南アジアの社会的・文化的特質を組み込むことが不可欠なのである。以下の節では、文学、美術、音楽舞踊、映画ほか、に分けて、文献を紹介する。

2. 文学――フェミニズム批評と言語的表象

表象文化研究は、文学の分野におけるフェミニズム批評の登場とともに盛んになった。南アジアでも、当初は文学作品をはじめとする言語的表象のテクスト分析が中心であり、演劇や歌謡、口承文芸なども文字テクストに落とし込んで文学に準じて分析されてきた。この分野で顕著な影響力があったのは、**ガヤトリ・C・スピヴァク**による一連のポストコロニアル批評であろう。特に『サバルタンは語ることができるか』が、一九九〇年代以降のフェミニズム批評に与えた影響は大きい。本書は、**サティー**に焦点を当て、植民地支配者であるイギリス人男性による「インド人女性の救済」言説と、被支配者であるインド人男性による「寡婦の自由意思による身体の犠牲」言説のいずれもが、男性主体の言説実践の内部にあり、女性を客体化し、沈黙の彼方へと消し去っていることを明示している。彼女の考察は、サバルタン（1）の名のもとにくくられる、声をもたない匿名の民衆の声なき声を知識人が代弁＝表象することによって生じる権力関係に関する考察の一つの到達点だといえるだろう〔スピヴァク 一九九八〕。文学作品における女の表象と女性自身の書き物に関する研究のパイオニアとしては、C・S・ラクシュミーを挙げておく。彼女は、一九八四年、主に一九世紀以降のタミル語文学に描かれた女性像や女の書き物に関する研究書を出版〔Lakshmi 1984〕、「妥協なきフェミニスト」としてその後も精力的に活動している。また、「アンバイ」のペンネームで作家としても活動し、女性音楽家や舞踊家へのインタビュー集も出版している。英領期以降の文学作品の研究に比べて、それ以前に成立した現地語文献の研究は多くはないが、一八世紀、タンジャーヴール宮廷に仕えたトリヤンバカヤジュヴァンの『ストリーダルマパッダティ（女の法体系）』は、古代の法典類（コラム15参照）に記された伝統的な女の役割をまとめ、詳細に説いたサンスクリット語文献としてはほぼ唯一のものであり、サンスクリット学者でヒンドゥー法における女性の地位に関する研究で有名な、ジュリア・

（1）イタリアのマルクス主義思想家アントニオ・グラムシの用語に由来し、「従属的社会集団」などとも訳される。南アジアのナショナリズムの歴史叙述におけるエリート主義を批判し、声なき匿名の民衆であるサバルタンによる自律的な政治領域が注目されてきた。

レスリーによる英訳と解題が加えられて出版された〔Tryambakayajvan 1989〕。本書はインドの「伝統的な女性観」を知るうえでは最も重要な文献の一つである。

そもそも、女性はかつて、「書く」という表現手段をほとんどもっていなかった。今日、多くの女性作家が活躍し、ダリト女性の書き物にも注目が集まっているが、女が本格的に書き始めるのは、英領期に**女子教育**の重要性が認識され始めてからのことである。当時、教育を受けることができたのは一部の知識人に限られていたが、独立後は教育が徐々に普及し、女子の識字率が高まると女性読者を満足させる女性専門誌も増加した。女の書き物に対する関心を高めたのが、古代から現代に至るまでの女の書き物を英訳によって紹介したスージー・タールーとK・ラリターの編纂によるアンソロジーである。序論には同書を編纂するきっかけが記されている。二〇世紀前半にマドラスで活躍したデーヴァダーシー出身の歌手ナーガラトナーンマールは、一八世紀タンジャーヴール宮廷付きデーヴァダーシーのムッドゥパラニによるテルグ語詩を校訂出版したが、作品の内容が不道徳だとして発禁になった。その後処分は取り消されたが、結局、一般に出回ることはなかった〔Tharu and Lalita 1991, 1993〕。このことは女の書き物がいかに隠され、無視されてきたかを物語ると同時に、当時の女の価値——妻であり母である女と対極にある性的な存在としての女という二項対立を反映している（コラム17参照）。実際のところ、英領期以前の女の書き物は、二巻で一〇〇〇頁を超える同書の一〇分の一以下にすぎない。それでも、同書にはムッドゥパラニの作品をはじめ、古代では仏教の比丘尼たちやタミル語のサンガム文学まで収録されているばかりでなく、各時代の特質についても解説されている。

このアンソロジーには民謡の歌詞が収録されているのだが、名もなき女たちの口承文芸として注目すべき素材である。同様の方向性をもつ研究のなかで、スミタ－・テーワーリー・ジャッサルは、ウッタル・プラデーシュ州の下位カーストの農村女性たちによって歌われている民謡を収集し、日常的には決して語られることのないカースト、ジェンダー、セクシュアリティをめぐる権力関係が、北インドの農村社会の政治的文脈においていかに表現されているかを分析している〔Jassal 2012〕。同書が重要なのは、民謡を単なる口承文学としてテクスト分析を行うのではなく、どのような人々によって、どのような機会に、どのような形で歌われているのか、その文脈が明らかにされていることである。民謡のなかにサバルタンの声なき声を聞き取るためには、方法論的にフィールドワークとテクスト分析の組み合わせが有効であるといえるだろう。

3. 美術――身体の視覚的イメージ

非言語的イメージのうち、視覚的イメージは女／男の性徴が明確に刻印された、あるいは巧妙に権力関係が隠された身体性を写し取り、誇張し、変換し、再構築して現前させるものである。視覚的イメージとは、それを製作する者のみならず、鑑賞する者のまなざしのもつ意味作用の権力性、まなざされる身体の沈黙と主張を明らかにすることを目的とした表象文化研究にとって格好の素材である。ヒンドゥー寺院の壁面は多数の神々の石像や浮彫、壁画などによって飾られているが、これらは名もなき職人たちによって製作されてきたものである。大規模な寺院の場合にはパトロンとなった王朝あるいは王についての情報がある程度残されているが、製作者を個人として特定することは不可能に近い。したがって、美術史における「カノン」のように、作者と作品とを結びつけた分析とは異なった方法によらなければならない。もちろん、依拠すべき資料も異なってくる。「シルパ・シャーストラ」と総称されるサンスクリット語文献には、寺院の建築や彫刻、絵画などの造形芸術に関する規定が記されており、ヒンドゥー寺院や神々の図像の多くは、こうした規定に従った画一的な様式で製作されている。また、ヒンドゥー教および仏教の寺院や僧院の浮彫や壁画にはヒンドゥー神話や仏教説話の一場面、当時の人々の生活なども描かれており、それらを分析するためには文献上の知識も不可欠である。

ヴィディヤー・デヘージア編による、一九九四年にニューヨークで開催された「インド美術と美術史におけるジェンダー問題」に関する会議の成果報告書は、古代から現代まで多様な美術作品を、鑑賞と表象、まなざす者とまなざされる者という視点から分析した一〇の論文を収録しており、インド美術に関するジェンダー研究の総合的な取り組みとしては初期の重要な文献である〔Dehejia 1997〕。古代中世の寺院の壁面には数多くの女性像が刻まれているが、これについてデヘージアは、「シルパ・シャーストラ」は女性の有する豊穣と繁栄をもたらす力を重視しており、その結果、女性が「吉」なる存在とみなされるようになったため、寺院が女性像で覆われるようになったと論じている。これら古代中世の造形芸術を製作してきた職人たちのほとんどは、おそらく男だろう。では女たちは描いてこなかったのか。民俗的な絵画や図像に目を向ければ、女たちが常に描いてきたことがわかる。日本に最も優れたコレクションの存在するミティラー画(2)の描き手も、家の玄関先にアルパナとかコーラムと呼ばれる幾何学文様を描くのも女たちである。デヘージアの論文集には、民俗画の事例や、近代以降の女性画家たちの活動も紹介されている。

しかし、美術に関するジェンダー研究で注目されてきた問題は、古代の画一的な規定に基づいて描かれてきた女性の身体が、今日にいかに受け継がれ、あるいは再解釈されて提示されているかということであった。この分

ミティラー画「サラスワティー女神」
出所：筆者蔵

野への関心が高まり、研究に役立つ資料集がかなり多く編纂出版されるようになったことは有益である。プラーン・ネーヴィルによるインドの踊り子や歌手、娼婦を描いた絵画・彫刻・写真でたどる歴史〔Nevile 1996〕、マーラヴィカ・カルレーカルによる英領期インド人女性の写真集〔Karlekar 2006〕、フェミニズム系出版社の**カーリー・フォー・ウィメン**を継承する出版社ズバーンが編纂した女性運動のポスターでたどる近代史〔Zubaan 2006〕、アーウィン・ニューメイヤーとクリスティン・シェルバーガーの編纂による独立運動期の「**バーラト・マーター（母なるインド）**」をテーマにした大衆向け絵画集〔Neumayer and Schelberger 2008〕など、インド各地に散乱し通常まとめて見ることが不可能な作品や、これまで芸術的価値が認知されなかったため美術館の収集対象には入らなかった大衆向けの絵画や写真などが、特定のテーマに沿って編纂されている。

以上のような女の身体の視覚的イメージに焦点を当てた研究書のなかでは、カージュリー・ジャインがカレンダー・アートに描かれた図像を分析し、バーザールの大衆文化が宗教とナショナリズムとの結びつきのなかから発展してきたことを明らかにしている〔Jain 2007〕。スマーティ・ラーマスワーミは、母なるインド、バーラト・マーターのイメージを豊富な事例を提示しつつ分析し、視覚化されたナショナリズムの歴史を叙述している〔Ramaswamy 2010〕。また、パトリシア・ウベロイはカレンダー・アート、娯楽映画、雑誌の恋愛小説という三種類の大衆文化を分析し、近代化と国家建設の象徴として、女、子ども、家族がいかに描かれてきたかを鋭く指摘し、注目に値する〔Uberoi 2006〕。

（2）ミティラー地方（現ビハール州マドバニ県からネパールの一部）に伝わる絵画の様式。この地域の農村女性は、ヒンドゥー教の神々を幾何学文様などとともに、家の壁面に描いていたが、今日では紙や布に描かれたアートとして商品化されている。

4. 音楽舞踊――デーヴァダーシー研究を超えて

デーヴァダーシーは、寺院儀礼における音楽や舞踊の担い手として重要な存在であると同時に、英領期には婦女子の保護と売春防止（キーワード解説「売春防止関連法」参照）が議論される過程でインド特有の娼婦というスティグマを背負わされるようになった。そのため、一九八〇年代にジェンダー研究への関心が高まると同時に、歴史学、人類学、社会学等多様な分野から研究書が数多く出版されるようになった。初期の重要な著作として、サスキア・C・カーゼンブーム＝ストーリーは、一九世紀末から舞踊公演に反対する運動が最も激しく行われたタミル地方のデーヴァダーシーを吉なる存在として捉え直し、彼女たちの伝承してきた音楽舞踊の実際を、レパートリーなどを含めて、現地語テクストとインタビューに基づいて歴史的に再構成している〔Kersenboom-Story 1987〕。

デーヴェーシュ・ソーネージーは、従来のデーヴァダーシー研究を大きく三つの傾向に分けている。①植民地支配以前の過去のデーヴァダーシーに関する研究で、権力の中心に寺院が存在した中世、②デーヴァダーシーが社会改革の対象とされ、法的介入が行われた時代、③デーヴァダーシーの舞踊が台頭する都市ミドル・クラスによって伝統芸術となった「舞踊の復興」の時代である〔Soneji 2012〕。①に属する著作としては、レスリー・オールが寺院の碑文等の一次史料を積み重ねて中世タミル地方の寺院付き女性に焦点を当てている〔Orr 2000〕。②に属する著作としては、カイ・K・ジョーダンが、主に中央とマドラスの議会でかわされた議論を分析し、デーヴァダーシー制度が廃止されるに至った過程を描いている〔Jordan 2003〕。井上貴子は②と③を一つの論文としてまとめている〔井上 一九九八〕。これらを踏まえたうえで、ソーネージーが最も重視しているのは、「改革と復興」の時代を経てデーヴァダーシー制度が法的に禁止された後のデーヴァダーシー・コミュニティの実態であり、主にタミル・ナードゥ州とアーンドラ・プラデーシュ州沿岸部のフィールドワークに基づいて描いている。一方、現代のデーヴァダーシー問題として最も注目されてきたのは、主にカルナータカ州北部のイェランマ女神寺院にダリト女性が奉納されていることである。社会改革運動家たちはこれを売春問題として取り上げてきた。その多くは彼女たちを娼婦として描き出し、「改革」の対象として捉えているという意味で、英領期の知識人による社会改革運動の視点とほとんど変わるところはない。しかし、ルチンダ・ランバーグは、従来の研究があまり関心を寄せてこなかった、イェランマ女神寺院におけるデーヴァダーシーたちの宗教的儀礼の実践や生活をフィールドワークによって明らかにし、宗教と性と政治とが複雑にからみ合う現代社会において、デーヴァダーシー自身がカーストやジェンダーについて考え、知識を生み出す主体となっていることを強調する〔Ramberg 2014〕。

近年、関心が高まっているのは女性音楽家の伝記である。特に二〇世紀に活躍した著名音楽家の伝記として、ラクシュミー・スブラマニアンによるヴィーナー・ダーナンマール（一八六六～一九三八）の伝記〔Subramanian 2009〕、V・シュリーラームのナーガラトナーンマール（一八七八～一九五二）の伝記〔Sriram 2007〕を挙げておく。両者とも、一九世紀後半から二〇世紀前半のデーヴァダーシーが不道徳な社会悪とされ、音楽がエリート・ナショナリズムと手を携え「古典」として再編されていく時代に、デーヴァダーシー家系の出身者として、自らの受け継いできた伝統を守ることによって時代に抗ったのである（コラム14、キーワード解説「デーヴァダーシー奉納禁止関連法」「ルクミニー・デーヴィー」参照）。

二〇世紀後半になると、以上の二人とはむしろ対極にある戦略によって、すなわち、自らフェミニズム運動に積極的に関わりながら、新しいパフォーマンスを生み出す者が登場する。チャンドラレーカー（一九二八～二〇〇六）はそのパイオニアである。彼女は古典舞踊バラタナーティヤムとケーララの武術カラリパヤットを融合し、さらにヨーガの身体性を取り入れることによって、法典類が規定する伝統的女性観が確立する以前の女の身体を再生し、女の本来的な力を表現しようと試みた創作舞踊を次々と発表して、舞踊界の異端児となった。彼女はまた、詩人でありグラフィック・デザイナーでもあった。一九七〇年代、積極的にフェミニズム運動に携わるようになると、彼女の描いたポスターはこうした運動や雑誌の表紙を飾るようになった。**カーリー・フォー・ウィメン**のロゴマークも彼女のデザインによる。七八年、彼女は雑誌**『マヌシ』**創刊の際に表紙のイラストを依頼された。しかし、彼女の強調する「女の力」のイメージと、女性の地位向上と男女同権を求める運動を推進するフェミニストのイメージとの間のギャップは大きく、彼女のイラストが『マヌシ』の表紙を飾ることはなかった。ルストム・バルチャーによるチャンドラレーカーの伝記と作品紹介は、当時のフェミニズム運動のジレンマを象徴している〔Bharucha 1995〕。

フェミニズム運動のポスター展示（2004 年、ムンバイー、筆者撮影）

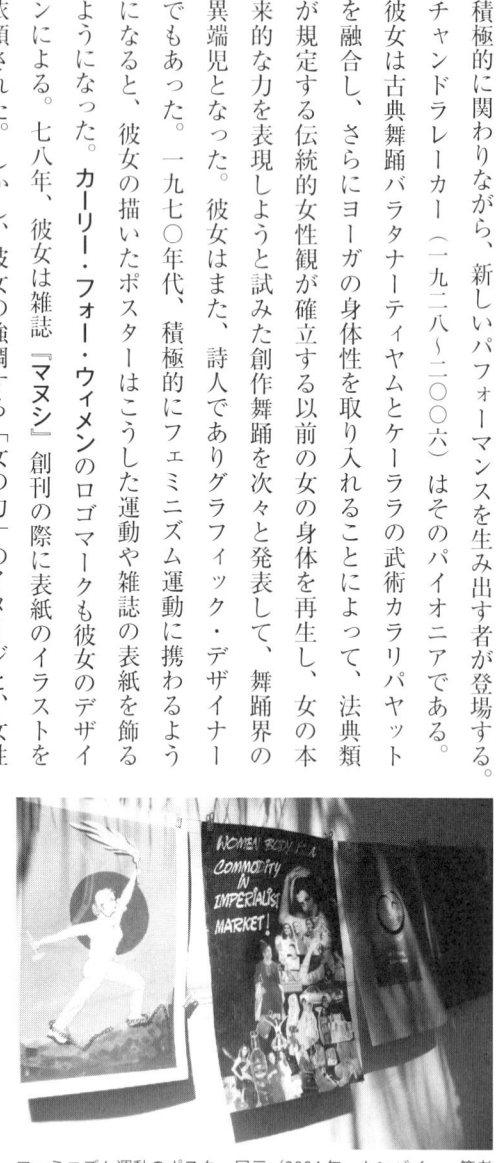

5．映画ほか——交錯するセクシュアリティ

近年、急速に研究が増加しているのが映画やテレビなどの娯楽メディアの分野である。インド娯楽映画は世界一の製作本数を誇るが、その研究は他の分野に比較して大きく立ち遅れてきた。その理由は、美的価値が歴史的に保証された「カノン」が支配する芸術研究の世界において、映画のような大衆娯楽は研究する価値があるとはみなされてこなかったからだろう。しかし、演劇、音楽、舞踊をはじめとする人間の身体に関わるパフォーマンスのすべてを含み、現実の世界を舞台にしながら理想の世界を描き出すインド映画は、表象文化研究の格好の対象である。今日では、最も注目を集める研究分野の一つであるといっても過言ではない（コラム19参照）。

レイチェル・ドワイヤーは、インド娯楽映画産業の中心都市、ムンバイーに居住する中間層の恋愛観を、欲望を喚起する産業としてのヒンディー映画と、それを消費する人々にゴシップやスキャンダルといった裏事情を届ける映画雑誌の記事を分析することによって明らかにする。従来、ヒンディー映画のヒロインは「母」か「遊女」であったが、都市中間層の個人主義と上昇志向に伴って、恋愛や結婚をめぐって家族の思惑と個人の感情との間で、いかに折り合いをつけるかといったテーマが増加していった〔Dwyer 2000〕。ニーパ・マジュムダールは、一九三〇年代頃からスター・システムが機能するようになったという。この時代、ハリウッド映画はすでに大衆の娯楽であったが、インド映画はむしろ知識人の文化であった。そもそも公的な場で歌ったり踊ったりする女は「遊女」か「娼婦」であり、ナショナリズムの高揚から印パ分離独立へという激動の時代を生きた女優たちに求められたのは、何よりもまず「モラル」であり、教養と品性と洗練といった高度な文化を体現する女こそがスターにふさわしいとみなされた〔Majumdar 2010〕。

その他のメディアのなかでは、アンム・ジョセフとカルパナー・シャルマーの編著が、英字紙から現地語紙まで新聞や雑誌のニュースを幅広く取り上げ、**ダウリー**や強かんから**シャー・バーノー裁判**やループ・カンワルの**サティー**まで、インドに特徴的な女性問題が活字メディアにおいてどのような視点から描かれてきたのかが分析されている。一九九四年に初版が出版された際、本書は大きな反響を呼んだ。しかし、九〇年代以降の経済と情報の自由化の時代、メディアの多様化とグローバル化の影響によって、インドの活字メディアも国際的な女性問題への取り組みや女性観の変化の影響を無視できなくなった。初版を大幅に改訂した第二版では、現代の社会変動を踏まえた分析の必要性を強調している〔Joseph and Sharma 2006〕。プールニマー・マーンケーカルによるテレビの連続ドラマの研究は、都市ミドル・クラスの女性視聴者に関して、彼女たちを取り巻く状況を含めて詳細に描き出した「厚い記述」の民族誌として重要である。八七年に大ヒットを記録した「ラーマーヤナ」をはじめ、国営テレビがゴールデンアワーに放送してきた娯楽的な連続ドラマは、家族、共同体、国民のなかで女性がいかにあるべきかを示そうとするが、多様な文化的背景をもつ視聴者は、必ずしも番組のメッセージをそのまま受け取らず、批判的に解釈するのである〔Mankekar 1999〕。

この他に、グローバル化する現代社会で注目される研究分野として外すことができないのは、第一に、移民問題であろう。テージャスウィニ・ニランジャナは、主に一九世紀にカリブ海地域に労働者として移民したインド人の子孫が人口の約四割を占めるトリニダードにおけるインド人観を読み解きつつ、今日のポピュラー音楽のなかに、「クーリー（荷物運び）の女」と呼ばれ、周縁化されてきたインド系の女たちの声を聞き取ろうとする〔Niranjana 2006〕。第二に、性的マイノリティあるいはLGBTの問題など交錯するセクシュアリティの表象をいかに読み解くかであろう（コラム2参照）。**ヒジュラー**は一九八〇年代以降、南アジア独特のトランスジェンダー・コミュニティとして注目を集めるようになった。その嚆矢《こうし》とされるのが、人類学者セレナ・ナンダの研究である

〔ナンダ 一九九九〕。それ以降、トランスジェンダー、クィア、LGBTの文化研究へと関心が広まっていった。ルース・ヴァニター編による論文集は、インド文化における同性愛表現という切り口から、文学や映画、演劇などを分析した論文一六本を収録しており、性的マイノリティ文化研究における分析素材の多様性、研究対象の捉え方や全般的な動向を知るうえで役に立つ〔Vanita 2002〕。女の同性愛を正面から取り上げた映画『ファイヤー』の上映後の出来事や論争はこの文献でも取り上げられているが、ショーヒニー・ゴーシュは、この映画をインド映画史上の「クィア古典映画」と位置づけることが可能だとしている。映画の上演とその後の論争が社会的・政治的に大きなインパクトを与えたことによって、同性愛が表舞台に登場し、クィア政治が活性化する一方で、娯楽映画は『ファイヤー』のように同性愛を直接描くよりは、同性の社会的連帯と性的関係との間を絶妙なバランスで表現する方向を模索する傾向にある。そこで問われているのは、むしろ、鑑賞者が表象文化を読み解く力であろう〔Ghosh 2010〕。なお、法律家のアルヴィンド・ナーラーインとクィア活動家のガウタム・バーンが、トランスジェンダー・コミュニティや同性愛差別の問題に取り組む二七人の声を集めた『私は声をもつのだから―インドのクィア政治―』は、実践的活動家の主張を知るための資料として重要である〔Narrain and Bhan 2005〕。

以上、限られた範囲で扱うことのできる文献は限定されるが、本章では、初期のパイオニア的な文献には可能な範囲で言及し、比較的新しい文献については重要な視点を提供するものを中心に取り上

世界社会フォーラムに参加したLGBTの活動家たち（2004年、ムンバイー、筆者撮影）

げた。また、表象文化をジェンダーの視点から研究するために有益な、近年編纂が進んでいる資料集にも言及した。今後の課題としては、デーヴァダーシー研究に著しく偏っている音楽舞踊の分野における研究の推進である。特定の民俗芸能における女性役割について論じた文献がいくつか存在するとはいえ、性別役割分担の叙述にとどまっている。特に、鳴り響く音そのものをジェンダーの視点に基づいて積極的に論じた研究はほとんどみられず、この方向性を追究する新たな研究の進展が望まれる。

井上　貴子

文献リスト

井上貴子　1998「南インドのデーヴァダーシー制度廃止運動—英領期の立法措置と社会改革を中心に」『史學雜誌』107-3。

スピヴァク，ガヤトリ C．（上村忠男訳）1998『サバルタンは語ることができるか』みすず書房。

ナンダ，セレナ（蔦森樹、カマル・シン訳）1999『ヒジュラー—男でも女でもなく—』青土社。

Bharucha, Rustom 1995. *Chandralekha: Women, Dance, Resistance*, New Delhi: HarperCollins Publishers.

Dehejia, Vidya ed. 1997. *Representing the Body: Gender Issues in Indian Art*, New Delhi: Kali for Women.

Dwyer, Rachel 2000. *All You Want is Money, All You Need is Love: Sexuality and Romance in Modern India*, London and New York: Cassell.

Ghosh, Shohini 2010. *Fire*, New Delhi: Orient Publishing.

Jain, Kajri 2007. *Gods in the Bazaar: The Economies of Indian Calendar Art*, Durham: Duke University Press.

Jassal, Smita Tewari 2012. *Unearthing Gender: Folksongs of North India*, Durham: Duke University Press.

Jordan, Kay K. 2003. *From Sacred Servant to Profane Prostitute: A History of the Changing Legal Status of the Devadasis in India, 1857-1947*, New Delhi: Manohar Publishers and Distributors.

Joseph, Ammu and Kalpana Sharma eds. 2006 (1994). *Whose News?: The Media and Women's Issues*, New Delhi: Sage Publications.

Karlekar, Malavika, 2006. *Visualizing Indian Women: 1875-1947*, New Delhi: Oxford University Press.

Kersenboom-Story, Saskia C. 1987. *Nityasumangali: Devadasi Tradition in South India*, Delhi: Motilal Banarsidass.

Lakshmi, C. S. 1984. *The Face behind the Mask: Women in Tamil Literature*, New Delhi: Shakti Books.

Majumdar, Neepa 2010. *Wanted Cultured Ladies Only!: Female Stardom and Cinema in India, 1930s-1950s*, New Delhi: Oxford University Press.

Mankekar, Purnima 1999. *Screening Culture, Viewing Politics: An Ethnography of Television, Womanhood, and Nation in Postcolonial India*, Durham: Duke University Press.

Narrain, Arvind, and Gautam Bhan eds. 2005. *Because I Have a Voice: Queer Politics in India*, New Delhi: Yoda Press.

Neumayer, Erwin and Christine Schelberger 2008. *Bharat Mata: India's Freedom Movement in Popular Art*, New Delhi: Oxford University Press.

Nevile, Pran 1996. *Nautch Girls of India: Dancers, Singers, Playmates*, New Delhi: Ravi Kumar Publishers.

Niranjana, Tejaswini 2006. *Mobilizing India: Women, Music, and Migration between India and Trinidad*, Durham: Duke University Press.

Orr, Leslie C. 2000. *Donors, Devotees, and Daughters of God*, Oxford: Oxford University Press.

Ramberg, Lucinda 2014. *Given to the Goddess: South Indian Devadasis and the Sexuality of Religion*, Durham: Duke University Press.

Ramaswamy, Sumathi 2010. *The Goddess and the Nation: Mapping Mother India*, Durham: Duke University Press.

Soneji, Devesh 2012. *Unfinished Gestures: Devadasis, Memory, and Modernity in South India*, Chicago: University of Chicago Press.

Sriram, V. 2007. *The Devadasi and the Saint: The Life and Times of Bangalore Nagarathnamma*, Chennai: East West Books (Madras).

Subramanian, Lakshmi 2009. *Veena Dhanammal: The Making of a Legend*, New Delhi: Routledge.

Tharu, Susie and K. Lalita eds. 1991. *Women Writing in India: 600 B.C. to the Present, Volume I: 600 B.C. to the Early Twentieth Century*, New Delhi: Oxford University Press.

Tharu, Susie and K. Lalita eds. 1993. *Women Writing in India: 600 B.C. to the Present, Volume II: The Twentieth Century*, New Delhi: Oxford University Press.

Tryambakayajvan 1989. *The Perfect Wife (Stridharmapaddhati), Translated from the Sanskrit with an Introduction by I. Julia Leslie*, New Delhi: Penguin Books.

Uberoi, Patricia 2006. *Freedom and Destiny: Gender, Family, and Popular Culture in India*, New Delhi: Oxford University Press.

Vanita, Ruth ed. 2002. *Queering India: Same-Sex Love and Eroticism in Indian Culture and Society*, New York: Routledge.

Zubaan 2006. *Poster Women: A Visual History of the Women's Movement in India*, New Delhi: Zubaan.

コラム17

ヒンディー文学と女性作家

現代ヒンディー女性作家――自伝と「ふしだら」論争

「最近のヒンディー女性作家たちは、自分が誰よりもふしだら（Chinãl）だということを競って証明しようとしている」

二〇一〇年八月、作家でありマハートマー・ガーンディー国際ヒンディー大学の学長でもあるビブーティ・ナーラーヤン・ラーイが、女性作家による相次ぐ自伝の出版をめぐって文芸誌のインタビューで発言した。続けて彼は述べる。「最近、大宣伝のもと過大評価されている女性作家の自伝が出版されたが、あれは『いくつものベッドで、何回も』とでも題名をつけたほうがいいんじゃないいか」

ラーイが指した女性作家には、同時代のヒンディー文学を代表する作家が並ぶ――アムリター・プリータム（一九一九～二〇〇五、一九六七年に自伝『領収書』）、クリシュナー・アグニホートゥリー（一九三四～、二〇一〇年に二冊の自伝『私の心ではないような』『そして別の女』）、マイトレーイー・プシュパー（一九四四～、二〇〇二年に自伝『人形の中の人形』）、マンヌー・バンダーリー（一九三一～、二〇〇七年に自伝的小説『これもまた一つのお話』）、プラバー・ケータン（一九四二～二〇〇八、二〇〇八年に自伝『その他から唯一へ』）。なかでもラーイが発言で暗示したのは、プシュパーの自伝であったとされる。

彼のこの性差別的な発言は「ふしだらな女、尻軽女」を意味するヒンディー語「Chinãl」が「売春婦」と英訳されたこととも相まって、非常に大きな反響を呼んだ。女性作家はもちろん、インド中の著名な作家や政治家がラーイを批判し、学長を辞めさせるよう主張した。文学界からの追放を主張する声まであったという。結果、ラーイは発言に対する謝罪を強いられ、いくつかのポストを辞することとなった。文学界の重鎮ラージェンドラ・ヤーダヴ（一九二九〜二〇一三）は、同志である女性作家に対するラーイの発言を強く非難している――「我々はラーイのこの無責任な発言を許すつもりはない。彼は厳しく糾弾されるべきだ……ラーイは数冊の小説を書き、一二年間も雑誌の編集を続けていた。だからこそ、彼は女性作家に対して、あのように酷い言葉を絶対に使うべきでなかった」。

ラーイの発言は非難の的となったが、同時にいくぶん同情的なコメントがあったことにも注目したい。ある男性ジャーナリストは、女性作家の自伝が性に関して赤裸々なのは事実であり、それは世間の関心を引くための自己表出だとした。つまり、読み手が女性作家の自伝に期待するのは彼女たちの私生活であり、さらにいうならば、スキャンダラスな男女関係の告白である。女性作家による自伝は男性作家のそれに比べて非常に少ないが、社会が過剰に反応するのは女性の自伝――特に男女関係をめぐる記述に対してである。ここに社会が女性に対して抱く理想、そして男女で異なる性規範のありようが見え隠れする。女は性をオープンに語るべきではない。女は性的に放埓であってはならない。女はふしだらであってはならない。女は性を享受してはならない……。

第一世代ヒンディー女性作家――覚醒への願い

ラーイの発言に明らかな、女性作家に向けられる視線、固定観念やタブーは、ヒンディー文学界に女性作家が登場して以来、脈々と続いている。前述の自伝をつづった作家たちはヒンディー女性作家の第二世代にあたる。一九五〇年代から活躍を始めた彼女らの初期の作品には、社会に進出した第一世代の女性が描かれてきた。作中、女性は夫や家への従属を息苦しく感じてもがいている。一九七〇年代以降、女性たちは徐々に自立への道を模索し始め、彼女らは主に外に向かい、社会と戦った。もっとも、それが詩であれ小説であれ、エロティックな描写はタブーであり、女性作家には男性作家に比べて大きな重圧と制約が課された。この制約に関しては、第一世代である**マハーデーヴィー・ヴァルマー**（一九〇二〜八七）が、すでに指摘している。「女性作家が女性について書けば、そしてそれが不幸な経験であれば、男性読者はそれを自伝的なものだとみなし、書き手を攻撃するためにそれを利用しようとする。女性作家が愛についての詩を書けば、それに対する返事としてラブレターを雨のように降らせる。そして女性作家がそれに抗議すれば、残酷で情け容赦のない言葉を彼女に浴びせるのだ」。女性作家には作品と自己とを切り離すことが許されず、また、作品テーマにも見えないタブーが存在し続ける。

詩の才能を高く評価されていたヴァルマーはまた、ヒンディー文学ではじめて女性の従属、自立といった問題を取り上げた作家でもある。一九三〇年代後半から人気女性雑誌の編集を務め、そこで女性に覚醒を促す論考をいくつも書いている。男性の影の中で生きてはならない、男の目線で世界を見てはならない、自身の存在と能力を正当に評価しなければならない、と女性たちに繰り返し呼びかけた。ヴァルマーと同時代の作家、詩人であり、非常に親しい友人でもあったスバドラー・クマーリー・チョウハーン（一九〇四~四八）もまた、女性が男性に従属している状況を批判し、女性に自立の必要性を訴えた。チョウハーンの「ジャーンシーの王妃」（一九三〇年）は、勇敢な王妃を謳い上げた勇壮な愛国詩であり、現在もなお、ヒンディー語圏で広く知られている。著名な教育者であり文学者でもあるチャンドラーヴァティー・ラカンパール（一九〇四~六九）もまた、その著作で女性は男性の所有物ではないと繰り返した。彼女の名を一躍有名にしたのは『マザー・インディアへの答え』（一九二八年）であるが、これは当時大ベストセラーとなったアメリカ人ジャーナリスト、キャサリン・メイヨーによる英領インドの視察レポート『マザー・インディア』（一九二六年）に対する異議申し立てである。ラカンパールはインドを独立に値しない後進性に満ちた社会だとするメイヨーの主張に一つずつ批判を投げ返し、『マザー・インディア』が偏見と憶測に満ちていることを示した。

ヴァルマー、チョウハーン、ラカンパールら第一世代のヒンディー女性作家たちは、女性の隷属を批判し、女性を鼓舞することを文学者としての自らの義務として書き続けた。しかし彼女らが奮闘した二〇世紀半ばは、北インド社会においてようやく女子教育の重要性が認められ、その普及が始まった時代である。伝統的なインド社会において、女子の識字は不要なものとされ、さらには不貞につながりかねないとその文字習得は忌避される傾向にあった。一九三〇年の調査によれば、連合州の就学年齢女児のうち、教育を受けていたのは四%にすぎないというデータも存在する。このような状況下、ヒンディー文学界で活躍する第一世代の女性作家たちが、例外的な存在であったことは想像に難くない。彼女らの存在だけでなく、その主張は、当時として非常に革新的なものであり、ゆえに現実と乖離していたことは指摘しておく必要があるだろう。

新しい世代の作家たち――変わらないもの、変わりゆくもの

今日のヒンディー文学を代表するアルパナー・ミシュラ（一九六九～）は、ヒンディー文学界で今、最も高く評価されている新進作家の一人である。評論家のみならず、第二世代のいわゆる先輩女性作家たちからも高い評価を受けている。ミシュラはデリー大学で教鞭をとりながら、現代インドの様々な社会問題をテーマに、自身の体験や入念な調査をもとに作品をつくり上げる。彼女の作品が取り上げる社会問題の多くは、既婚女性が直面する問題である。

ミシュラが描く女性たちを前の世代の女性作家作品と比べると、彼女らが直面し戦うべき問題が、より複雑なものとなっていることに気がつく。女たちは外で働き、家では家事や育児に孤軍奮闘する。通勤途中にはバスに乗り合わせた男たちからのセクシュアルハラスメントめいた行為に耐え、会社では同僚の無理解に唇を噛みしめ、家庭では夫からのいわれのない嫉妬をやりすごさねばならない。また多くの作品において妻と夫は対等ではなく、妻は夫から経済支配されるか、あるいは自分の稼いだ給料であっても、夫の「許可」なしにそれを使うことができない。さらにミシュラは、性に関する問題も果敢に取り上げる。独りよがりな性欲を押しつける夫、幼児性愛者の夫、不貞を悪びれない夫、外でセクシュアルハラスメントを繰り返す夫、妻に全裸での生活を強いる夫……。

これら性が描かれた作品において、どの女たちも性を享受することはない。彼女らはただ屈辱に耐えるか、性欲を否定し忌避するか、罪悪感にさいなまれながら自身を慰めるだけだ。その姿を通して我々は、現代インド社会が期待する女性像を想像することができるだろう。女たちは家父長制社会が押しつける固定観念と戦う。それだけでなく、このままでよいのかと葛藤し、自身の内面とも戦わねばならないのだ。

書き手にとっても社会から押しつけられる固定観念に大きな変わりはなく、女性作家が自由に作品を書きづらい状況は続いている。性の問題を扱った作品は、雑誌に掲載されるまでも、掲載された後も騒動を引き起こす、と筆者との対話のなかでミシュラは苦笑交じりに語った。しかし、それでも自分は書くべき作品を書く、必ず受け入れられるから、というミシュラの力強い言葉のとおり、彼女の作品は世に出、高く評価されている。後進の女性作家の複数名が家族の反対に屈して筆を折っていくことを、ミシュラは我がことのように嘆いた。また、ヒンディー文学ならびに女性作家の地位の向上と団結のため、いくつかプロジェクトを構想中だと熱く語った。精力的に活動を続けるミシュラの姿に、ヒンディー文学と女性作家の発展を期待せずにはいられない。

（小松 久恵）

参考文献

小松久恵　二〇一五「女が「私」を描くとき」粟屋利江・井坂理穂・井上貴子編『現代インド5　周縁からの声』東京大学出版会。

Jain, Jasbir ed. 2007. *Growing Up as a Woman Writer*. New Delhi: Sahitya Akademi.

Tharu, Susie and K. Lalita eds. 1993. *Women Writing in India: 600 B.C. to the Present, Volume II: The Twentieth Century*. New Delhi: Oxford University Press.

コラム18

華麗なるミス・インディアの世界

インド版『ヴォーグ』創刊

二〇〇七年一〇月、世界で最も影響力のある月刊ファッション誌『ヴォーグ』のインド版が創刊された。ドール顔で有名なスーパーモデル、ジェマ・ワードとともに創刊号の表紙を飾ったのは、インドを代表するモデルでボリウッド（コラム19参照）・セレブ女優のビパシャー・バースーとプリヤンカ・チョープラーだった。『ヴォーグ』は創刊一〇〇年以上の歴史をもつアメリカの雑誌で、今日、日本を含む二三カ国で各国版が刊行されている。インド版『ヴォーグ』の創刊は、インドが完全にグローバルなファッション業界への参入を果たしたことを象徴する出来事として記憶されることとなる。

近代以降、容姿や服装など外見に気を使うことはますます女の領域とみなされるようになった。かつては、ヨーロッパの王族もインドのマハーラージャも豪華な衣装を身に着けたものだが、高度資本主義・大量消費社会では、男は主に会社からもらう給与の額で評価され、服装は暗色のスーツにネクタイと以前に比べて単調になった。一方、女は消費者としてファッション・美容業界の主要ターゲットとなった。女性誌はきらびやかにあるいは軽やかに着飾った女たちの登場する広告や特集記事であふれ、女たちの消費意欲をかき立てる一方、男性誌は資産運用の記事であふれた。外見重視で判断されがちな女は、ファッションを自らのアイデンティティの表明として、ある意味、男よりずっと自由に操作しているようにみえるかもしれない。しかし、王族の時代も現代も、服装における男／女の区別はなくなったことがない。異性装が馴致化された男と女の社会秩序を攪乱する特別な意味をもつのはこのためである。ファッションはジェンダーと分かちがたく結びつきながら、人々のまなざしを刺激する。そこで、現代インドのファッション産業のグローバル化とその広告塔となって活躍するファッション・モデルを生み出す「ミスコン」というシステムに焦点を当てることで、現代インドが理想とする女性像の両義性がはらむ問題について考えてみたい。

ファッション産業のグローバル化

一九八〇年代頃まで、インドでは、既婚女性が民族衣装のサリーを身に着け、未婚女性が好んで着るのはパンジャービー・ドレス（シャルワールと呼ばれるパンツとカミーズと呼ばれる長めのチュニック）が当たり前だった。イギリスによる植民地支配とそれに対抗する反英ナショナリズムを経験した結果だろうか、「母なるインド」はサリーを身に着けた女神によって象徴された。洋装は男たちには広く普及したが、伝統を背負わされた女たちは、民族衣装を身に着けるのが当然とされてきた。足が見えるスカートは「西洋化したふしだらな女」の象徴として敬遠され、子どもと一部のキリスト教徒の間でのみ広まった。もちろん、「伝統」を背負った一枚布のサリーにも、欧風の色柄が取り入れられたり、安くて丈夫で洗濯してもしわになりにくい化繊が使われたりと常に変化してきた。また、サリーは一枚布であるからこそ、下に着るブラウスや巻き方には無限のバリエーションがあって楽しめる。

インドの民族衣装は欧米の若者のファッション・センスを触発し、欧米デザイナーのエスニック趣味を喚起し、ハイブリッドなアイデアの源泉としてしばしば流用されてきた。一九六〇年代後半のヒッピーたちが好んだサイケデリック・ファッションはその典型だろう。しかし、欧米のエスニック・ファッションはあくまで欧米の流行文化の枠組みの範囲にある。当時インドにやって来た欧米の若者たちが、ヒッピー風ファッションを購入したからといって、インド人はその主たる消費者ではなかった。

このような状況が徐々に変化するのは、インド経済が自由化の道を歩み始める一九八〇年代中葉以降のことである。リトゥ・クマールは、現代インドのファッション産業グローバル化のパイオニア的デザイナーの一人である。彼女は一九六九年にデザイナーとしてのキャリアをスタート、インドではじめて自らの名をブランド名に冠した「ブティック」を各地にオープンし、海外でもいち早く店舗を展開した。また、インドの手工芸復興運動に刺激を受けて、伝統的なブロックプリントの技法を研究、民衆の間で伝承されてきた染色や刺しゅうなどの技法やデザインに目をつけ、都会的なテイストに仕上げた。王族たちが結婚式に着用していたような豪奢な花嫁衣装、ビーズ刺しゅうをふんだんに施したレヘンガー（スカート）、チョーリー（ブラウス）、ドゥパッター（スカーフ）のセットは彼女が得意とする分野で、ミス・インディアの衣装も数多く手がけてきた。

　伝統を再発見し、現代的テイストに再編し、新しいデザイナーズ・ブランドの商品としてグローバルに流通させるという彼女が推進した方法は、消滅の危機にある伝統的な職人の技術を保護育成するためにも有効な手段と捉えられている。国立ファッション技術学校でもこの方法を導入している。ファッション産業の発展においては、グローバルな市場に参入可能な商品を生み出す技術の向上ばかりでなく、伝統技術の再発見とその継承が重視されているのである。

ミス・インディアのつくり方

　一九五九年創刊の女性誌『フェミナ』は、六四年から毎年ミス・インディア・コンテストを主催し、優勝者をミス・ワールドやミス・ユニヴァースといった世界的なミスコンに送り込んできた。八〇年代まではインド人が上位に食い込むことはまれだったが、九四年、ミス・インディア優勝者スシュミタ・セーンがミス・ユニヴァース、僅差で2位になったアイシュワリヤ・ラーイがミス・ワールドと、二人同時に世界一の栄冠を勝ち得た。彼女たち

『フェミナ』ミス・インディア・コンテストの様子。この頃からミスコンへの注目度が高まる（*Femina*, February 23, 1996.）

は、その後モデルや女優として大活躍することになる。

少女たちは、この二人をロール・モデルに、ミスコンを勝ち抜いてモデル・デビューし、ゆくゆくはボリウッド・セレブになる日を夢見て、涙ぐましい努力を続けることになった。ミス・インディアの応募資格は、二五歳以下の独身女性で身長が五フィート七インチ（約一七〇センチメートル）以上、予選を勝ち抜き最終決戦に臨む候補者二三名は、三〇日間にわたってムンバイーのホテルに缶詰めにされ、ミス・インディア・トレーニング・セミナーを受ける。一日二回のフィットネス、食事はすべてダイエットの専門家によって各自の減量目標（まれに増量も）に合わせて準備される。とにかく、インドの美容・ファッション・映画業界を代表する超一流の専門家たちが総力を結集し、ミスコンを勝ち抜ける「理想の女」をつくり上げるのである。

では、ここでいう「理想の女」とはどのようなものなのか。それは「世界的なミスコン」を勝ち抜くことのできる「インド代表」である。つまり、インドで最もコスモポリタンな大都市ムンバイー郊外の住民――典型的な都市中間層出身で『フェミナ』のミス・インディアを勝ち取ることのできる女である。具体的には、ドレスも水着もインドの民族衣装も着こなせるような、適切なダイエットによるスリムでメリハリのあるボディに、白く透明な美肌とツヤのあるストレートな黒髪をもち、高い教養と自立した精神、洗練された話しぶりと上品な身のこなしを兼ね備えている女である。

たった一カ月という短期間で、ごく普通の少女たちを劇的に変身させるこのプログラムは、ファッションや美容の国際的なトレンドを読み解き、それをインドの都会の文脈に変換する能力をもった専門家の手で進められ、参加する少女たちに厳しい制約を課し、絶対的な服従を強いるものである。もちろん、まずもって重要なのは容姿だが、特にインドの場合は色白が美人の絶対条件となってくる。少女たちのほとんどは、美容整形・美容皮膚科の医師の手で美白治療を受けることになる。実際には、世界大会で好成績を残すミスのなかには色黒の肌の持ち主が増えているにもかかわらず、インド人の美白信仰は衰えをみせていない。とにかく、こうした厳しいプログラムの成果が現れ、ミス・インディアは次々と世界大会で好成績を残すようになった。インド版『ヴォーグ』創刊号の表紙を飾ったプリヤンカ・チョープラーも、二〇〇〇年のミス・ユニヴァース世界大会優勝者である。

かつてミスコンは、フェミニストたちから「女の身体の商品化」として批判されてきた。一方、インドの伝統主義者たちは、世界のミスコンの水着審査といった、肌の露出を嫌う伝統的なインド人女性の衣装とはかけ離れた服装を、「西洋化したふしだらな女」のものとして批判した。とはいえ、ミスコンには、一人の女が自らの力で経済的・社会的に自立するためのステップとして、十分に利用価値があることも確かである。ただし、その道のりは厳しい。彼女たちは、才色兼備のインド美人を世界標準とすべく、ハイブリッドな現代インドのファッションをグローバルに売り込むべく、インドの文化伝統と西洋近代の双方を一身に背負い、自立しながら家庭的であり、社会活動で高い評価を得ながら男のまなざしをも満足させる女性性を兼ね備えた存在として立ち振る舞うという、非常に困難な任務を引き受けなければならない。

さらに、ミス・インディアからボリウッド・セレブへの過程は、現代インドが理想とする女性像の画一化を示唆している。ボリウッド・セレブの対極には、憐憫《れんびん》と救済の対象であり続けてきた農村の貧困に生きる女たちの存在がある。華やかな道の陰で、彼女たちはますます他者化され、不在化され、可能性が閉ざされていくのだろうか。

（井上 貴子）

参考文献

国立民族学博物館編 二〇〇五『装うインド――インドサリーの世界――』千里文化財団。

Dewey, Susan 2008. *Making Miss India Miss World: Constructing Gender, Power, and the Nation in Postliberalization India*, New York: Syracuse University Press.

Sandhu, Arti 2014. *Indian Fashion: Tradition, Innovation, Style*, New Delhi: Bloomsbury.

コラム19 インド娯楽映画の検閲と性表現

ボリウッドとキスシーン

ヒンディー語の娯楽映画は、主にボンベイ（現ムンバイー）で製作されてきた。アメリカ映画産業の中心地ハリウッドとボンベイをもじって、一般にインド娯楽映画は「ボリウッド」と呼ばれている。一九八〇年代頃まで、ボリウッド映画の恋愛シーンは、唇と唇が近づくと急に場面転換して、恋人同士がお花畑や公園など美しい場所で歌うデュエットシーンに変わり、キスシーンはご法度だった。成人映画でさえも、日本人の感覚からすると成人指定が不思議に思えるようなレベルで、素のままの性表現はなかった。洋画では、セミヌードやキスや性行為は無造作にカットされて、プチッという雑音が入っていた。インドにおける映画の検閲は性表現に非常に厳しい一方、暴力表現については比較的ゆるいと感じた。当時を代表するアクション・スター、アミターブ・バッチャンとダルメーンドラが主演した『炎』（一九七五年）の大ヒット以来、バイオレンス・アクションが流行していたせいもあるだろう。敵が傷だらけ、血だらけになるまでしつこく殴るといった暴力シーンが何分も延々と続き、思わず顔をそむけたくなったものである。勧善懲悪を目的とした暴力は正義だが、国家に対する暴力はカットされるわけだ。

九〇年代に入る頃からは、経済開放と情報の自由化に伴って性表現に対する検閲は以前と比較してゆるくなり、キスシーンは増加した。ビデオが普及し、テレビのチャンネルが増え、家庭で気軽にノーカットのハリウッド映画が鑑賞できるようになると、インド映画も性表現に厳しい規制をかける意味が薄れていった。筆者自身、ホテルのテレビでボリウッドでもハリウッドでも見られるようになって、映画館に行く回数が減っていった。チェンナイでフィールドワークをしていたとき、友人に最近流行りの映画を見にいこうと誘われ、久しぶりに映画館に出向いた際に見たタミル語映画『幸福』(二〇〇〇年)のキスシーンは、よく覚えている。お互いに好きなのに顔を合わせれば喧嘩ばかりしている男子学生と女子学生が、最後に結ばれるというたわいない学園恋愛コメディーなのだが、ラストのキスシーンで画面が止まり、そこで映画のエンドクレジットが流れる。と同時に館内は、口笛と歓声に包まれた。きっとインドの若者はこのシーンを待ちかねていたのだろう。友人は、唇がふれるのはよいがフレンチキスはダメなのだと説明した。インド映画の検閲を問題にする際には、キスシーンが性表現の境界線上にある行為として話題になりやすい。

映画の検閲

一九五二年、シネマトグラフ法によってインド国内で映画を公開する際には情報放送省の管轄下にある検閲局(中央映画認可局)から許可を得なければならなくなった。映画製作は民間セクターだし、最初から海外での公開を目的とする場合や自主製作など、検閲局を通さない作品も多数存在するが、原則として検閲局から公開許可書を得る必要がある。すなわち、映画の製作は民間でも公開は実質的に国家の管理下に置かれてきたのである。一方、日本の映倫は業界によって自主的に設立された任意団体であり、国公営機関ではない。

インドにおける映画の公開許可区分は、当初はU(制限なし)とA(一八歳以上の成人指定)の二区分のみだったが、一九八三年にU/A(一二歳以下は保護者の指導が必要)とS(医者や科学者等特殊な視聴者に限定)の二つの区分が加わり、全部で四区分となった。この区分の判断基準はシネマトグラフ法に定められているわけではなく、情報放送省の通達に、社会価値に対する責任、表現と創造の自由、社会変化に対する責任、健全な娯楽、美的価値という五つの目的を実現するための二一項目が列挙されている。具体的には反社会活動、子ども・障害者・動物虐待、過度の暴力、酒・薬物使用、わいせつ表現、性交渉、女性の侮辱、個人・団体に対する名誉棄損、宗教・国家等への反逆等の表現に規制をかけるものだが、現実的には、検閲局のメンバーの判断に一任されており、社会状況に伴って変化する。

実際、テレビのチャンネル数が著しく増加し、インターネットへのアクセスが容易な時代に、反英ナショナリズムの頃からの法律に基づいて設置された検閲局が、彼らの基準に合わない映像公開を差し止めることなど不可能に近い。例えば、二〇一二年に起こったデリーの強かん事件を追ったＢＢＣのドキュメンタリー『インディアズ・ドーター』（二〇一五年）はインドでのテレビ放映が禁止され、YouTubeも削除命令に応じたが、すぐさまネット上に動画が拡散したため、全編を簡単に視聴することができた。また、検閲を通じた国家介入は、憲法第一九条に定められた表現の自由に違反し、映画の一般公開の判断は業界の自主規制に任せるべきであるとの議論も根強い。このような世論に押され、情報放送省の態度も軟化しつつある。二〇一三年、デリーで「カット・アンカット」と題された映画フェスティバルが開催されたのも、こうした流れを背景としている。このフェスティバルのハイライトは、なんといってもインド映画初の最長のキスシーン？　として話題になった『カルマ』（一九三三年）のラストシーンだった。この映画は海外向けに製作され、セリフは英語、ロンドンで初公開されたのだが、インドでは、問題のシーンがカットされたヒンディー語版が公開された。英語版は二〇一三年まで公開されなかったのである。次に、境界線上の性表現が問題視された作品のなかから、著名監督による古典的名作を具体的に取り上げて考えてみたい。

女の価値は身体か心か

独立前から今日までボリウッド映画業界に君臨してきたのがカプール家である。二代目のラージ・カプールは今日の一族の繁栄の礎を築き上げた人物で、「インドのチャプリン」とも呼ばれ、俳優、製作、監督としてインド娯楽映画史を語るうえでは欠かせない存在である。彼の関係した作品には、当初は愛国的なものが多かったが、一九七〇年代後半に入ると、過酷な運命に立ち向かう女性を主人公とした作品を次々と製作するようになった。彼の作品のなかで強いヒロインを演じてスターの座に上り詰めた女優も多い。一九七八年の映画『真・神・美』の主演女優のズィーナト・アマーンはその代表ともいえる存在である。

村の寺院司祭の娘ルーパーは歌の上手な少女だったが、子どものときに顔に鍋の油がかかって大やけどを負った。ルーパーは美しい娘に成長したが、顔の半分には醜いケロイドが残っていた。ダム建設のために村にやってきた技術者のラージーヴはルーパーの歌声に魅せられ、ケロイドのある顔半分を隠した美しいルーパーを見て結婚を望む。ルーパーは本当のことをいえないまま結婚式を迎え、そこで醜いケロイドがばれてしまう。ラージーヴはルーパーをないがしろにする。そこで、ルーパーは美しい顔の恋人と醜い顔の妻との二役を演じた。ある日、村に大雨が降り、ダムが決壊して洪水が襲う。ラージーヴは混乱のなかでルーパーの歌声を聞き、彼女を濁流から守り、心の美しさこそ最も大切だと悟る。

映画の主題は、「外見より心が大切」という普遍的な人間性を賛美するものであったし、著名監督の新作ということで大いに期待されたのだが、A指定の成人映画として公開されたこともあって、興行成績は散々なものだった。そもそもA指定を受けると、それだけで観客の多くを失うことになる。当時、この映画は大いに議論を呼ぶこととなった。その原因は、主人公を演じた女優ズィーナトのあまりにもセクシーな衣装やしぐさと、当時は珍しかったキスシーンが登場することだった。例えば、主題歌「真・神・美」を歌うシーンでは、白くて薄い木綿のサリーの下に何も着けず、足が見えるほど短く着ている。そんな姿で寺院内のシヴァ・リンガを手で撫でまわし、頬ずりする。別のシーンでは白いサリーが水にぬれて体にぴったりと張りつく。その後、水に濡れた薄い木綿の衣装は女優のセクシーさを強調する定番衣装となった。ちなみに、この映画は、現在ではU／A指定となっている。

当時としては過剰な性描写や露出度の高い衣装を嫌がり、何人もの女優が出演を断ったという。最終的に出演を承諾したのがズィーナトだった。彼女はなぜこの役を引き受けたのか。A指定の映画に出演することは女優イメージのうえでは両刃の剣である。これには彼女の生い立ちが大きく関係しているだろう。彼女は早くに父を亡くし、母はドイツ人と再婚、しばらくドイツに住んでいた。インドに帰国後も南カリフォルニア大学に留学経験があり、海外での生活が長かった。彼女は雑誌『フェミナ』の記者を経てモデルの仕事に就き、一九七〇年にはフェミナ・ミス・インディア第二位を経て、ミス・アジア・パシフィックの栄冠に輝いた。その後、映画界に進出、美しさとスタイルのよさに加えてモダンなズィーナトはアイドル的人気で、『スターダスト』をはじめ映画雑誌のカバーガールとして活躍した。

彼女は、伝統的なインド女性の画一化されたイメージ――控えめな恋人や貞淑な妻――とは対極にある欧米化され自立した女のアイコンとなり、セックス・アピールばかりがクローズアップされていった。保守的なインド人から厳しい批判を受けながら、その後も彼女は伝統的女性像からかけ離れた女を演じ続けることになる。こうして、興行成績が不振だったにもかかわらず、この映画によって彼女は一挙に有名女優の仲間入りをし、その後、映画自体の芸術性も再評価されることとなった。

結局、性表現に対する検閲は、まなざす男の視線と、まなざされる女の身体の二項対立的な関係性を強化しただけではなかったのか。『真・神・美』の公開から数十年が経過し、ズィーナトの開いた路線を行く女優が確実に増え、情報放送省の態度が軟化したからといって、女の選択肢がどれほど増えたといえるのだろうか。現状の検閲をめぐる議論の性格も、『真・神・美』の時代からあまり変わっていないように思える。

（井上 貴子）

参考文献

Central Board of Film Certification, Ministry of Information and Broadcasting, Government of India, http://cbfcindia.gov.in/ 二〇一六年一一月二二日アクセス。

Gabriel, Karen 2010. *Melodrama and the Nation: Sexual Economies of Bombay Cinema 1970-2000*, New Delhi: Women Unlimited.

Mehta, Monika 2011. *Censorship and Sexuality in Bombay Cinema*, Austin: University of Texas Press.

キーワード解説

◇事項編

◇人名編

親と高齢者の扶養と福祉法

Maintenance and Welfare of Parents and Senior Citizens Act

この法律は二〇〇七年に制定され、高齢者本人と財産相続の関係にある子や孫、その他の親族に扶養を義務づけたものである。高齢者に対する食事や衣類、居住場所の提供および医療サービスへのアクセスの確保を含む義務を果たさない場合、高齢者は子や親族に対して訴訟を起こすことができる。裁判所からの命令を無視して扶養義務を怠った場合、刑事責任を問われ、最大で三カ月の禁固刑、もしくは五〇〇〇ルピーの罰金を科せられる。

本法律が制定された背景としては、近年、成人した子どもによる高齢家族の虐待やネグレクト、土地や財産の搾取など高齢者に対する不当な扱いが問題化されている事実がある。かつてのインド社会では大家族で暮らし、年老いた親は尊敬の対象として手厚く扱われ、特に家族内の女性が世話や介護といったケアの中心的役割を担ってきた。ところが経済の自由化以降、若年層が地方から大都市や海外へと移住するようになり、核家族化への移行が急速に進んだ。また、都市部では夫婦共働きの世帯が増え、年老いた両親の世話を引き受ける要員の確保が難しくなった。さらに、家族関係そのものが希薄化しつつあり、高齢者に対するケアの質の低下が目立ってきて、こうした高齢者をめぐる切実な問題に対応すべく制定されたのがこの法律である。

しかし本法律は、その認知度の低さや、実際に親が子を訴えられるのかといった実行可能性の低さが問題視されている。実際に二〇〇七年の制定以降、訴訟や判決に至るケースはきわめて少なく、訴訟や判決に至っても、裁判所の判決を遵守しているかを監視することは難しい。また、かりに高齢者の衣食住という実質的な保証はできても、精神的な虐待や家族からの孤立など生活の質の保証までは難しく、引き続き虐待に苦しむ高齢者も少なくない。他方、扶養する側にとっても、生計にかなりの余裕がないかぎり、特に病気や障害を抱える高齢者の介護と自らの生活の両立は困難であり、政府に介護の施設やサービスの充実化を求める声も高まっている。だが、政府による高齢者の社会保障制度や介護制度の整備は大幅に遅れているのが現状であり、本法律は法的な拘束力のもとで、子が親を敬い、老齢の親を手厚く扱ってきたインド社会の伝統的な家族のあり方や役割を国民に喚起し、政策上ではまかないきれない高齢者の保障を国民自身に負担させるものであるといえる。

（菅野　美佐子）

家族関連法（婚姻・離婚法・相続法など）

統一民法典の制定が実現されないなかで、①すべての国民が適用を求めることができる世俗的な法、②特定の宗教集団に適用され法源として宗教・慣習を基礎におきつつも近代的な人権や平等なども加味して近代法として法制化された法、さらに③法律としては整備されておらず基本的には宗教法として運用されている法が併存する状況が続いている。前二者は、基本的には近代法であり、一夫多妻の禁止や離婚の法的認証、女性の財産権・相続権の保証などが含まれている。第一のグループの例としては、「市民婚」などを定めた特別婚姻法が、第二のグループとしては、ヒンドゥーを対象とする一連の法律、すなわち「ヒンドゥー婚姻法」「ヒンドゥー相続法」「ヒンドゥー養子および扶養法」「ヒンドゥー未成年および後見法」などがある。第三のグループ、すなわち現在に至るまでも近代法として整備されていないのが、ムスリムに適用されるイスラーム法である。ただし、離婚については、ムスリム女性（離婚時の権利保護）法が成立している。また二〇一七年、アラビア語で離婚を意味する「タラーク」を夫が三回唱えれば離婚できるという慣習は、最高裁で違憲とされた。

こうした状況の背景には、民法の扱う諸領域が宗教コミュニティのアイデンティティの核として政治化されてきたこの地域の近代の歩みとともに、社会の慣習や常識を基盤に公正や法的整合性を加味しつつ判例を積み重ねるイギリスのコモン・ローの法理念が定着してきたことがある。また、政治問題化しやすい民法としてではなく、刑法等の形で家族にかかわる法が制定される例も多い。例えば、ダウリー規制や家庭内暴力への対応、離婚に際しての子どもや妻への扶養義務、老親の扶養義務などに関して個別の法律が制定されてきている。離婚や相続等については、各法に数次にわたって改訂が行われ、欧米諸国等での変化と歩調を合わせて事実上の破綻を離婚理由とできることや、離婚後の扶養義務などが加えられてきた。裁判官などの恣意的な判断が個人としての人権よりも家族やコミュニティの規範を重視する傾向をもつことが指摘されているが、判例の積み重ねを経て最高裁の判決や法の改正に至ることも多い。裁判に訴える力をもたない弱者層を支援する法曹NGOなどの活動も活発であり、家庭裁判所の設置にみられるように、調停を重視するアプローチも導入されている。

（押川　文子）

家族計画

家族計画とは、人為的に妊娠や出産を調整し、夫婦の子どもの数や出産の間隔をコントロールすることである。避妊をして妊娠を防ぎ、子どもの数を調整することを産児制限という。インドの過剰人口を抑制する必要性は、イギリス植民地期の二〇世紀前半から、高カーストのエリート男性の間で主張されており、彼らはアメリカのマーガレット・サンガーら、著名な産児制限活動家とも連携しながら、社会改革運動の一環として産児制限の啓蒙活動に取り組んだ。また、それと重なるように、一部の統計学者などは、当時欧米で流行していた優生学の影響を受けて「優生学協会」を設立し、量よりも人口の質の向上を訴えるための手段として産児制限を主張した。だが、マハートマー・ガーンディーのように、禁欲による避妊には賛成するものの、避妊具を用いた人工的な避妊には強く反対する立場もあり、当時のインド社会で支持が得られたとはいいがたい。また、セクシュアリティについて公の場で語ることに対するタブーも強く、活動家は「わいせつ罪」で起訴されることもあった。

それゆえ、インドで本格的に産児制限が始められたのは、独立後のことである。インド政府にとって、人口問題への対処は喫緊の課題であり、一九五二年に国家五カ年計画において、世界に先駆けて政府主導で産児制限（家族計画）に取り組むことが定められた。このインドの家族計画に関しては、アメリカのフォード財団などの民間資金も大量に投入されている。六〇年代に、地球規模で資源の枯渇や環境問題が注目されるようになると、「第三世界」の過剰人口がその主原因とみなされ、国際機関や先進国の開発機関、そしてそれらから援助を受ける途上国政府は、人口抑制に力をそそぐようになる。インドは、ＩＵＤ（子宮内避妊具）や皮下インプラント式避妊などの新しい避妊具の大規模な「実験」の場ともなり、その副作用をめぐっては、女性組織による強い反対運動も起きた。

インドにおける家族計画の歴史において転機となったのは、一九七七〜七九年の**インディラー・ガーンディー**政権下における半強制的な家族計画の実施である。ガーンディー首相は政治的な混乱を理由に非常事態宣言を発し、選挙の中止、政治活動の禁止、メディアの統制など政権の権力を強化するなかで、貧困層や農村の男性を対象とした半ば強制的な断種政策を実施し、年間で数百万人もの人が避妊手術を受けたとされている。この頃の家族計画の特徴は、手術の目標数を定め、保健所ごとにその達成数を競わせるような、数的拡大を目的とするものであった。そのために、手術を受けると報奨金やサリーなどが支払われる報酬制度が敷かれ、特に貧困層にとっての動機づけとなっていた。しかし、暴力的な家族計画への批判と反発も大きく、非常事態以降は、家族福祉と名称を変え、福祉的要素も組み込んだ、より包括的なアプローチへと方向転換した。

一九九四年にカイロで開催された国連の国際人口・開発会議ではじめて提唱されたリプロダクティブ・ヘルス／ライツという概念は、翌年北京での世界女性会議において憲章に明記されることとなった。ここにおいて、性と生殖の自由と自己決定はすべてのカップルと個人が有する基本的な人権であると広く主張された。この流れをうけ、これまで国家主義だったインドの家族計画も、女性の健康や夫婦の選択というものに、より配慮したアプローチがとられるようになったが、実際の具体的手段としては女性への避妊手術が中心であることに変わりはなく、リプロダクティブヘルス／ライツのうち、自己決定権（ライツ）の側面は、採用されているとはいいがたい。

家族計画の現状について、全国家族保健調査の第四期調査（NFHS4、2015／2016）のデータから最新の傾向をみてみると、家族計画実施率は調査全世帯の五〇・八％を占めている。なかでも、女性の避妊手術率は三四・四％と、他のどんな手法よりも飛び抜けて高い。この数値は、調査州のうち、女性の避妊手術が三・一％（マニプル州）、六・二％（メーガーラヤ州）、一三・九％（トリプラ州）と低い傾向にある北東部も合わせた平均値であり、アーンドラ・プラデーシュ州の六九・五％のように、女性への手術がほぼ七割を占める州もある。

現在使われている家族計画の主な手法としては、女性への避妊手術（卵管結紮、腹腔鏡）の他に、男性への避妊手術（精管切除）、IUD（子宮内避妊具）、経口ピル、コンドームなどがある。女性の避妊手術が相対的に低い北東部では、かわりに経口ピルの使用が他州よりも高いという特徴がある。男性への避妊手術、コンドームはいずれの州でも低い利用にとどまっている。

また、男児が一人または複数生まれた時点で避妊手術を受ける、男児選好による「産み止め」も広くみられ、子どもの性別によって世帯内での家族計画の実施は大きく左右される。家族計画は、当事者である女性や男性の選択と、国家や家族の思惑が交差するアリーナだといえる。

（松尾 瑞穂）

カーリー・フォー・ウィメン
Kali for Women

インドで最初に女性問題やフェミニズムに関する文献を専門に扱った出版社。インドの女性運動に参加する一方、オックスフォード出版社で働いていたウルワシー・ブターリアは、大手出版社は女性運動で取り上げられる問題に十分な関心を払っていないと感じていた。

また、わずかに存在する女性関連の文献は、西洋の学者が一定期間インドに滞在した後に著したものであり、高値でインド人に購入されていた。こうした状況下で、彼女は新たにフェミニストの出版社を立ち上げる構想を打ち立てた。時同じくして、女性に関する文献を出版する準備を進めていたリトゥ・メーノーンが、ブターリアの構想に参画する意思を表し、一九八四年に二人は共同で「カーリー・フォー・ウィメン」を設立した。

同出版社は、学術文献のみならず、女性運動家の記録、小説、伝記なども出版し、女性が執筆する文献を幅広く扱った点で特徴的であり、理論と実践をつなぐ架け橋としての役割も果たした。同出版社の代表的な出版物に、七五名の農村女性が女性の性と身体について著したヒンディー語による『身体の知識』や、家父長制と政治経済、法、宗教、文化との相互関係を分析し、改革運動や階級とジェンダーの関係について多面的な歴史を提示した『女性を捉えなおす：植民地史におけるエッセイ』などがある。

ブターリア自身は、一九八〇年代の女性運動の高まりが女性の出版社の成長を下支えしたとみている。同出版社が設立された後間もなく、パキスタンでも三つの女性団体が、女性の様々な書き物を出版し始めた。同出版社が誕生した頃はごくわずかに限られた女の書き物や女性問題に関する文献は、その後、大手出版社でも当然のごとく出版されるようになっていった。カーリー・フォー・ウィメンの誕生は、女性の書き物の出版という大きな潮流を呼ぶ重大な出来事であったといえる。

その後二〇〇四年にブターリアが「ズバーン・ブックス」を、メーノーンが「ウィメン・アンリミテッド」を新たに設立して、両社がそれぞれ女性関連の文献の出版を継続して今日に至る。二〇一一年にブターリアとメーノーンはともにインド政府からパドマ・シュリー賞を授与された。（小林 磨理恵）

均等報酬法

Equal Remuneration Act

雇用や職業上の性差別を禁じた国際労働機関（ＩＬＯ）の同一報酬条約（第一〇〇号）が採択されたのは、一九五一年である。一九七五年の国際婦人年には、インドでも憲法第三九条（特にｄ項「同一労働に対し男女は等しく支払いを受ける」）に照らし、いわゆる「均等報酬法令」が発令された。そして翌年、均等報酬法成立に至った。

同法は、同一の労働だけでなく、類似した性格の労働についても男女均等の報酬の支給を定め、また雇用に関して性に基づく女性差別の防止を定めている。同一または類似した性格の労働とは、男性または女性が類似した労働条件下でその労働を行うとき、必要とされるスキル、努力、責任が男女間で同じ、また差があるとしても、その差が雇用条件との関係で実質的な重要性をもたないものである。雇用主はまた、同一または類似した性格の労働に関する採用に際し、また採用後の昇進、訓練、異動などの雇用条件においても、女性の雇用が法のもとに禁止・制限されている場合を除いて、性別による差別を行ってはならない。

同法は、中央政府が指定したインド全国の施設や仕事に適用されることになっているが、現在は、ほぼすべての従業員が対象である。また雇用主の違反に対して雇用者は不服申し立ての権利を有し、また同一労働に対し男女均等の賃金が支払われていない場合には正式に苦情を訴える権利、さらにその結果について不服があれば、三〇日以内に上訴する権利を有する。

なお、同法の実効性に関する情報は乏しい。何よりも、あらゆる産業に細かな性分業があり、その影響で男女同一労働が該当する分野は限られていよう。例えば『二〇一〇／一一年度工業年次調査』によると、工場法登録工場の直接雇用のブルーカラー従業員の平均日給は、男性二八六ルピーに対して女性は一四九ルピーで大きな格差がみられたが、この格差には法律違反だけでなく、工場内の性分業がかなり反映されていると考えてよい。他方、例えばグジャラート州アフマダーバードの「寄せ場」において筆者が行った建設日雇い労働者の調査（二〇一〇年）では、未熟練労働者の場合、男女ともに最低賃金法が定めるほぼ同等額の賃金を受け取っていた。ただし、建設現場に女性の専門職人つまり熟練労働者はほとんど存在せず、また、未熟練労働者のなかでも作業内容に性分業がみられる。

（木曽　順子）

強かん関連法

強かんに関する最も新しい法は、二〇一三年刑法（改正）法令に基づき改正されたインド刑法第三七五条、同法第三七六条である（インド刑法自体はイギリス支配時代の一八六〇年に制定）。二〇一三年の法改正に至るまでに長い年月を要した。インド法律委員会が数度改正の提言を行い（一九七一年第四二回法律委員会報告書、一九八〇年第八四回同報告書、二〇〇〇年第一七二回同報告書）、女性運動のなかでも改正が要求されてきたことから、二〇一三年の改正は性暴力に対する法制化の一つの分岐点と考えられる。

二〇一三年に法改正を実現した背景には、その直前に発生した強かん致死事件がある。二〇一二年一二月にデリーにおいて、二三歳の女子理学療法士のインターンに対する集団強かん致死事件が発生し、事件はインド国内外でセンセーショナルに報じられた。強かん反対を訴える大規模な抗議行動がデリー等において展開され、強かん罪に対する罰則を引き上げることや、女性の安全を確保することが要求された。

世論の高まりを受け、政府は強かん罪の罰則強化の審議を目的として、元最高裁判所長官であるJ・S・ヴァルマーを委員長に任命して諮問委員会を設置した。当委員会は女性団体等の意見を踏まえた刑法の改正に向けた提案書を二〇一三年一月に提出した。

その後、議会での審議を経ずに同二月に大統領令が発令され、強かん罪に関する改正法が成立した。大統領令には諮問委員会の提案が大部分盛り込まれていたが、「最高刑を死刑にしない」、「夫婦間強かんを処罰の対象とする」など提案の主要な点が除外されており、ヒューマンライツウォッチやアムネスティ・インターナショナル等の人権団体や女性団体から強い批判を受けた。

本法は同三月に下院議会、上院議会で審議にかけられたが、人権団体等の批判は受け入れられず、さらに、諮問委員会の提案および大統領令で「性的暴行（sexual assault）」とされていた表現を従来の「強かん（rape）」に戻したり、女性による加害を除外し、男性による強かんのみ罪に問われるようにしたりするなどの変更が加えられた。本法は同年四月に大統領の承認を得て施行されている。

強かん防止法の要点は次のとおりである。

「強かん」の定義は刑法第三七五条になされている。また、強かんの定義とともに、女性の意志に反している／女性の合意がない／女性の合意があっても、女性自身や女性の知人を死やけがの恐怖にさらしたなかでの合意であったなど、強かんであると断定するための女性自身の意志および合意に関する複数の条件が設けられている。

続く刑法第三七六条には、強かんを犯した場合の刑罰が定められている。強かんを犯した場合、七年から終身までの禁固刑（同法において「終身刑は加害者が自然な死に至るまでの収監を意味する」と規定）あるいは罰金が科せられる。また、加害者が警察官、公務員、軍人、監獄の責任者、女性の親戚や保護者や教師である場合や、宗教暴動における強かん、妊娠中とわかっての強かん、一六歳未満の女性の強かん、同意できない状態の女性に対する強かん、女性を支配した状態での強かん、精神疾患にかかっている女性への強かん、同じ女性に対する繰り返しの強かんである場合、強かんによって女性の身体に危害を及ぼしたり生命の危機にさらしたりした場合については、一〇年から終身までの禁固刑また罰金が科せられる。

さらに、二〇一三年の刑法改正において新たに制定された刑法第三七六条Aには、被害者の女性が死亡したか、植物状態に陥った際に二〇年から終身までの禁固刑、あるいは、死刑を科すと規定されている。集団強かん（刑法第三七六条D）については、二〇年から終身までの禁固刑が科せられ、強かんの再犯者については終身刑または死刑が科せられる。最高刑が死刑に引き上げられたことは、改正法において最も注目され、議論を呼んだ点である。

死刑への罰則の引き上げとともに議論を呼んだのは、夫婦間強かんが処罰の対象から外されたことである。刑法第三七六条Bには、「法令その他の事由により別居状態にある妻に対して」との条件つきで、妻の合意なしに性交した者は、二年から七年の禁固刑と罰金を科せられると規定されるにとどまった。先述の諮問委員会は夫婦間強かんを処罰の対象とするよう提言し、女性団体等もそのように要求していたが、そうした要求は受け入れられなかった。

なお、同改正法において新たに酸攻撃（刑法第三二六条A）、セクシュアルハラスメント（同第三五四条A）、女性の衣服を脱がす行為（同第三五四条B）、盗撮（同第三五四条C）、ストーカー（同第三五四条D）が処罰の対象となり、罰則が設けられている。

極刑という刑罰そのものに対する疑義の他にも、厳罰化による抑止への疑問が出され、裁判や警察機構に関わる人々の意識改革、および既存の規定をジェンダー正義の理念から、敏速かつ厳正に施行することを求める声が強い。（小林 磨理恵）

サティー

Sati

サティーとは、ヒンドゥー教徒の寡婦が死亡した夫の火葬の際に、薪の上で夫の遺体とともに生きながらに焼かれ死ぬ行為を指す（例外的に土葬もある）。夫が死去したのち時がたってから後追いで焼死する場合もある。日本語では寡婦殉死や寡婦焚死などと訳されてきたが、サティーは字義通りには「貞淑な妻」や「よき女性」を意味し、それが行為・慣習の名称となったのはイギリス支配期である。

サティーは夫への忠誠を明示し、「貞淑な妻（パティヴラター）」の理想を実現する行為とされる。サティーを行った寡婦は死後、女神サティーマーターとして人々の崇拝の対象にもなり、サティーを出した家は栄誉を得る。

一方でサティー慣行の背景には、寡婦が「不吉」な存在として忌み嫌われ、夫の死後の人生を惨めに過ごさなければならない状況もあり、サティーを暗に強要するような社会の圧力が存在したことも事実である。また、女性に薬物を服用させて殉死に追いやったり、火のなかから逃げようとする女性を無理やり押し戻したりすることもあった。

サティーの規定は最も有名なヒンドゥー法典の一つである『マヌ法典』（紀元前後の成立）にはみられず、その起源は定かではない。歴史的には「クシャトリヤ」の男性が戦いによって死亡した際に、その妻が焼かれ葬られたことが五一〇年の碑文に残されている。ヒンドゥー古法典でも、サティーを礼讃する記述が六、七世紀以降に登場する。

サティーに関する情報は、インドを訪れた旅行家や商人たちによる記録によっても得られる。例えば、一四世紀にインドを訪れた旅行家イブン・バットゥータも目撃談を残し、一七世紀半ばにムガル帝国に仕えたフランス人医師フランソワ・ベルニエによる『ムガル帝国誌』にも、サティーの記述が複数存在する。ムガル帝国期にサティーを禁止することはなかったものの、サティーを望む女性には許可を申し出ることを義務づけ、やめるよう説得することなどが行われた。

一八世紀末から一九世紀初頭にかけて、イギリス東インド会社の拠点であるカルカッタを中心にベンガル地方でサティーが集中してみられるようになった。ベンガル地方においてサティーが頻発した背景に、当地で適用されたヒンドゥー法ダーヤバーガ派の相続制度において、寡婦に亡夫の財産を相続する権利を認めていたことから、亡夫の親族が女性にサティーを強制したとも指摘されている。イギリス東インド会社が把握した一八一五年から二八年にかけてのサティー件数（ベンガル管区のみ）は、五〇〇〇を超える。

インドの植民地化を推進していたイギリス東インド会社やキリスト教宣教師たちは、サティーが女性を著しく抑圧する「野蛮な慣習」であると問題視し、サティーに反対する議論はイギリス本国も巻き込んでいった。インド国内においては、ブラフモ協会（一八二八年）の創始者であり、ヒンドゥーの社会改革運動を主導したラーム・モーハン・ローイが、一八一八年、サティーを批判するパンフレットを著し、サティーは最も権威ある『マヌ法典』に示されておらず、したがってヒンドゥー教の真の慣習ではないと訴え、反対運動を開始した。当初イギリス側はインド国内の反発を危惧し、宗教的慣習に関わる事象には介入しない態度をとっていたが、一八一〇年代よりサティーの間接的な規制に乗り出し、一八二九年にベンガル総督ウィリアム・ベンティンクによってサティーを全面的に禁止する条例を制定するに至った。同様の条例は、一八三〇年にボンベイ、マドラス両管区においても制定された。条例制定後、サティーの件数は激減したと思われるが、散発的に発生した。例えば、一九二七年、ビハール州のバルで二〇歳くらいのバラモン女性のサティーに、数千人の見物者が集まった。一方、イギリスの直接支配が及ばない藩王国地域、特にラージプートを王とする藩王国では、一八六〇年代初めまでサティーは行われた。

近年では、一九八七年にラージャスターン州で、ラージプート出身の一八歳のループ・カンワルによるサティーが、大きな議論を巻き起こした。ラージプートの一部は、彼女のサティーを自発性に基づくものだと主張したのみならず、ラージプートの「伝統」としてサティーを擁護した。一方で、デリーやジャイプルなどでは、女性団体を中心に激しいサティー反対運動が展開された。サティー反対の世論を受けて、一九八七年、あらたに、ラージャスターン州と連邦政府によって、サティー禁止に関する法律が相次いで制定された。同法は一八二九年の条例とは異なり、サティーを行おうとする女性自身も処罰の対象にし、さらに、サティーを礼讃するあらゆる行為を禁止している。一方、フェミニストたちがみな、サティーを対象とした別個の法律による禁止を要求したわけではない。殺人や自殺教唆に関する既存の刑法での処罰で足りるのだというのがその立場であり、まして、サティーを行おうとした女性自身を処罰の対象とすることに対して批判が加えられた。サティーに関する議論では、サティー行為における女性自身の「自発性」が論争の中核を占めてきているが、擁護派と批判派との間で大きな隔たりがある。

（小林　磨理恵）

自営女性協会（ＳＥＷＡ）

Self Employed Women's Association

自営女性協会（ＳＥＷＡ）は、インドを代表する女性組織で、一九七二年にグジャラート州アフマダーバード市に、非組織部門の零細自営女性の労働組合として設立された。設立者は**イラー・ラメーシュ・バット**と無名の零細自営女性たちである。インド最古の労働組合であるインド繊維労働組合の女性部門を担当していたバットと、貧しい零細自営女性たちとの出会いと問題認識の共有から組織化された。ガーンディー思想を標榜し、零細自営女性のニーズに基づいた、会員主体による労働組合・協同組合・女性運動を行い、労働者としての権利と社会保障獲得を目指し活動を展開してきた。一九七九年より農村開発にも着手し、手工芸協同組合や酪農協同組合の設立と運営を通して収入創出と支援事業の実施、さらに、政府系農村開発事業の橋渡しをする。現在の会員数は一四六万四六〇六人、うちグジャラート州で約七三万四七二九人、農村会員が六割を占める。デリー、マディヤ・プラデーシュ州やケーララ州など一五州に支部があり、アフガニスタン、スリランカにも姉妹組織をもつ。

貧しい自営女性やその家族が抱える問題は、露店商や行商が直面する場の権利、家内職に対する斡旋業者の収奪、原資調達困難など就労上のものから、保健・保育などの福利厚生・就労支援まで多面的に構成されている。自宅を作業場とする家内職が際立って多く、就労環境としての住宅整備など、問題は複合的にからみ合っている。このような零細自営女性の権利と保障の獲得に大きな役割を果たすのが、多岐にわたるＳＥＷＡの支援事業である。

まず第一に、ＳＥＷＡ協同組合銀行の設立による貯蓄・融資事業がある。ＳＥＷＡ運動の代名詞的存在であり、貧しい自営女性会員の起業や、家計管理能力を促進する貯蓄・融資および技術訓練の機会がもたらされた。融資が零細自営業の原資となる他、半数は住宅整備、冠婚葬祭、医療費など、会員世帯の生活支援として機能している。遠隔地にはモバイル・バンクが稼働し、地域の担当者を通して貯蓄・融資事業を中心に、その他の支援事業がもたらされている。

第二が保健部門であり、銀行の融資返済不能の最大原因が会員女性や家族の健康問題であったことから導入をみた。開始時は非識字というハンディを背負いながら会員自ら研修を受け、保健師として地域を巡回した。常備薬販売や救急支援の他、女性の性・生殖に関する健康事業なども行い、スラム地域における公衆衛生の改善に貢献している。また、地域に置かれる保健センターのなかには、イスラーム教徒とヒンドゥー教徒の居住地区の境界に設置されている事例もあり、両コミュニティの会員が利用する中で交流を深めている。SEWAが発足当初から重視してきたコミュニティ融和の実践と成果がここに示されている。さらに、保健医療関連の公的給付の情報提供や申請支援も行っている。ここから途上国では先駆的な取り組みである小規模保険部門が誕生し、医療保険や災害保険などを低プレミアムで会員に提供している。

第三が、保育部門の導入である。当初はたばこ畑で働く女性会員の託児ニーズに応えて導入された。その後、露店商会員らの切実な問題として認識され、地域ベースで託児保育サービスが整備されていった。働く母親のニーズとしての託児機能だけではなく、さらに要請のあった教育機能も加味した保育施設を各地に稼働させた。この経験に基づいた政策提言が連邦政府に採用され、二〇〇六年に「働く母親のためのラージーヴ・ガーンディー国家保育所政策」として実現をみている。

一九八六年に大統領指名で上院議員になったイラー・バットは、自営女性に関する全国委員会（委員長イラー・バット）による自営女性の全国実態調査を実施し、一九八八年に『労働力―インフォーマル・セクターの女性及び自営女性にかんする全国委員会報告書』をまとめた。また、一九九六年に国際労働機関（ILO）における在宅形態の労働に関する条約の採択に尽力し、国際社会における自営者の可視化に貢献した。

以上概略的に、SEWAが目標とする未組織部門の女性労働者の「完全雇用」達成に向けた権利獲得・社会保障整備をめぐる実践の特徴を論じた。その試みは、未組織部門の労働者も、組織部門と同レベルの労働権と社会保障・福利厚生のニーズをもつことを明らかにし、組織部門の労働条件に限りなく近づけようとする会員主体の取り組みに他ならない。その達成プロセスは条件的にきわめて制約が多いが、会員を通し、地域ベースにつくられるネットワークを利用し連帯することで、「代替型の労働運動と社会保障獲得運動」ともいうべき対応を創出してきた。

公的領域で長く不可視化・周縁化されてきた零細自営女性が、組織化することで、より豊かな「社会関係資本」を形成し、労働環境整備を促進してきたことを、SEWAの経験は示している。

（喜多村 百合）

シャクティ

Śakti

シャクティは、もともとは「力」「エネルギー」を意味する女性名詞である。だが、精神的な原理である男性、物質的な原理である女性というインド的な観念から、のちに、宇宙を動かす創造的力、エネルギーとして、男性の配偶神としての女神あるいは自律した女神の姿という形で認識されるようになる。

八世紀頃に確立したとされる『デーヴィー・マーハートミヤ（女神の偉大さ）』という文献では、すべての神々を征服した魔神を打ち破るために、神々がそれぞれの力を放出し、それが一つの姿をとって女神になったという。さらに、すべての神々がそれぞれの武器を女神に与え、魔神を打ち破ったとされている。

このように、七～八世紀には、万物の力の源泉であり、万物を動かす力である純粋エネルギーとしてのシャクティが、女神の力あるいは女神そのものとして人格化され、捉えられるようになる。

地方の村落で信仰されていた数百の女神は、ヒンドゥー教の神話において、配偶神として位置づけられていくなかで、同一化がなされ、やがて、すべての女神を統合した大女神という考え方が生まれてくる。一方で、ヒンドゥー教のパンテオンに統合されずに、村落に固有の神として崇拝されている女神も数多い。村落祭祀の女神は、家族の守り神や病気との関わりで、特に女性に信仰されており、これらの女神にもシャクティが宿っていると考えられている。

シャクティには、二種類あると考えられている地域もあり、それには既婚・未婚の認識が関わっているという。未婚の女神は、ジャラード・シャクティ（やけどするように非常に熱いシャクティ）、既婚の女神は、サリーフ・シャクティ（穏やかで静かなシャクティ）をもつ。

ジャラード・シャクティをもつ女神は、人々がお供え物をして、きちんと祈りを行わないと、病気や災いを人々にもたらすと考えられている。例えば、天然痘の主だった症状は、高熱を発することであり、したがって、天然痘を引き起こすとされる女神は「熱い」女神であり、これらは非常に怖い女神として認識されている。一方で、サリーフ・シャクティをもつ女神は、それほど恐れる必要はない。病気をもたらすというより、むしろ、村などの共同体や女神を崇拝する人々を危険から守り、手助けする存在と考えられており、「冷たい」

女神として認識されている。

神々と同じく、人間もまたシャクティをもつ。南インドの文化人類学的研究においては、男性も女性も個人の属性としてシャクティをもつが、女性は宇宙の原初的エネルギーであるシャクティを体現しているという。北インド、ウッタル・プラデーシュ州東部の農村では、シャクティとは生命を生み出す力であると認識しているものもおり、一般に、女性は男性の二倍のシャクティをもつという。

不妊の女性は、一般に「冷たい」状態であるといわれる。子どもを産むための「熱さ」をつくり出す力が不足しているとされており、したがって「冷たい」状態であるとされる。「熱さ」をつくり出すもとになるのは、シャクティであり、これが多いか少ないかは、誕生の際に、出産に関わる女神が決めるという。

女性は、初潮が始まり、「熱さ」が過剰になっているのに、未婚のまま「熱さ」を放り出した状態にしておくのはシャクティが多く、危険であるという。女性は結婚をして夫をもつことで、シャクティが適度にコントロールされ、このコントロールされたシャクティの力を用いて、家族に健康と繁栄をもたらす。男性の場合は、自分でセクシュアリティをコントロールできる存在とされており、「熱さ」が過剰になることはない。

若くして夫を亡くした寡婦は、シャクティが多く、社会にとって害悪や災いをもたらすエネルギーをもつものとして、セクシュアリティを鎮める色とされる白いサリーを着て、ミルクやバターなどの「冷たい」食べ物を食べ、家にこもって静かに暮らさねばならない。年をとるにつれ、シャクティが少なくなり、「熱さ」も過剰でなくなるので、高齢の寡婦は、若い寡婦に比べて社会にとってそれほど危険な存在ではないとされる。このように、人間は、適切にコントロールされたシャクティをもち、「熱さ」・「冷たさ」のバランスがとれていることが大事だとされる。

女性とシャクティの関わりについて、ウッタル・プラデーシュ州の農村に関する別の調査研究では、女性は、ヴラタ（夫の長命や子どもの健康を祈る儀礼）など、家族のために儀礼を行うことを通して、つまり、繁栄や豊饒を目指して行為することによって、女性のシャクティは増え、そのシャクティは夫に移譲されたり、子どもを産む源となり、また子どもにシャクティは受け継がれるといった、女性とシャクティの深い関わりが指摘されている。また、富裕な高カーストの女性のほうが貧しい低カーストの女性よりも強いシャクティをもつと、カーストとシャクティの関係の指摘もみられる。（八木 祐子）

シャー・バーノー裁判

イスラーム教徒の女性シャー・バーノーが元夫に対して起こした扶養費支払い要求の裁判。一九七五年に家から放逐されたのち（結婚は一九三二年）、八七年、シャー・バーノーは扶養費支払いの訴えを起こした。同年、夫は彼女を離婚。彼女の要求は、インド刑事訴訟法第一二五条に基づくものであった。元夫側は、イスラーム法に則り正規に離婚しており、同法に規定された期間（イッダト）以上の扶養費の支払い義務はないと主張した。一審、二審ともシャー・バーノーが勝訴。八五年、最高裁判所も扶養費の支払いを命ずる判決を出した。この判決は、刑事訴訟法は宗教の別なく適用されるとしたのみならず、イスラーム法の解釈からも扶養費支払いは否定されていないとし、さらに、インド憲法第四四条に掲げられた、「**統一民法典**」をつくるという努力を国家が怠ってきたと指摘した。この判決に対して、一部のムスリムから「宗教」への介入であるという激しい抗議が起こった。その結果、シャー・バーノー自身も、判決による支払いを辞退した。

一方、ムスリム票を失うことを恐れた当時のインド国民会議派ラージーヴ・ガーンディー首相は、一九八六年、「ムスリム女性（離婚時の権利保護）法」を成立させた。同法は、イスラーム教徒女性に関して、離婚後の扶養義務は家族、もしくは、宗教施設（ワクフ）委員会にあると規定し、彼女たちが刑事訴訟法に訴えることを困難にした。

これに対してヒンドゥー至上主義勢力は、会議派のイスラーム教徒「融和」政策であると攻撃し、統一民法典の成立を要求した。また、イスラーム女性がイスラーム教のもとで差別されているというレトリックによって、イスラーム・バッシングを展開した。こうした状況から、ヒンドゥー至上主義的立場からの統一民法典要求と、ジェンダーの平等を基礎とする、フェミニストによる統一民法典要求との境界があいまい化され、これ以降、フェミニストの間で、ジェンダー平等を実現するための家族法改正の方策をめぐって、意見の対立がみられるようになった。ただし、刑事訴訟法第一二五条で規定された扶養費の上限がわずか月額五〇〇ルピーであったのに対して（二〇〇一年の改正によって、この上限は撤廃された）、ムスリム女性法は、夫側はイッダトの期間中、元妻に「妥当かつ公正な支給金と維持費」を支払うことを義務づける条項を含み、裁判所がそれらを高額に設定するという傾向も指摘されている。

（粟屋 利江）

出産給付関連法

インドでは事業所の規模を問わず、多くの分野で有給の出産休暇・給付が法制度上整備されている。権利の保障・行使の実情は不明だが、制度の概要を述べておきたい。

出産に関わる社会保障法としてまず挙げられるのは、一九四八年制定の「従業員国家保険法」である（以下、法が定める具体的な数値は二〇一七年四月末時点のもの）。同法の適用対象は、雇用規模一〇人以上の工場、二〇人以上（州政府は一〇人以上に変更可能）の商店、ホテル、食堂、運送会社、映画館、新聞社、教育・医療機関である。被保険者の資格を有するのは、月収が二万一〇〇〇ルピー以下の従業員（日雇い、請負、臨時、見習いを含む）と定めている。保険料は労使双方が納めるが（使用者が賃金額の四・七五％、雇用者が一・七五％）、平均日給が一三七ルピー以下の雇用者は負担を免除される。

こうして同法は、雇用規模が一定以上の事業所で働く人々に対し、疾病給付、被扶養者給付、障害給付、医療給付等に加えて、出産給付を保障している。出産予定者は、出産前後合わせて最長二六週間まで（出産前八週間以下）の出産休暇、その間の日給つまり標準賃金（保険期間に被保険者が支払われた賃金総額／それらの賃金が支払われた日数）か二五ルピー、どちらか高い額の給付、また、指定病院がない土地で出産する場合は、五〇〇〇ルピーの出産費用の支給などが保障されている。

また、従業員国家保険法適用外の女性のためには、一九六一年制定の「出産給付法」がある（以下、法が定める具体的な数値は二〇一七年四月末時点のもの）。適用対象はインド全土のすべての工場、鉱山、プランテーション、雇用規模一〇人以上の店舗・施設等だが、従業員国家保険法にカバーされている工場、事業所は一部従業員を除いて適用外である。受給資格は、賃金額に関係なく、出産予定日に先立つ一二カ月間のうち最低八〇日間、当該施設で働いていたすべての女性従業員にあり、請負労働者も対象に含まれる。給付義務は雇い主にある。有給出産休暇の期間は従業員国家保険法と同じだが、支給額は平均日給（休暇直前までの三カ月間の労働日に支払われた賃金の平均額）、最低賃金法が定める賃金額、一〇ルピーのうち最も高い額である。同法はさらに雇い主に対し、出産休暇中の解雇を禁じ、無料ケアの提供がない場合は二五〇〇ルピーの出産費用の支給を、流産、早産、妊娠に起因する病気に対する一定の保障等も定めている。


（木曽　順子）

女子教育

国際連合は教育指数を算出するための重要な要素として、識字率（母語における日常生活の読み書きができる能力、ユネスコでは一五歳以上）を挙げている。二〇一一年センサスによれば、インドの識字率（七歳以上）は七四・〇四%、うち男性が八二・一四%、女性が六五・四六%で男女差は大きい。独立当初の識字率は一二%程度、女性は八%以下だったことを考えれば、向上したといえるが、世界的にみても低い水準にとどまっている。識字率は州の格差も大きく、一位のケーララ州では男女ともに九割以上を達成している一方で、最下位のラージャスターン州では女性の識字率は五割程度にとどまっている。伝統的な婚姻慣習や貧困に加え、カースト、宗教などの問題が複雑にからみ合い、近年まで女子教育の普及が阻害されてきた。

教育の普及が女性のエンパワーメントのための最重要課題であるとして、インド政府は、独立以来、様々な政策を推進してきた。特に二〇〇一年、全員のための教育運動が開始され、二〇〇二年の第八六次憲法改正で六歳から一四歳までのすべての子どもに対する無償義務教育が定められて以来、教育における男女格差の是正は中央政府主導で包括的に推進されることとなった。二〇〇九年には無償義務教育に関する子どもの権利法が制定された。以上のような種々の取り組みを通じて初等教育段階の女子就学率は飛躍的に向上し、二〇一五年の一五～二四歳の若年層識字率は九割を超えた。また、一九九〇年代以降、州政府主導で次々と無料給食が導入されたことも、就学率の向上に一役買った。

以上のように、若年層における男女間の教育格差は是正されつつある。しかし、女性の識字率が五割を超えるのは二一世紀以降のことであり、男女格差は中高年女性に非識字者が多いことに起因している。したがって、女性のエンパワーメントには、成人教育の推進が重要な課題である。一九八八年には「国家識字ミッション」が開始され、成人の非識字者に対する教育が推進されるようになった。

二〇〇九年には、識字率の男女格差の是正のために、一五歳以上の成人女性の識字率向上を目的とした「識字インド」が開始された。このプログラムの対象となる七〇〇〇万人の非識字者のうち、六〇〇〇万人が女性である。また数多くのNGO団体が女子教育の普及と向上に取り組んでいる。

（井上 貴子）

女性の淫らな表象（禁止）法

Indecent Representation (Prohibition) Act

広告あるいはその他の出版物等における淫らな女性の表象の掲載および頒布を禁止した法律。一九八六年に制定された。インドでは、わいせつ出版物頒布は、刑法第二九二、二九三、二九四条で規制されているが、特に広告では、女性を軽蔑し、人格を傷つけるような表象が増加し、これを規制するために制定された。この法では、州政府による立ち入り検査も可能とされている。また、刑法と同様、科学、文学、芸術、教育等の目的にとって適切と判断される場合、考古学的遺跡等、宗教的な目的の場合について例外規定が設けられている。

刑法にはわいせつとは何かについての何ら具体的な説明がない。一方、この法律では、「女性の淫らな表象」とは、「女性の姿、容姿、身体あるいはその一部を、淫らで、女性に対して軽蔑的で、人格を傷つける効果をもち、あるいは、公共の道徳観や品行を堕落させ、頽廃させ、傷つけるようなやり方で描くこと」と定義されている。しかし、この定義によって淫らな表象とは何かが具体的になったわけではない。

日本と同様、インドでもわいせつをめぐる有名な事件は、イギリス人小説家D・H・ローレンスの『チャタレー夫人の恋人』の性描写に関するものである。ムンバイーの書店で販売されていた同書が、一九六五年にマハーラーシュトラ州政府によって摘発され、裁判は最高裁判所までもち込まれた。争点は、表現の自由を定めた憲法第一九条に照らしてわいせつ出版物の頒布を禁じた刑法第二九二条は無効か有効か、有効であるとしたら、同書の性描写は芸術なのかわいせつなのかである。結局、最高裁判所では、高等裁判所の有罪判決が支持され、刑法の規定は憲法違反には当たらないことが確認された。しかし、そもそもすべての性描写を禁じることは不可能であり、芸術かわいせつかについて個々の事案で異なった判決が下される可能性は高い。

二〇一五年までに、四七件が女性の淫らな表象（禁止）法違反事件として起訴されている。今日、インターネット上の性描写等過激な表象の蔓延を問題視する声が高まり、二〇一二年、女性・子ども開発大臣は、印刷メディアを中心とした従来の条文にインターネットをはじめ電子メディアを加え、さらに、罰則強化を図るよう改正案を提出したが、IT法第六七条ですでに規制されていること、インターネットは国境を越えたグローバルな空間であり、一国の規制は実質的に意味がないとの議論も強く、改正には至っていない。（井上 貴子）

女性留保枠

インドのみならず、あらゆる社会において男女平等を実現するうえで、政治的意思決定への女性の参加は必須要件である。政治において議席の一定比率を女性に割り当てる「女性留保枠（女性クオータ制）」は、過去の社会的・構造的差別により不利益を被ってきた女性の実質的平等を実現する制度として編み出され、現在、世界八七カ国で導入されている。

インドは、一九五〇年の憲法制定により議会制民主主義と連邦制を採用後現在に至るまで、下院議員（小選挙区制）を五年おきの総選挙で選出してきたことから、「世界最大の民主主義国」を自負してきた。しかし女性の政治参加は名目的で、近年まで下院で一割強と限定的であった。一方後述するように、地方政治では一九九二年の第七三次・七四次憲法改正で、州議会を除く地方議会に女性留保枠が導入され、転換点にさしかかっているといえる。

インドにおける女性の参政権獲得は、歴史的にはイギリスの植民地支配末期にナショナリズムを拡散させる目的で導入された地方議会制（限定選挙）導入時に起点があり、宗主国より早く実現をみている。独立後、宗教、カースト、性別などによる差別を禁止した憲法により、普通選挙権が保障された。しかし女性による政治参加は低迷し、政治的権利の主張と留保枠をめぐる攻防は多難をきわめて現在に至っている。多元性と階級的序列を内包するインド社会では、ジェンダーのみならず、宗教、カースト、地域など差異が相互にからみ合い、「差異をめぐる政治」が拡大激化している点が要因として横たわる。

また、留保問題に代表される女性の「優遇措置」に関して、女性の「劣位」を認めることになるという理由で女性指導者らに拒否された点も指摘される。独立後制定されたインド国憲法で、ジェンダー平等や普通選挙権など女性に関する問題は、憲政上の解決をみたとするのがその論拠である。

これが再考に付されるのが、一九七五年の「国際婦人年」を機に実施された、女性の地位に関する全国調査報告書『平等に向けて』においてである。同報告書は、立法府での著しく低い女性議員比率をはじめ、独立後の女性の地位における広い剥奪を指摘した。これを機に、再び国政レベルにおける女性留保枠導入の議論が高まり、女性留保議席法案（下院・州議会議席の女性枠導入）が、一九九六年以降数度にわたって下院に提出された。しかし、いずれも主として下位カーストに、「留保枠」を通して上位カーストの女性が選出されることを理由に反対され、否決されてきた。

二〇一〇年に再び上程された同法案は、上院をはじめて通過し、下院での審議で時間切れ廃案となったが、ハイポリティクスにおけるジェンダー主流化実現の大きな一歩として記される。その後の展開として、選挙制度をめぐる政策上、女性のクオータ制の内部に「その他の後進諸階級」やイスラーム女性に対するサブ・クオータを設けようという動きがみられる。

一方で、州議会を除く地方議会における「女性枠」導入は、「静かな革命の始まり」ともいえる現象を地域社会にもたらしている。女性枠を通して地域ガヴァナンスに参入した女性議員は、政治的家父長制や「三重（家庭、コミュニティ、議会）の負担」に直面しながらも、見えにくかった実践的ジェンダーニーズ（既存の性役割遂行上のニーズ）」を次々にアジェンダ化し、地域住民女性の生活改善につなげている。

期待される戦略的ジェンダーニーズ（ジェンダー規範再構築を目的とするニーズ）の充足に向けた政策立案・実施については不十分とする批判があるが、実践的ジェンダーニーズの充足が戦略的ジェンダーニーズ充足の条件となる点も指摘されている。

地方議会における「女性留保制」法案が比較的抵抗なく通過した背景に、国政レベルと異なり、決定済みの政策実施における女性参加であることから、既存の政治に脅威を与えないとみなされた点がある。その後、地方議会における女性枠は、当初の三三・三％から五〇％へ拡大する第一一〇次憲法改正案が審議されており、いくつかの州では独自の改正を実施し引き上げを行った。これらを踏まえて、現在一〇〇万を超える女性議員と女性首長が各地で活動をしているとされ、国際的にも注目される制度となっている。

一方で、いくつかの問題も指摘されている。その一つが、女性議員が、実質的には男性有力候補の「代理」となる点で、これが国政レベルにおける女性留保枠導入に強く抵抗する論拠ともされた。地方議会の女性枠をめぐっては、前述したように留保枠を五〇％に引き上げようとする第一一〇次憲法改正が連邦議会で審議され始めており、ケーララ州など数州ではすでに独自に引き上げを行っている。この女性枠拡大については、女性が地域ガヴァナンスの有効な担い手たり得るので増員するという肯定的評価と、女性の声を反映させるには三三・三％では不十分であるとする、相反する議論が提示されている。

（喜多村 百合）

全インド女性会議（ＡＩＷＣ）
All India Women's Conference

女性の地位向上、社会・政治参加、**女子教育**普及、働く女性支援、子どもの福祉などを課題にして活動している女性団体。本部はニューデリー在。機関誌は『光（Roshini）』（英語およびヒンディー語、一九三八～）。

二〇世紀に入る頃から、ナショナリズムや女性参政権運動、労働運動などと連動して各地に女性運動団体が形成された。南部を中心に女性インド協会を組織していたマーガレット・カズンズらの呼びかけで、女子教育の普及や女性の地位向上を目指す全インドのプラットフォーム的組織の結成が図られ、一九二七年一月プネー（当時プーナ）において、約二〇〇〇名の地域代表者が参加する第一回年次大会が開催された。同大会では、女性の婚姻年齢や女子教育普及など広範な課題に関して、決議が行われている。

その後、一九三〇年には、「団体登録法」に基づいて登録団体となり、運営委員会組織や地域支部組織など、恒常的運動を支える体制が徐々に整備され、一九二〇年代末から四〇年代にかけて、進歩的な女性運動の中心的組織となった。**サロージニー・ナーイドゥ**、カマラーデーヴィー・チャトパディヤーイなど、多くの女性指導者がＡＩＷＣを基盤に政治活動や社会運動で活躍し、地方組織の活動を通じて中間層女性の教育や社会参加の機会を提供した役割も大きい。また、一九三二年には、女子高等教育の発展を目的に、デリーに女子カレッジを設立するなど教育基金を設置して教育事業にも取り組んだ。設立当初は政治的活動とは一定の距離をとったが、その後、分離選挙制度導入の是非が焦点となった一九三〇年代のロンドン円卓会議等においては普通選挙制度を主張するなど、国民会議派を中心とする民族運動に近い立場をとった。国際連盟や海外の女性組織とも活発に交流している。

独立後も活動を継続し、同会議のウェブサイトによれば二〇〇五年の地方支部数は五〇〇余り、女性の地位向上や人権保護に関する法整備の促進、女子教育支援、勤労女性用ホステルの運営や職業訓練を含む女性労働者支援など、多岐にわたる活動を行っている。一九七〇年代前後から、フェミニズム運動など新しいタイプの女性運動や多様な非政府組織による社会活動が拡大するなかで、独立前のような「インド女性を代表する組織」としての役割は小さくなっているが、現在も全インド的な広がりをもつ女性組織としての存在は大きい。

（押川 文子）

全インド民主女性協会（ＡＩＤＷＡ）
All India Democratic Women's Association

インドの左翼系全国女性組織。一九八一年、チェンナイの大会において創設される。ムンバイーのパレル女性組合（一九四三年創設）、ケーララ女性組合（一九六八年創設）、トリプラの民主女性組織（一九五一年創設）、西ベンガル民主女性組織（一九七〇年創設）など、各地で活動してきた共産党系女性組織が合流した。組織上は独立しているが、インド共産党〔マルクス主義〕（以下、ＣＰＭ）の女性部とみなされることが多い。例えば、創設者たちはみなＣＰＭ党員であったし、一九九三年から二〇〇四年まで事務局長、その後副会長を務めたブリンダー・カラートは、二〇〇五年、ＣＰＭの最高指導機関である一七名の政治局メンバーに女性としてはじめて選ばれた。しかし、組織上は独立しており、物価上昇への反対運動から始まり、女性に関わるほぼあらゆる問題に取り組んでいる。

メンバー数は、創設時の五九万人から、二〇〇六年までに一〇〇〇万人ほどになっている。インド最大の女性組織であると誇る。メンバーのほぼ三分の二が都市と農村の貧困勤労女性からなる。ＡＩＤＷＡの規約とプログラムに賛同する、一六歳以上の女性に協会に参加する資格があり、会費は年間一ルピーである。五〇名のメンバーが最小単位の委員会を構成する。運営は会費によってまかなっており、外部資金に依存していない。

階級による搾取を根本的な問題とする同協会の社会主義的・共産主義的傾向は、一九七〇年代後半から八〇年代に数多く誕生した、女性問題を中心に据える自律的女性組織との間でしばしば摩擦を起こしてきた。例えば、自律的女性組織に対して、それらは都市の中間層を中心にした女性組織であり、家父長制批判のみを問題とするのは「分断主義」であるという、創設メンバーの一人ヴィマル・ラナディヴェー（一九一五〜九九）が行った批判は、反批判を呼んだ。近年では、性的マイノリティの運動をめぐっても、同運動への理解が不十分であると、協会の姿勢が批判を生んだ。とはいえ、女性に対する様々な暴力、グローバル化状況のもとでの女性の労働・貧困問題、ヒンドゥー至上主義に対する批判など、共闘する場面も少なくない。

同協会の英語機関誌が『女性の平等』である。（粟屋　利江）

胎児の性別判定抑制法（男児選好関連禁止法）

インドでは、子どもの性比の拡大が大きな社会問題となっている。それには、男児選好という風潮と選択的女児妊娠中絶という、インドにおける深刻なジェンダー問題が関係している。一〇年ごとに実施される国勢調査によると、六歳以下の子どもの性比は、一九九一年にはインド全国平均で男児一〇〇〇に対して女児九四五であったものが、二〇〇一年には女児九二七、二〇一一年には女児九一八と差が拡大している。このような性比の悪化の背景には、産み分けの人為的な力が働いているとみなすのが自然である。こうした「ミッシングガール（消えた女児）現象」は、大きな社会問題となっており、特に、パンジャーブ、ハリヤーナー、ヒマーチャル・プラデーシュ、グジャラートの各州でその傾向が顕著である。

このような妊娠中の選択的女児中絶を防ぐため、医師や技師、医療機関は、遺伝病などの例外を除いて、超音波検査や羊水検査などによって知り得た胎児の性別を明らかにすることは禁止され、違反した場合は、三年以下の禁固刑と一万ルピー以下の罰金刑（再犯の場合はそれぞれ五年の禁固刑と五万ルピー以下の罰金）の罪に問われることになった。

その後、医療技術の進展により、体外に卵子を摘出して精子とかけあわせて受精卵をつくる段階での性選択が技術的には可能となった。そのため、一九九四年に定められた出生前診断技術（規制と乱用の防止）法は、二〇〇三年に着床前・出生前診断技術（性選択の禁止）法へと修正され、どの段階においても性選択が禁じられるようになっている。法律では、医療機関や医師らの他に、性別判定を希望した妊婦の家族も罰せられるようになっており、妊婦個人というよりも家族の責任をより重視した内容となっている。

とはいえ、こうした抑止法の存在にもかかわらず、前述したように子どもの性比が拡大し続けており、法律の実効性は乏しいとされる。妊婦検診が行われる診察室という場において、当事者の間でどのようなやり取りが行われているかはわからず、立件することも難しい。報酬を介した違法な取引が行われている可能性も容易に推察されるものである。すでに生まれている子どもの性別が、新たに生まれてくる子どもの性別に与える影響も指摘されており、性別判定を禁止する法だけでは有効な抑止力とはなっていない。

（松尾　瑞穂）

ダウリー禁止関連法

「ダウリー禁止法」は、一九六一年に制定され、一九八四年、一九八六年に改正された結婚持参金（ダウリー）の授受行為を禁止する法。同法第二条では、ダウリーを「結婚時、結婚前、あるいは結婚後に、結婚の対価として、一方の当事者がもう一方の当事者に対して、または、双方の当事者の両親か他の人物が、双方の当事者かその他の人物に対して、直接または間接に、贈与するか、贈与することを同意した、すべての財産、あるいは証券」と定義し、ダウリーの授受行為やその要求を禁止している（後述するように、本条はのちに改正される）。ダウリーを受け取る行為とともに、与える行為が禁止され、ダウリーを与えた側は受け取った側と同等の処罰を受けることが本法の一つの特徴といえる。

一九七〇年代末以降「ダウリー殺人」等ダウリーが原因とされる女性に対する暴力がメディアにさかんに報じられ、ダウリーに抗議する女性運動が活発化した。こうしたなかで、一九八〇年代にダウリー禁止法に二度の改正がなされたことに加え、ダウリーの授受行為のみならず、そこから派生する女性に対する暴力を阻止するための、新たな刑法および証拠法の制定が相次いだ。

まずは一九八三年に、インド刑法に第四九八条A（「女性に対する夫または夫の縁戚による虐待」）が新たに加えられた。これは、夫またはその縁戚が女性を虐待した場合、三年以下の禁固刑に処すことを定めた、既婚女性を夫やその縁戚による虐待から守ることを目的とした刑法である。この場合の「虐待」は、女性に自殺を図らせたり、（精神面または身体面において）女性の命、手足、健康に深刻な傷害または危険をもたらしたりする残虐な行為、あるいは、女性またはその関係者に対して、財産や証券を不当に要求し、女性またはその関係者が要求を満たせないことを理由に彼女を威圧する行為と規定されており、「ダウリー」の要求に端を発する虐待を意識した内容である。また、本刑法の実効力を高めるため、証拠法第一一三条Aにおいて、既婚女性の自殺が、彼女の結婚から七年以内の出来事であり、夫かその縁戚から虐待されていた事実があれば、彼女の自殺が夫かその縁戚に教唆されたものであると推定することが裁判所に認められた。

翌一九八四年には、ダウリー禁止法においてダウリーの定義を示した第二条の「結婚の対価として」との条文箇所が、「結婚に関係して」とダウリーの含意を幅広くするように改正されるとともに、結婚の対価でない贈り物の授受を認めた同条の説明一が削除された。また、同法第四条にダウリーの「要求」それ自体を禁止する条項が加えられた。

一九八四年のダウリー禁止法の改正では不十分であるという女性組織等からの主張を受けて、八六年には、禁止法第二条のダウリーの定義に関して、その贈与の時期が「結婚時、結婚前、あるいは結婚後」から、「結婚時、結婚前、あるいは結婚後のいかなる時でも」に改正され、実情に即してダウリーの含意がさらに幅広く規定されるに至った。また、新聞や定期刊行物等のメディアに、息子または娘の結婚の報酬として財産等を分与するといった広告を掲載することが禁じられ、このような行為に対し罰則が設けられた。

こうした改正に関連して、同一九八六年に、ダウリーの要求が関係した暴力によって、女性を殺害したり、女性を自殺に追い込んだりした者に対し、七年から終身までの禁固刑を科すことを規定した刑法第三〇四条B（「ダウリー死」）が成立した。同法は、一九八三年にインド法律委員会によってダウリー死に関する法の整備が提言されたことを受けて制定されたものである。同法ではダウリー死を、結婚後七年以内に、死の直前にダウリーの要求に関係した、夫か夫の縁戚による虐待か嫌がらせの事実があり、死因は火傷か身体的な傷害とされる女性の死と定義し、ダウリー死に加担した者に対して七年から終身までの禁固刑が科せられた。

また、これと同時に証拠法第一一三条Bが設けられ、ダウリー死の疑いがある事件について、被害女性に対する夫またはその縁戚による虐待か嫌がらせが、ダウリーの要求に関係し、かつ、女性の死の直前にあったことが立証されれば、裁判所は、夫またはその縁戚がダウリー死を引き起こしたものと法律上推定して起訴することができると規定された。これは、「私的空間」における暴力に十分な証拠を得ることの難しさに対する措置として設けられたものであり、本法によって物的証拠がなくとも刑法第三〇四条Bの罪を起訴できることになる。

ダウリーに関わる暴力への抗議は女性運動初期から大きなテーマであり、それを受けて抑制を目指した法整備が進むなか、実際の効果については疑問が付されており、ダウリーの要求が下火になったという兆候はみえない。そればかりでなく、近年では、刑法第四九八条Aが、実態のないダウリーハラスメントを訴え、夫やその親族を収監に追い込もうとする妻によって「悪用」されているとし、示談を可能とする内容に修正するか削除することを要求するバックラッシュも生まれている状況である。

（小林　磨理恵）

DV防止法
Prevention of Women from Domestic Violence Act

「家庭内暴力」を防止するために制定されたはじめての法律である。同法の成立以前に、家庭内暴力に関する法律として、一九八三年に刑法第四九八条A（「女性に対する夫または夫の縁戚による虐待」）、一九八六年に刑法第三〇四条B（「ダウリー死」）が制定された。こうした法整備にもかかわらず、家庭内暴力は増加の一途をたどり、ダウリー関連の暴力に限定されない、広義の家庭内暴力を取り締まる必要性も訴えられ、二〇〇五年に同法が成立するに至った。

同法では、家庭内暴力を次のように定義している。

① 被害者の精神的または身体的な健康、安全、生命、手足または幸福に、危害を加えるか、それらを傷つけるか、危険にさらすか、あるいはその傾向がある行為。身体的虐待、性的虐待、言葉による感情的な虐待、経済的虐待の要因となる行為を含む。

② ダウリーやその他の財産、証券の不当な要求を満たすために、被害者やその関係者を苦しめる、危害を加える、傷つける、危険にさらすといった行為。

③ 第一項または第二項に関連した行為をもって被害者やその関係者を脅迫する行為。

④ 被害者に対して身体的または精神的に危害を加えるその他の行為。

この場合の「被害者」は、妻の他に、事実上の婚姻関係にあって同居している、いわゆる内縁の女性も含む点で、刑法第四九八条Aよりも被害女性の幅を広くもたせている。そのため、被告には、夫とその縁戚に加えて男性のパートナーも含まれる。第一項にて言及された四つの虐待行為（身体的虐待、性的虐待、言葉による感情的な虐待、経済的虐待）については別途詳細な説明がなされ、家庭内で発生する女性に対するあらゆる暴力を包摂する内容となっている。

本法の特徴の一つに、州政府に任命される公的な保護官と、女性の人権保護を目的とした任意団体などで、州政府に登録されるサービス提供者を設置したことが挙げられる。両者は被害者に対して法律扶助を与え、告訴のための所定の書式を無料で得られるようにしたり、被害者に安全な避難所を用意したり、診療を受けさせ、家庭内暴力の疑いがある場合には警察や治安判事に診断書を提出したりすることを任務とする。保護官は治安判事の監視下に置かれてこれら任務を遂行することを義務とし、義務を果たさなかった場合には罰則が科せられる。

治安判事は、家庭内暴力が起きている、または起こりそうだということが明白だった場合、被害者の保護命令を下す。その際、加害者は、家庭内暴力に及ぶこと、被害者の雇用先に立ち入ること、被害者が子どもの場合は学校等に立ち入ること、どのような手段でも被害者と連絡を取ろうとすること、加害者と被害者が共同あるいは単独で保有するあらゆる資産、銀行の貸金庫、銀行口座を治安判事に無断で譲渡すること、家庭内暴力から被害者を救済しようとした者を暴行することなどが禁止される。また、この保護命令に従わなかった場合、罰則が科せられる。同時に、加害者が刑法第四九八条Aや「ダウリー禁止法」等に違反した疑いがある場合、治安判事は告訴することもあり得る。

また本法は、係争中に被害者が家から放逐され、行き場所がなくなるという実際的な問題を考慮し、被害者が婚家に居住し続けることを可能とする条項が盛り込まれた点が注目される。

さらに、同法には被害者の金銭的救済が規定されている。治安判事は、被害者、保護官、その他被害者の代理人からの救済を求める申請を受理し、保護官またはサービス提供者から提出された家庭内事件の報告書を検討したうえで、家庭内暴力による被害者とその子どもの損害に対する補償金の支払いを、加害者に対して命じることができる。この補償には、収入の損失や被害者の所有財産の損害、医療費、被害女性およびその子どもの生活費等が含まれる。こうした補償は、被害者の生活水準に一致した適正な額であるべきだと規定されている。加害者がその支払いを怠った場合は、治安判事が加害者の雇用主または債務者に対して、被害者に直接支払ったり、給料や借金の一部を裁判所に預けたりするよう指示を出す。

なお本法では、すばやく家庭内暴力に対処するために、裁判所が申請を受理してから三日以内に治安判事による事情聴取が行われ、最初の事情聴取から六日以内に申請を処理することが規定されている。また、申請書の内容から、加害者が家庭内暴力に及んでいる、あるいはその可能性があることが明白だと治安判事が判断した場合、一方の申し立てのみで保護命令を下したり金銭的救済等を講じたりすることが許されている。

なお、二〇〇五～〇六年の全国家族保健調査では、半数以上の男女が、夫が妻を殴ることを許容しているという結果も出され、家庭内暴力を法的整備のみで解決することの限界も指摘されている。

（小林 磨理恵）

デーヴァダーシー奉納禁止関連法

デーヴァダーシー（神に仕える女の意で舞踊や歌唱を行う）制度の廃止を目的として、少女のヒンドゥー寺院への奉納を禁止する一連の法律。デーヴァダーシーが広範に存在する南インド各地で、二〇世紀前半、次々と立法化された。寺院奉納された少女は神と婚姻したとみなされ、生涯にわたって寡婦となることがない。そのため、デーヴァダーシーによる舞踊や歌唱は、寺院儀礼や宮廷の宴席、結婚式などで、縁起のよい吉なる存在として不可欠であった。実際には、奉納された女性の呼称、奉納の際の婚姻儀礼の有無、寺院役務の種類など、デーヴァダーシーの慣習は地方ごとに多様だが、いずれにせよ、正式の婚姻関係を結ばずに男性と性交渉を行う点は共通している。彼女たちは、しばしば寺院役務の見返りとして免税地を与えられ、後継女児のない場合には養子縁組を通じて寺院役務と免税地の特権を相続した。

一九世紀後半、ヨーロッパで廃娼運動が勃発すると、デーヴァダーシーの慣習は宗教の名のもとに制度化された売春であり、養子縁組は人身売買であり、「不道徳な社会悪」として非難されるようになった。彼女たちは一括して「デーヴァダーシー」または「踊り子」と総称され、特に大規模な寺院が多く存在するマドラス管区の知識人たちの間では、舞踊公演に反対する運動が組織的に展開されるようになった。二〇世紀に入ると、ヨーロッパで婦女子の人身売買を禁止する国際協定が批准され、インドも国際協定調印に向けて何らかの対応を協議せざるを得なくなった。政府は、原則的に「宗教・慣習への不介入」の方針に基づき、インド各地の婚姻慣習の多様性、ヒンドゥー寺院とデーヴァダーシーとの深い結びつき、宗教上の既得権益をめぐる問題への不介入を理由に、制度廃止のための法整備を躊躇し、あくまで売春防止と婦女子の保護に関する刑法の範囲内で対処しようとした。刑法改正に関する議会の論争では、インドの特殊な売春ルートとして少女の寺院奉納が話題になったが、その後も長期にわたってこの問題をめぐる論争は続いた。

デーヴァダーシー制度廃止をめぐる論争を検討してみると、制度廃止派の議員は一貫して、この制度が「不道徳な社会悪」であり、あらゆる宗教は「不道徳」を非難しており、デーヴァダーシー制度自体に宗教的正統性はなく、制度を廃止するのが妥当だと主張している。一方、制度擁護派の議員は、デーヴァダーシーの寺院役務と売春とは無関係で、売春は寺院の外で行われており、この問題を宗教に責任転嫁して寺院を攻撃対象にするのは理不尽だと主張する。つまり、いずれの立場にあっても、宗教と売春とは別のものであり、前者を正、後者を負の存在として両者を切り離して論じることで、自らの主張を正当化しようとしていることがわかる。

最初に少女の寺院奉納廃止を定めたのは、一九〇九年のマイソール藩王国の通達であるが、正式な立法化は三四年の「ボンベイ・デーヴァダーシー保護法」が最初である。これに次いで各地の藩王国やポルトガル領ゴアでも制度廃止が立法化された。しかし、大規模なヒンドゥー寺院が多いマドラス管区では、古代からデーヴァダーシー制度が存在し、激しい反舞踊運動が展開されたにもかかわらず、制度廃止の立法化は、インド独立直後の四七年まで待たなければならなかった。

マドラス管区で、デーヴァダーシー制度廃止の急先鋒となったのは、医師で女性運動の指導者でもあったS・ムットゥラクシュミ・レッディ（一八八六〜一九六八）である。彼女は、二六年にマドラス参事会の議員に任命され、翌年には副議長となり、女性問題の解決に取り組んだ。二七年には参事会にデーヴァダーシー制度廃止の早期立法化を求める決議案を提出、賛成多数で採択された。二九年には、ヒンドゥー寺院財産の管理・監督権について定めた「マドラス・ヒンドゥー宗教寄進法」を改正、デーヴァダーシーに報酬として与えられていた免税地を役務遂行の義務から解放し、役務をやめることによって被る経済的な損失を補おうとした。翌三〇年には売春防止を目的とした「マドラス不道徳な取引抑制法」が成立したが、デーヴァダーシー制度廃止を目的とした法案は先送りとなった。この頃から、マドラス管区ではデーヴァダーシーの舞踊を社会改革と切り離し、伝統芸術として保護育成すべきとの声が高まった。こうして独立後の四七年、正式に制度廃止を定めた「マドラス・デーヴァダーシー（奉納防止）法」が立法化された。

独立後に州となったカルナータカ州やアーンドラ・プラデーシュ州の大部分は、英領期には藩王国あるいはボンベイ管区やマドラス管区の法的範囲にあり、デーヴァダーシー制度廃止を定めた州独自の法律がなかった。これらの地域ではデーヴァダーシー制度が社会問題化していたが、一九八二年にカルナータカ州、八八年にアーンドラ・プラデーシュ州、二〇〇六年にマハーラーシュトラ州でそれぞれデーヴァダーシー制度廃止を目的とした法律が制定された。とはいえ、いまだに少女が不法に寺院に奉納され、ムンバイーなど都市の娼婦の供給源となっているのが現実である。

（井上 貴子）

この司法規則がもたらした社会的・政治的な影響は大きい。まず、インド人の間で宗教の違いが明確化され、宗教的アイデンティティが強化される契機となった。また、古代・中世のヒンドゥー法典類がサンスクリット語から英語に翻訳されることによって、その内容がインド社会により知られるようになるとともに、ヒンドゥー法がはらむ、きわめて強固なバラモン中心的な価値観に優越性を与えることになった。

社会改革運動が進むなかで、一八五六年の「ヒンドゥー寡婦再婚法」など、一定の修正がヒンドゥー法に加えられたが、女性の財産権や婚姻・離婚をめぐるジェンダー差別が論じられるようになるのは、二〇世紀初頭以降、各地で教育を受けたエリート女性たちによる組織的な運動が誕生してからである。一九二九年の「幼児婚抑制法」（通称、法案の提出者の名前から、シャールダー法とも呼ばれる）は、はじめて婚姻が認められる最低年齢（女性は一四歳、男性は一八歳）を定めたが、女性組織は、その成立および執行の徹底に大いに関与した。この法律は、宗教の別なしに適用される、イギリス支配時代最後の民法関連の法律になった。

一九三〇年代には、イスラーム教徒のみを対象にした「シャリーア適用法」（一九三七年）、「ムスリム婚姻解消法」（一九三九年）が制定される一方で、ヒンドゥー教徒に関しては、「ヒ

統一民法典

Uniform Civil Code

インド独立後、一九五〇年に成立したインド憲法第四四条は、「国は、公民のためにインド領域内を通じての統一民法典を保障するようつとめなければならない」とし、宗教の別なく、普遍的に適用される民法をつくることを国家の努力目標として掲げている。しかし、インドでは、現在でも、婚姻、離婚、相続、養子、親権などに関する家族法の分野では、宗教ごとに別個の法律が適用されている（属人法と呼ばれる）。

こうした状況は、イギリス支配の初期、一七七二年、当時のベンガル知事ヘイスティングズが示した司法に関する規則にたどることができる。同規則では、「相続、婚姻、カースト、その他の宗教的慣習に関わる訴訟においては、イスラーム教徒に対して、コーランの法（シャリーア）を、ヒンドゥーに対してはシャーストラの法（ヒンドゥー法）を適用する」とされた。この原則に従って、裁判所には、イギリス人判事を補佐するために、ヒンドゥー法とシャリーアに詳しいバラモン、イスラーム法官がそれぞれ任命されていた（一八六四年まで）。

ンドゥー女性財産権法」（一九三七年）などが成立した。民族運動が進展する過程で、宗教の境界線が、家族法、換言すれば、ジェンダー関係のあり様によってさらに確定していったといえる。そうしたなかで、**全インド女性会議（AIWC）**などの女性組織は、一九三〇年代から、ジェンダー平等の観点から統一民法典への要求を挙げるようになった。

ヒンドゥー家族法に関しては、一九四〇年代初頭からB・N・ラーオを委員長とする委員会が二次にわたって設置され、ヒンドゥー法全体の見直しが開始された。一九四七年に上程されたヒンドゥー法典案は、はじめて、一夫一婦制や娘の相続権、離婚などを盛り込んだ。法典案に対して、「ヒンドゥー教の危機」を訴える大反対運動が起こり、初代法相ビームラーオ・ラームジー・アンベードカルの辞任にまで至った。それでも最終的には、一九五五年から五六年にかけて「ヒンドゥー婚姻法」「ヒンドゥー相続法」「ヒンドゥー未成年および後見法」「ヒンドゥー養子および扶養法」が成立し、一定のジェンダー平等が達成された。しかし、宗教を原因としてパキスタンとの分離独立を経験したインドでは、明らかに宗教的少数派となったイスラーム教徒に配慮して、イスラーム教徒の家族法には手がつけられないままに時間が経過した。

ヒンドゥー家族法については改革が行われる一方で、イスラーム家族法の改正がなされなかったという事実は、一九八〇年代に台頭したヒンドゥー至上主義勢力に、イスラーム教徒は「後進的」「女性抑圧的」「分離主義的」であるという攻撃材料を提供する結果となった。こうした言説は、一九八五年に出された**シャー・バーノー裁判**の最高裁判所判決をめぐって顕著であった。

フェミニストたちは、改革後のヒンドゥー家族法を含め、いずれの属人法も家父長的であるとして、非宗教的でジェンダー平等に基づいた統一民法典を要求してきた。しかし、一九八〇年代半ば以降、前述のシャー・バーノー裁判をめぐって、統一民法典の要求がヒンドゥー至上主義勢力によって、いわば「ハイジャック」されるなかで、国家が主導してトップダウン式に行われる統一民法典の制定については、慎重な声が出されている。

なお、インド憲法第四四条に統一民法典の成立が盛り込まれた背景には、ジェンダーの平等を目したというよりも、普遍的に適用される民法が国民統合に必須な要件であるという論理が、民族運動期以来働いていたという事実がある。

（粟屋 利江）

売春防止関連法

売春に関する法には、一八歳以下の売買春を禁じたインド刑法（一八六〇年制定）第三七二条および第三七三条、また「不道徳な取引（防止）法」（一九八六年）がある。「不道徳な取引（防止）法」は、人身取引と女性の搾取を防止するための国際条約（一九五〇年）にインドが調印したことを受けて制定された、「女性と少女の不道徳な取引抑制法」（一九五六年）を二度改正し、名称を変更したものである。

本法における「売春」の定義は、「営利目的または金銭などの報酬のために個人を性的搾取または虐待する行為、あるいは売春を明示する行為」とされている。具体的な罰則対象としては、次のようなことが挙げられている。

・娼館を経営すること、または、施設の娼館としての利用を許可すること
・売春目的で個人を斡旋したり、勧誘したり、連れ出したりすること
・売春が行われている施設（娼館等）で人を拘束すること
・公共の場あるいはその近辺で売春すること
・売春目的で誘惑したり客引きしたりすること

また、これらの罰則対象について、それぞれ禁固と罰金の刑が明記されている。例えば、娼館を経営した場合、初犯であれば一年以上三年未満の禁固刑と二〇〇〇ルピーの罰金が科せられ、再犯であれば二年以上五年以下の禁固刑と二〇〇〇ルピーの罰金が科せられる。

本法の趣旨は、第三者が報酬目当てに個人を性的搾取することを取り締まることにあり、女性が個人的に行う「売春」それ自体は禁止されていない。女性が公共の場から離れた場所で、自分自身の収入のために性サービスを提供することについては本法での「売春」の定義に含まれず、処罰の対象とはならないのである。また、買春客が処罰の対象から外れていることも一つの特徴である。

不道徳な取引（防止）法をめぐっては、改正の議論が様々になされてきた。最もよくみられるフェミニストの改正提案は、売春する女性が警察の規制やハラスメントを受けることのないように、彼女らのあらゆる行為を非犯罪化し、一方で、売春宿の管理人や売春斡旋業者、人身売買業者、買春客などを厳しく法的に取り締まるというものである。

その他の議論には、売春を労働の合法的な一手段として位置づけ、安全な労働環境を娼館の管理人や買春客に対し要求

する権利、安全性、健康、衛生を理由に性行為を拒否する権利、医療扶助の権利、妊娠中に性行為を拒否する権利などを明記するよう求める提案もあった。一方で、不道徳な取引（防止）法を完全に撤廃し、売春を合法化すべきだとの主張もなされた。

一九九六年に国家女性委員会（ＮＣＷ）がこの問題に関心を寄せ始め、一九九七年にはＮＣＷと共同女性プログラム、女性の人権を守る活動をするＮＧＯが人権の観点から売春を考えるワークショップを組織した。ここでは、不道徳な取引（防止）法は撤廃されるべきではなく、改正されるべきだとの結論に至った。特に、公共の場で売春することを禁じる条項と、苦情があった場合に、セックス・ワーカーを立ち退かせることができる条項の改正が議論された。

二〇〇六年には、不道徳な取引（防止）法の改正法案が、女性・子ども開発省より下院議会に提出された。本法案では、「人身取引」の定義がなされたうえで、人身取引をした者には最低七年の禁固刑、再犯の場合には終身刑が罰則として設けられ、現行の法律よりも厳罰化されている。また、「人身取引の被害者の性的搾取を目的として、娼館を訪問した者、あるいは娼館で発見された者」を処罰の対象としており、不道徳な取引（防止）法では処罰対象でなかった「買春客」を取り締まることが意図されている。二〇〇九年には最高裁判所が売春の合法化を検討するよう政府に求めた。売春を規制し、性労働者が健康維持のために社会福祉サービスを受けられることが売春の合法化による利点であるとされる一方、売春合法化の反対派は、合法化は人権侵害を正当化するものだと主張している。

二〇一七年現在、不道徳な取引（防止）法の改正はなされていないが、二〇一三年刑法（改正）法令において、人身取引およびその搾取を罰する刑法第三七〇条が制定された。同条では、身体的、性的な搾取を目的として、脅迫や報酬の授受などにより、人を募ったり、移送したり、受け渡したりする「人身取引」を処罰対象としたうえ、七年以上一〇年以下の禁固刑および罰金を科している。また、被害者が子どもである、あるいは複数名である場合などは、さらに罰則が厳しい。

なお、一九九〇年代から、セックス・ワーカーたちの組織化も始まり、積極的に「売春」問題に対して意思表明をするようになっており、彼女たちは、セックス・ワークを通常の労働と認めるよう要求している。

（小林　磨理恵）

バーラト・マーター（母なるインド）

Bhārat Mātā

母（女神）として表象されたインド国民国家を表現する言葉。バーラトは独立インドの正式名、マーターは母（女神）の意味。インド民族運動の時期、植民地化されたインドが女神や若い女性としてイメージされ、歌に歌われたり、ポスターに描かれたりすることが盛んに行われた。その姿は、インド地図に重ね合わされることも多かった。インド国民、特に、インド人男性たちは、イギリスに囚われの身となった母なるインドの解放のために、自己を犠牲にするよう感情的に訴えられた。個人的なテロリズムでイギリス支配に抵抗し、命を落としたインド人男性活動家たちが、バーラト・マーターとともに描かれるポスターは、多数存在する。今日でも、とりわけ、ヒンドゥー至上主義的な勢力によって、「バーラト・マーター」は、仮想敵とされる宗教的マイノリティ（イスラーム教徒やキリスト教徒）、海外諸勢力から守るべきインドを語る文脈で頻繁に使われる表現となっている。

インドがバーラト・マーターとしてイメージされた事実は、イギリスがブリタニア、フランスがマリアンヌという女性像で表象される現象と近似する。しかし、バーラト・マーターがもった継続的な影響力は、インドにおける女神信仰の強さや、政治的な意味など、インド固有の歴史のなかに位置づける必要がある。インドを女神としてイメージする現象は、一九世紀ベンガルの知識人バンキムチャンドラ（一八三六～九四）の歴史小説『アナンドの僧院』（最終版は一八九二年）、特にそこに挿入された、「バンデー・マータラム（母なるインドをたたえる）」という表現が繰り返される詩の人気と切り離されない。同小説のあらましは、家族や恋人などとの関係を立ち切ったヒンドゥー男性出家者グループが、イギリスと結んだイスラーム勢力と闘うというものである。小説の中では、インドの過去、現在、未来が、それぞれ異なった女神の姿として示されるシーンもある。

バンデー・マータラムは、小説とは別に独立して歌われるようになり、例えば、一八九六年のインド国民会議派のカルカッタ年次大会で、ラビーンドラナート・タゴールが歌った。その後も、ベンガル分割反対運動（一九〇五年）以降、インド民族運動のなかで、バンデー・マータラムは愛国歌、スローガンとして広まった。しかし、一九三〇年代にインド国民会議派とムスリム連盟の間での政治的亀裂が深まると、一部のイスラーム教徒から、女神をたたえる「バンデー・マータラム」

の内容が偶像崇拝を禁止するイスラームの教義に反する、歌が挿入されたバンキムチャンドラの歴史小説のストーリー自体が反イスラーム的であるという批判が出された。その結果、国民会議派は、公の場では、女神の描写が現れる部分の前までを歌うことを決定した。独立後、インド国歌はタゴール作の「ジャナ・ガナ・マナ（人民の心）」となったが、バンデー・マータラムはナショナルソングという特別の位置づけを与えられた。ヒンドゥー至上主義の立場に立つ諸勢力は、自分たちの勢力下にある学校や組織では、イスラーム教徒からの批判があった部分を含め全体を歌い、議会でも、同様のことを要求し、政治問題にも発展した。

インドにおける女神信仰の歴史は長く、女神を描く伝統も同様であるが、バーラト・マーターの描かれ方は民族運動のなかで独自の変容をみせた。例えば、ドゥルガーやカーリーなどを典型として、女神はしばしば邪神を退治するパワフルで動的な姿で描かれることが少なくないが、バーラト・マーターは時に鎖でつながれた（こうした場合、女神であるよりも、若い女性であることが多い印象がある）、救済の対象として、あるいは、民族運動の男性闘士たちに剣を与えて闘いに正当化を付与したり、彼らの死に栄光や癒やしを与える姿をとる。ただし、独立後におけるヒンドゥー至上主義的な勢力によるバーラト・マーターのイメージは再び動的な要素を回復し、むしろ、人々を扇動するような姿をとるようになっていることがうかがわれる。

また、バーラト・マーターの姿が、インド地図と重ね合わされるのは新しい発想だった。国境線によって確定した領土を有することを成立の一つの要件とする国民国家を端的に表象するものである。一九三〇年代、ワーラーナシーには、インドの地図を神体として祀るバーラト・マーター寺院が登場した。

著名なベンガル派画家アバニンドラナート・タゴール（一八七一〜一九五一。ラビーンドラナート・タゴールの親族）による作品「バーラト・マーター」（一九〇二〜〇五年頃）はサフラン色の衣を着け、四本の手には数珠、稲、白布、貝葉文書をもち、ヒンドゥー的価値を体現しているが、もともとは「バンガマーター（ベンガルの母）」という作品名だった。

一九世紀後半には、タミル語古典文学の再発見に伴うタミル語の文芸復興運動のなかで、タミル語を母（女神）のイメージで表象するタミル・ターイ（タミルの母）も登場、今日では、これをたたえる歌がタミル・ナードゥ州の州歌となっている。

（粟屋　利江）

パルダー

「パルダー」の用語はペルシャ語に由来し、カーテンを意味する。女性を隔離する布や、広義には女性が家から外出するのを制限する慣行を指して用いられる。パルダー慣行について、第一に、家族の名誉と女性の保護を結びつける説明がある。女性を外部の男性から保護し、女性のセクシュアリティを管理するために行うとされる。

第二に、男性が女性を支配するための手段、女性が経済力や権力をもつことを制限するためという説明がある。実際、イスラーム社会では、パルダー慣行を守ることで女性が教育を受ける機会を逃し、低い識字率や女性蔑視につながっているという批判がある。特に農村部においてこの傾向は強い。しかし、都市部では女性が外出する際には、全身をすっぽり覆い隠すコート（ブルカー）を被り、窓を黒くした乗用車や列車・バスの女性専用車両を利用するなど、外出手段も整っている。レストランの家族席、女性専用銀行、女性専用百貨店、公園や動物園の女性専用開園日などもあり、男性の視線を気にかけずに自由に過ごすことができる。

女性が公的空間に姿を見せないことが、その家の格を上げるという考え方はヒンドゥー教徒の間にもみられる。都市部エリート層は近代化とともにパルダーを行わなくなったが、農村部では、社会的地位を上昇させようとする家族がパルダーを採用する傾向がある。しかしながら、ヒンドゥー教徒の間では、パルダーにイスラーム教徒とは異なる意味づけが与えられており、特に上層カーストの女性は、パルダーを守る理由を「夫への帰依（パティヴラタ）」と結びつけている。自己を犠牲にし、夫へ仕えることが理想の女性の姿であり、パルダーはその表現の一つとみなされる。

最後に、しばしばパルダーと混同されるが、北インドのヒンドゥー教徒の間には「グーンガトを引く」という社会慣行がみられる。グーンガトは女性の顔を覆うヴェールを指し、ヴェールを引くことは、相手に対する尊敬や女性の恥じらいを表す。パルダーとの大きな違いは、前者が外部者の視線から女性を隠すために行われるのに対し、後者は拡大家族（身内の間）で、嫁の立場にある女性が義理の関係にある年長者に対して行うもので、家族の人間関係をスムーズにする働きがある。

（中谷 純江）

ヒジュラー

Hijdā

ヒンディー語あるいはウルドゥー語で、肉体的には男として生まれながら、通常は女装し、女性のようにふるまう者を指す語として広く用いられている。先天的な半陰陽も少数存在し、自らをトランスジェンダー、あるいは性転換者とみなす者もいるが、社会的には男でも女でもない第三の性をもつ者として扱われている。自らの意思で家族を捨ててヒジュラーの集団に加入し、そこで去勢手術を受けることが多い。現在ではパスポートに（E）、すなわち去勢男性を指す英語のユーナックのカテゴリーが存在し、鉄道では女性車両の利用が可能といった配慮もあるが、選挙のときなどは男女いずれかの性別を選ばなければならない。また、ヒジュラー全員が去勢しているとは限らないため、ユーナックというカテゴリーを公的に使用しないよう求める動きもある。

歴史的には、ヒンドゥー寺院やイスラーム宮廷を含めて社会的にその存在が認められてきた。バフチャラ・マーター女神（総本山はグジャラート州）はヒジュラーと特に関係が深く、この女神は夫を去勢した王女、あるいは強かんしようとした男に呪いをかけて不能にした女が転生したものとみなされている。また、シヴァ神とその妻パールヴァティーが半々に合体したアルダナーリーシュワラはヒジュラーの守護神として重要である。インド二大叙事詩のなかにもヒジュラーが子の誕生や結婚式を祝福したという逸話が含まれている。

しかし、英領期に入ると性的逸脱者として公共の場から排除されるようになった。刑法で去勢は犯罪とされ、一八七一年にはクリミナル・トライブ（世襲・職業的犯罪者集団）法の制定により、ヒジュラーは登録と規制の対象となった。独立後の一九五二年にこの法が撤廃された後も、ヒジュラーに対する偏見が簡単に変わることはなかった。一九八〇年代に入ってジェンダー研究が盛んになるとヒジュラーへの関心が高まり、一九九〇年代後半からはヒジュラー自身が公的な認知を求めた運動を行うようになった。二〇一一年センサスでは、男女の他に「その他」の性別カテゴリーが設けられ、はじめてトランスジェンダーの人口統計が出された。その人口は約五〇万人とされるが、実数はもっと多いと思われる。一九一四年、最高裁判所はトランスジェンダーに対して「第三の性」としての地位を認めた。さらに、社会的・経済的な後進諸階級に位置づけ、留保制度の枠内で教育や就業の機会を優先的に与えるべきだと提言した。彼らの地位は社会的に認知されつつあるが、権利獲得の側面ではまだ課題も多い。
ヒジュラーは一種の家族的共同体を形成しており、「グル（師）」と呼ばれる指導者を中心とした家系への入門式を経て共同体の成員とみなされるようになる。その最終段階が去勢手術であり、これはバフチャラ・マーター女神の力を媒介できるようになるための通過儀礼とみなされている。去勢手術はしばしば女神寺院の境内で儀礼として行われてきた。こうして宗教的にも正式にヒジュラーになった者の伝統的な役割は、結婚式や新生児の誕生に際して、歌と踊りによって祝福することである。自らを女神の召使いとみなすヒジュラーにとっては、最も宗教的かつ崇高な役割であり、生計を立てる第一の道であるが、これだけで生計を立てるのは難しい。第二に、通りを歩いて施しを得ることである。物乞い行為は苦行とみなされ、宗教者を自認するヒジュラーのアイデンティティと矛盾するものではないが、一般の人々から忌み嫌われ、差別的な扱いを受ける原因ともなっている。第三は売春である。特に都市部では売春のみを生業とするヒジュラーが多く存在し、収入源として最も重要な位置を占めるが、宗教的理想像とはかけ離れており、HIVに感染する確率も高まる。以上のように、今日もヒジュラーは社会的に周縁化された存在で、その地位は相対的に低い。

インド亜大陸にはヒジュラーと同様の集団が各地に存在する。タミル・ナードゥ州でアラヴァニあるいはティルナンガイと呼ばれる人々は、自らを「男の体に捕らえられた女」と認識している。毎年四～五月にクーヴァガム村で一八日間にわたって、クリシュナ神とアラヴァン神の結婚を祝う盛大な祭りが行われ、全インドからヒジュラーあるいはトランスジェンダーを自認する人々が集まる。その際には、美人コンテストやエイズ・セミナーなども開催される。カルナータカ州やマハーラーシュトラ州では、イェランマ（レーヌカー）女神に子どもを奉納する習慣がある。女はジョーガティ、男はジョーガッパと呼ばれ、ヒジュラーに類似した習慣をもち、子どもの誕生を祝福したり、結婚式の際に踊ったり歌ったりする。コティという用語は全インド的に使用されており、男性同性愛者のうち女性役割を行う者を指す。ヒジュラーはコティであることが多いが、すべてのコティがヒジュラーとは限らない。また、コティはヒジュラーのような閉鎖的な集団を形成しない。キンナルは、北インドでヒジュラーとほぼ同義の用語として流通している。古代仏教壁画に描かれてきた天上の楽人キンナラに由来し、近年ではこの呼称を好む者が増加している。

（井上 貴子）

『ファイヤー』

Fire

ディーパー・メーフター監督、インド・カナダ合作映画。主演はシャバーナー・アーズミーとナンディタ・ダース。**イスマット・チュグターイー**の小説『キルト』（一九四二年）に触発された作品で、インドの商業映画としてはじめて同性愛を正面から取り上げた。メーフター監督の代表作「エレメント三部作」の第一作目にあたり、第二作目は、印パ分離独立の混乱のなかで異なる宗教をもつ若者たちが愛し合い、引き裂かれる悲劇を描いた『アース』（一九九八年）、第三作目は、一九四〇年代の農村の幼児婚の悲劇を八歳で寡婦となった少女を通じて描いた『ウォーター』（二〇〇五年）である。

ニューデリーの兄夫婦の家に弟の嫁としてやってきた新妻ニーターは、典型的な合同家族の古い価値観に合わず、夫の浮気にいら立ちを募らせる。兄嫁のラーダーは子ができず、夫は宗教に入れ込んで禁欲を貫き、欲求不満が高まるばかりである。二人は互いに惹かれ合い、愛し合うようになるが、使用人に現場を目撃されて夫に関係がばれてしまう。二人は家庭を捨てて生きることを選ぶ。

一九九八年、女性の性と欲望を大胆に描いたこの作品は、ラーマ神の妻の名と同じ「シーター」の名を「ニーター」に変えるだけで検閲を通過し、ノーカットで上映された。ムンバイーでは、この映画が不道徳でインドの伝統に反すると主張するヒンドゥー極右政党シヴ・セーナーの活動家たちが映画館を襲撃、暴動はデリーなど諸都市にも波及した。映画は上映中止に追い込まれ、検閲に差し戻された。監督や映画関係者、表現の自由を主張するグループは、上映中止の撤回を求めて最高裁判所に提訴、抗議デモを実施した。その後も対立は続いたが、再びノーカットでの上映が許可された。

ヒンドゥー極右政党は、インド女性を貶《おとし》めるポルノまがいの映画だと断じ、レズビアンを社会的エイズと例えて感染拡大の危険性を訴えた。女性党員はレズビアンが結婚制度を崩壊させると論じた。ゲイの活動家はインドには同性愛の伝統が存在したが、英領期に異性愛制度が強化されたと論じた。フェミニストは、この映画はジェンダー関係を単純化しすぎているが、男による女のセクシュアリティの管理、異性愛と家父長制の結合、女の性の選択の問題について、幅広い議論を呼び起こしたと評価している。監督は、人生の選択を描いたと語っている。日本では、九九年に第八回東京国際レズビアン&ゲイ映画祭で上映された。

（井上 貴子）

『マヌシ』

Manushi

『マヌシ―女性と社会についての雑誌』は、一九七九年に創刊し、インド各地からの寄稿によって編まれた雑誌である。雑誌名の「マヌシ」という言葉は、「人間」を意味する「マヌシャ」が男性名詞であることから、それを女性名詞化したものである。

同誌の出版は、活動家兼研究者であるマドゥ・キシュワルとルース・ヴァニターが一九七八年にデリーに設立し、インドを中心に南アジアの女性、マイノリティ、貧困層といった社会的弱者に対する社会の関心を高めることを目的に、調査・研究から社会運動の組織化までを活動の射程とした団体、「マヌシ」が母体となった。同誌は編集長にキシュワルを据え、女性の家庭生活や労働、女性に対する性的・身体的暴力、女性運動等をテーマとして多く取り上げた。同誌の記事を編集した書に『インドの女たち―「マヌシ」からの報告』（鳥居千代香訳、明石書店、一九九〇年）がある。

最初の一〇年間は英語版とヒンディー語版が隔月刊行されていたが、ヒンディー語版は原稿の不足により停刊した。出版費用は同誌や他の関連図書の売り上げによってまかない、個人の寄付を除いて政府や支援団体の助成や広告掲載は一切受け付けない方針を貫いている。

二八年間絶えることのなかった同誌の発行は、一五七号（二〇〇六年一一／一二月号）を最後に停止された。同誌のウェブサイト上での説明によれば、同誌の休刊は、わずかな資金とボランティアとで運営して出版を担った「マヌシ財団」が深刻な財政難に陥ったためである。その背景には次のような事情がある。

社会正義の実現や基本的人権の強化に向けた活動の実践を重視する団体、「マヌシ・サンガタン」（一九九一年設立）が、特に露天商の人権保護活動に注力する過程で、露天商から金銭をゆするマフィアと対峙することになり、マヌシ・サンガタンのメンバーや露天商の命に関わる脅迫を受けた。その結果、莫大な資源をマフィアやその共謀者との訴訟に充てる必要が生じ、同誌の編集に割く時間と資源が足りなくなったのだという。

二〇一七年現在、冊子体の『マヌシ』は休刊中だが、ウェブサイト（www.manushi.in）には記事が掲載され、財団やサンガタンは活動を継続している。

（小林　磨理恵）

アーナンダマイー・マー

Anandamayi Ma（一八九六〜一九八二）

二〇世紀を代表する女性聖者の一人である。一八九六年に東ベンガルの小さな村（現バングラデシュ）のバラモンの家庭に生まれた。誕生時の名は、ニルマラ・スンダリである。ニルマラーは幼少期から宗教儀礼に強い関心を示し、宗教について深い知識をもった。また、キールタン（神々への讃歌）を好み、キールタンが聞こえると内面の世界に深く入り込み、涙を流したと伝えられる。一二歳でラマニ・モーハン・チャクラヴァルティと結婚し、一四歳のときにラマニの長兄夫婦の家に移り住んだ。そこで彼女は献身的に働き、家族からとても好かれたといわれる。一八歳になったニルマラは、東ベンガルのアシュタグラムで職を得た夫とともに暮らすようになった。この地でニルマラの霊的な能力が周囲に認識されるようになる。ニルマラに魅かれた若い男性は、はじめて彼女を「マー」（ベンガル語でお母さん）と呼び、「いつの日か、世界中があなたを『マー』と呼ぶ」と予言した。夫のラマニはニルマラと性関係をもとうとしたが、彼女にふれようとするたび、彼女は気絶したような状態に陥った。これが一時的な現象ではなかったため、ラマニの家族は彼に再婚を勧めたが、彼はニルマラと夫婦関係であることを選んだ。ニルマラは二六歳のときに、グル（導師）がいない状況で自らヒンドゥー教の規定に従って入信儀礼を行った。夫のラマニはニルマラから入信儀礼を受けてボーラーナートと名を変え、ニルマラをグルとして受け入れた。ダッカでボーラーナートが働き始めてから、霊的な状態に没頭している者がいるとうわさが広まり、ニルマラのもとにすぐに多くの信者が集まるようになった。ニルマラは信者のどんな質問にも自然に返答し、学者や教師の尊敬も集めるようになったと伝えられる。

一九二四年に彼女の弟子となるジョーティシュチャンドラ・ラーイ（バーイージー）がはじめて訪れ、ニルマラを「アーナンダマイー・マー」と名づけた。一九三二年にマーはベンガルを発ち、ボーラーナートとバーイージーとともにインドのデヘラー・ドゥーンへ向かった。その後の五〇年間、マーは一カ所にとどまらず、インド各地を巡礼し、集まる信者に助言と安らぎを与え、市井の人々からジャワーハルラール・ネルー元首相などの著名な政治家にまで、広く親しまれた。マーは一九八二年に八六年の生涯を終えた。

（小林 磨理恵）

アニーター・デーサーイー
Anita Desai（一九三七～）

インド英語文学を代表する作家。「インドのオースティン」とも「インドのヴァージニア・ウルフ」とも称される。一九六三年のデビュー以来精力的に創作を続け、現在一七冊が出版されており、うち二冊が『ぼくの村が消える！』（一九八四年）と『デリーの詩人』（一九九九年）として日本語に翻訳・出版されている。

これまで三度ブッカー賞にノミネートされ、その他にもインド国民文学賞、イギリスのガーディアン紙賞など多数の文学賞を受賞、二〇一四年にはインド国民栄誉賞を受賞した。現在、アメリカ合衆国在住。

一九三七年、北インドのマスーリーにおいてベンガル出身のインド人の父とドイツ人の母のもとに生まれる。幼い頃、家庭では母親の言語であるドイツ語を話していたというデーサーイーは、自身の母語をドイツ語だとする。もっとも、七歳から創作活動を始めたとき、彼女が媒体言語としたのは英語であった。デリー大学で英文学を学んだ後、一九八五年に渡英、一年後に渡米した。児童文学、短編、長編小説などを執筆するかたわら、一九九三年よりアメリカ・マサチューセッツ工科大学で創作を教えている。

デーサーイー作品の特徴は、登場人物の心理状態の緻密な描写にある。彼女がしばしば描く都会の中間層家庭の女性は、文化、世代、ジェンダー間の対立に苦悩する。また、オールドデリーを舞台に、大学講師と破天荒な老詩人の邂逅《かいこう》を軸に描いた『デリーの詩人』は、破天荒な詩人とその周囲に巻き込まれて破滅していく講師の内面や、その心理状態を象徴する風景の緻密な描写が高く評価された。のちに同名で映画化されている。

娘のキラン・デーサーイー（一九七一～）もまた英語作家として活躍中である。一四歳で母アニターとともにインドを離れ、イギリスならびにアメリカで育つ。コロンビア大学などで創作を学び、一九九八年『グアヴァ園は大騒ぎ』で作家デビュー。二作目の『喪失の響き』（二〇〇六年）によって女性作家として最年少の三五歳でブッカー賞を受賞し、さらに、全米批評家協会賞も受賞している。北ヒマラヤの高地を舞台とした同作では、ゴルカ民族解放戦線の運動をきっかけに登場人物の現在と過去が複雑にからみ合う様子が描かれた。ローカルでありながらグローバルな構図を捉えた同作は、世界各国において高く評価された。

（小松　久恵）

アムリターナンダマイー

Amritanandamayi（一九五三〜）

アムリターナンダマイーは、「アンマ（母）」の愛称で世界的に知られる宗教指導者。何人も拒まず抱擁することから、「抱きしめる聖者」として信奉者から尊敬され、これまでに三三〇〇万人を抱きしめたとされている。

アムリターナンダマイーは、一九五三年にケーララ州コッラム県の漁民の家庭に生まれた。幼少期から海辺で瞑想に入り、クリシュナ神を一心に愛する歌をつくっては歌い続けていたと伝えられる。九歳の頃に母親が病気になり、家事と年下の兄弟の面倒をみるために退学した。その後、深刻な貧困を目の当たりにし、彼女の家庭も裕福ではなかったが、貧しい人々に食べ物や衣類を与えた。また、悲しみのうちにある人々を一〇代で無意識に抱きしめ始めた。これらの行為は両親に咎められたが、「男性であるか、女性であるかは問題でない。誰しも私自身と異なる人だと思わない。絶え間ない愛情が私から地上の生きる者すべてに流れていく。これは私の生まれもった力。医者の義務が患者に治療を施すことであるように、私の義務は苦しんでいる人々を慰めることにある」と語ったとされる。一九七九年に最初の弟子が訪れた後、続々と若者が彼女の霊的な指導を求めて弟子になろうと集まるようになり、道場がつくられた。一九八一年には、彼女の精神的活動と慈善活動の基盤となる「マーター・アムリターナンダマイー・マト（僧院）」が誕生した。一九八七年に世界中の信奉者の招待で最初の世界旅行をして以来、インドや世界各地を巡ることに多くの時間を費やしている。

また彼女は、社会的弱者を福祉、医療、教育の面から支援する活動や、災害発生時の復旧活動を継続している。例えば、二〇〇四年インド洋大津波の際に、被災した漁村で自助グループを組織し、漁民が海産物に依拠せず就労する取り組みを開始した。こうした自助教育・雇用プログラムは「アムリタ・シュリー」と呼ばれ、南インドとマハーラーシュトラに拡大し、二〇一〇年には六〇〇〇を超える自助グループが誕生した。また、これらの慈善活動は「エンブレイシング・ザ・ワールド」と名づけられ、世界中に拠点をもつネットワークとなる。二〇一一年東日本大震災の際には、ＥＴＷなどから一〇〇万ドルが両親を失った子どもの教育のために寄付された。アムリターナンダマイーは、宮城県の被災者に「状況を受け入れ、信じる心を強くもち、前に進んでいきましょう」と声をかけ、一人ひとりを抱きしめた。

（小林　磨理恵）

アルンダティ・ロイ

Arundhati Roy（一九六一～）

現代インド英語文学を代表する作家、政治活動家、人権活動家。半自伝的小説『小さきものたちの神』で一九九七年度のブッカー賞を受賞。その後、ロイはインド国内外の社会問題をテーマに発信を続け、二〇一〇年にはアメリカ『フォーブス』誌の「世界に最も感動を与える女性三〇人」に選ばれている。

二〇一七年までに長編小説二冊、ルポルタージュならびにエッセイが一八冊出版されており、うち長編小説『小さきものたちの神』、ルポルタージュ『ゲリラと森を歩く』、エッセイ集『帝国を壊すために』『誇りと抵抗』など、計六冊が日本語で出版されている。ニューデリー在住。

一九六一年、ロイはインド北東部メガラヤ州において、ベンガル出身でヒンドゥー教徒の父とケーララ出身キリスト教徒の母のもとに生まれる。少女時代を女性権利活動家である母親の故郷で過ごしたのち、デリーで建築学を学ぶ。本格的に執筆活動を始めるまで、映画脚本の執筆や女優としてなど映画製作にも携わった。その後、完成までに四年かかったという『小さきものたちの神』で作家としてデビューし、同作によってブッカー賞を受賞する。この作品にはロイがケーララで過ごした少女時代の経験が色濃く投影されており、南インドの強烈な光あふれる大地を背景に、没落する旧家と家を取り巻く様々な歪み――宗教、カースト、ジェンダー、地方政治、世代対立――が幼い男女の双子の目を通して抒情的に描かれた。同作は文学的のみならず、商業的にも非常に大きな成功を収め、世界三六カ国で翻訳出版された。この作品によってロイの名は世界中に知られることとなった。

二作目以降、ロイはノンフィクション作家として執筆活動を行うようになる。同時に政治活動家、人権活動家として活躍を始め、戦争や人権侵害などに対して抵抗の声を発信するようになる。

彼女は、インドの核実験、ダム建設の弊害、宗教間対立などインド国内の問題から、アメリカが主導するイラクやアフガニスタンでの戦争、急速なグローバル化がもたらす社会的不公正ならびに経済的不平等、そして国際社会の矛盾まで多様な政治・社会問題に対して批判的な声を上げ続ける。

常に支配するもの、力をもつものの偽善と腐敗を糾弾するロイは、鋭い筆力と視点をもつ知識人として世界中から注目されている。

（小松 久恵）

イスマット・チュグターイー

Ismat Chughtai（一九一五〜九一）

二〇世紀ウルドゥー文学を代表する作家であり、インド進歩主義作家協会の主要メンバーの一人。最も大胆で気骨ある女性作家の筆頭とされており、二〇世紀半ばの保守的な社会規範に挑戦する彼女の作品は、しばしば激しい物議をかもした。現在までに長編小説、短編小説集ならびにエッセイが合わせて一二冊、映画脚本が五本、それ以外に彼女自身に関する数多くの研究書や作品の翻訳が出版されている。二〇一六年八月にも彼女の自伝、日記、書簡などを含むメモワールがチュグターイーの誕生日に合わせて出版されており、没後二五年たってもなお、インド文学界におけるチュグターイー人気は衰えをみせない。一九一五年、北インド、現在のウッタル・プラデーシュ州の富裕な家庭に生まれたチュグターイーは男勝りで、兄から英語や歴史などを学び、文学の世界に目覚めていく。当時のムスリム中流家庭では、少女は幼いうちに嫁ぐものであり、教育は不要かつ有害なものだとみなされていた。しかし理解ある父親や兄の影響下、また、彼女自身の勉学を求める強固な意志もあり、チュグターイーは縁談を回避したまま名門女子校からアリーガル大学に進学し、学業を続けた。同大学の数少ない女子学生として学ぶかたわら、チュグターイーは創作活動を本格的に始め、またのちに結婚することになる相手と出会う。

チュグターイーは多くの作品において、ムスリムの中流家庭における光と影を描いた。特にそれまで文学テーマとされてこなかった女性たちの秘められた世界、そしてセクシュアリティを率直かつ大胆に（しかも女性が）描いたことで、彼女の作品は激しい批判の的となり、インド亜大陸では複数の作品が発禁処分を受けている。一九四二年に出版された短編小説『キルト』はチュグターイーの代表作であり、この作品によって彼女は一躍有名になった。九歳の少女を語り手として描かれた同作において、富裕なムスリムの邸宅で暮らす美しい妻は、夫から顧みられず心身ともに満たされない。その妻と女性使用人とが豪奢なキルトの下で性愛にふける様子は、無垢な少女にとって暗闇のなかでうごめく「何かわからない恐ろしいもの」であり、おびえるあまり、目撃したものを誰にも告げることができない。女性同士の性愛を描いたこの作品は多くの人々を憤慨させ、さらにわいせつに関する刑法に抵触すると当局から訴えられる騒ぎとなった（のちにチュグターイーが勝訴している）。

（小松 久恵）

イラー・ラメーシュ・バット

Ela Ramesh Bhatt（一九三三〜）

自営女性協会（SEWA）の創設者。一九三三年にアフマダーバード（グジャラート州最大の都市）に生まれる。父方の祖父（医師）が、マハートマー・ガーンディーによる反英独立運動の熱心な支持者であった。父（弁護士）は、県判事を経てグジャラート州慈善局長を務めた。母は女性運動家で、**全インド女性会議（AIWC）**の州事務局長を担当した。こうした家族背景から、バットは自らを民族独立運動の「申し子」と呼び、貧困問題や女性問題の改善を目指す社会変革を実践してきた。女性労働運動家の先駆けとなったアナスーヤー・サーラーバーイー（インド最古の労働組合である繊維労働組合の創設者）を「恩師」と位置づけている。

バットが零細自営女性に注目するきっかけは、学生時代に国勢調査員をした際に目の当たりにした貧困層の窮状にあった。その後、繊維労働組合で若手弁護士として女性部門を担当し、零細自営女性の労働運動をけん引することとなる。失業女性対策に加え、男性組合員の妻や娘たちにも、収入を得るための技術指導を含めた支援活動を導入する。さらに市内二五カ所に指導所を設け、手芸の指導をし、製品販売などを行った。その他に教育、健康と福祉プログラムも設け、現在のSEWAの活動の原形がすでに示される。

その後、州労働局の雇用情報課長を務めた際、国家職業規則の規定と業種の再検討を行い、当時圧倒的多数を占めながら不可視化されていた非組織部門労働者に対し、「Self Employed」という呼称を編み出すことで職業的規定を与えた。

さらにバットは、女性部門での活動を一層拡大させるため、イスラエルのアフリカ・アジア労働協同組合研究所に留学し、労働組合と協同組合の組織化と運営について専門的に学んだ。これを機に合同運動形態が形成され、現在のSEWA設立につながった。

一九八六年に大統領指名の上院議員となり、自営女性に関する全国調査を実施し、報告書を提出した。バットの歩みは、設立したSEWAのその後の拡大発展過程と重なり、不公正な立場に置かれる零細自営女性の雇用と社会保障を求める運動を、持続・拡大させている。マグサイサイ賞（一九九七年）、ライトライブリフッド賞（一九八四年）などを受賞した。

（喜多村 百合）

インディラー・ガーンディー

Indira Gandhi（一九一七〜八四）

インド国民会議派の女性政治家。インド首相（在位一九六六〜七七、一九八〇〜八四）。

初代インド首相ジャワーハルラール・ネルーの一人娘。ネルー家の邸宅があったアラーハーバードで幼少期を過ごし、家庭教師や私立学校を転々とする子ども時代の後、一〇代は結核が悪化した母とともにスイスなどで過ごした。ヴィシュワ・バーラティー大学やオックスフォード大学に学ぶが卒業はしていない。一九四二年、拝火教徒のフィローズ・ガーンディー（一九六〇年病死）と恋愛結婚、ラージーヴとサンジャイの二人の息子をもうける。五〇年代に入るとデリーで父ネルー首相を補佐することが多くなり、外交訪問への同行等だけでなく、会議派政治にも深く関わるようになった。

政治家としてインディラーが本格的に登場するのは、一九六四年の父ネルーの死後に連邦上院議員となった頃からである。六六年、シャーストリー首相の急死後の会議派政権内の勢力争いのなかで、知名度はあっても経験が少ないインディラーは、「操作が容易」な人物として会議派総裁に選出され、首相に就任する。その後、会議派（インディラー派）として自勢力をまとめて長老グループとの抗争を制し、名実ともに会議派を掌握することになった。

インディラーが首相になった一九六〇年代末は、政治的混乱に加えて、計画経済の破綻や深刻な貧困といった経済問題が顕在化し、農村部では地主と小作・労働者の対立が激化するなど、危機的な時代だった。インディラーは、「貧困追放」のスローガンを掲げて、ポピュリズム的な貧困対策を行った。外交的には、非同盟主義を継承するとしながらも、一九七一年のバングラデシュ独立に至る軍事支援や外資規制強化など、ナショナリズムを掲げた政策をとった。党組織への不信はやがて、息子サンジャイの重用など独裁的傾向を強め、自身の選挙違反に端を発した議員資格剥奪の動きをきっかけに、一九七五年、言論の自由や人権の一部停止を可能にする非常事態宣言を発するに至った。半ば強制的に実施された産児制限等への強い反感もあり、一九七七年の総選挙で敗北し政権の座を降りた。その後野党として活動後、一九八〇年には再び会議派（インディラー派）が政権を奪取し、首相の座に返り咲いたが、パンジャーブ州のスィク教徒の分離運動に対する強権的な弾圧を恨んだスィク教徒の護衛によって、首相官邸内で暗殺された。

（押川 文子）

ヴァンダナ・シヴァ
Vandana Shiva（一九五二～）

ウッタラーカンド州・デヘラードゥーン生まれ。科学哲学の博士号をもち、科学者、環境運動家、反グローバリゼーションの論客として知られる。農業や食料の分野で知的財産権、バイオテクノロジー、遺伝子組み換え等に反対し、生物多様性や土着の知識を守る活動を行ってきた。また、エコフェミニズムの議論でも主導的役割を果たす。インドの森林地帯ガルワール地方のチプコー運動を、エコロジーの危機と生存の危機に対する女たちの自然を守る闘いとして位置づけ、第三世界の女性の暮らしを西欧近代の家父長的・資本主義的「開発」へのオルターナティヴとして提示した。

緑の革命や遺伝子組み換え技術に反対する活動に彼女が取り組むようになった経緯に、一九八四年の二つの出来事があるという。一つは、インドをはじめ多くの開発途上国に普及した農業技術とその種子を開発した科学者ノーマン・ボーローグが、ノーベル平和賞を受賞したこと。しかし、ボーローグが起こした緑の革命は、インドから貧困や飢餓をなくすことはなかった。単一栽培農業は一品種の生産量を増やしたが、農場でとれる作物すべてを合わせると決して栄養価は高くない。在来農業に比べて何倍もの水や肥料を投入する必要があり、種子や肥料を購入するために多くの農民が借金に縛られ、土地を手放さざるを得なくなった。単一栽培は大地を砂漠化させ、多様な穀物種を絶滅させた。

二つ目は、アメリカ資本ユニオンカーバイド社がインドのボーパールで起こした化学工場の爆発事故である。一夜にして何千人もが亡くなり、その後も何万人もの命が失われた。化学物質が実に効率よく人を殺すことができることが明らかになった。

これら自然や人に対する直接の暴力に加え、農薬を使った食物を我々が口にしていること、人々の社会的不満が引き起こしたテロにより何万人もが亡くなっていることも、間接的暴力である。自由貿易協定や知的財産権により保護された企業に対し、農民たちは毎年高額な種を会社から購入し続けねばならない。苦労して栽培しても、国際価格によって彼らの生活は振り回され続ける。シヴァは多国籍企業が支配する「偽の経済」を脱し、まずは農家の女性や子どもが十分に栄養をとり、次に共同体の人々や地元の市場へ、残った分だけがグローバル市場へまわる経済の仕組みづくりを提唱する。

（中谷 純江）

カマラー・ダース
Kamala Das（Kamala Suraiya　一九三四〜二〇〇九）

ケーララ出身の詩人、作家。英語による詩作、マラヤーラム語での短編小説やエッセイによってインド内外で著名となる。マラヤーラム語作品のペンネームはマーダヴィクッティ。女性の性的欲望や身体性を大胆に描くことに作品の一つの特徴がある。

母系制をとっていたことで知られるカースト集団ナーヤルの名家ナーラパーットゥ家に生まれる。マラヤーラム語の詩人・思索家ナーラパーットゥ・ナーラーヤナメーノーンを大叔父にもち、母親バーラーマニ・アンマ（一九〇九〜二〇〇四）もマラヤーラム語の詩人として有名である。

父親の仕事の関係でカルカッタ（コルカタ）に生まれ、同地のヨーロッパ人が通う学校で学んだ。一五歳という若さで銀行家マーダヴァ・ダースと結婚し、高等教育を得る機会を逸した。結婚生活では、夫との意思疎通のなさに苦しむことになる。三人の息子をもうけた。

マラヤーラム語雑誌に連載された自伝『マイ・ストーリー』は本としてまとめられ、マラヤーラム語版は一九七三年、自ら翻訳した英語版は一九七六年に刊行された。同作品は、「性」を公に語ることを忌避するインド社会において、初夜の体験、女友だちとの精神的・身体的に親密な関係、不倫の遍歴などをあからさまに描いた点で画期的であり、大きな反響を呼んだ。インド内外でベストセラーになる一方、家の名誉を傷つけたとして、保守的な親族との関係を悪化させることになった。ただし、その内容については、作家自身が創作を含むと発言している。邦訳は『解放の女神―女流詩人カマラー・ダースの告白』（辛島貴子訳、平河出版社、一九九八年）。

「ケーララ文芸協会賞」をはじめ、数多くの文学賞を受賞し、一九八四年にはノーベル文学賞の候補ともなった。既存の両性関係に対するカマラー・ダースの鋭い批判眼や、女の身体的欲求を過激ともいえるほどに描く作品は、フェミニストたちから注目されてきた。また、幼少期の想い出をつづった諸作品は、インド独立前後のケーララにおける人間関係の機微を情緒豊かに描き貴重である。英語とマラヤーラム語によるコラムでは、貧者への抑圧や政治腐敗など、世相に対する厳しい批判を展開した。

一九八四年、連邦下院選挙に立候補したが落選した。一九九九年、突然イスラームに改宗し、カマラー・スライヤーと改名した。

（粟屋 利江）

ガヤトリ・C・スピヴァク

Gayatri Chakravorty Spivak（一九四二〜　）

文芸評論家、理論家、比較文学者で、アメリカのコロンビア大学教授。カルカッタに生まれ、カルカッタ大学で英文学を学び、首席で卒業後に渡米、一九六〇年コーネル大学大学院に留学、現代思想家ポール・ド・マンの指導を受け、ノーベル文学賞を受賞したアイルランド人劇作家・詩人のイェーツに関する論文で博士号を取得した。一九七六年、フランスの哲学者で脱構築の概念で有名なジャック・デリダの『グラマトロジーについて』を英訳、長大な序文をつけたことで注目された。その後、マルクス主義、フェミニズム、ポストコロニアル批評の分野で脱構築的読解をすすめ、この分野で最も影響力のある知識人とされる。

スピヴァクは、南アジア史における非エリートの役割に注目したサバルタン・スタディーズ・グループの研究に介入し、「サバルタン」を歴史的主体となり得る被抑圧者として本質化していると批判した。これを契機に、研究者の関心はサバルタンを主体とした歴史叙述から研究者自身のもつ表象の権力の脱中心化へ、そして研究者とサバルタンとの関係性の脱構築へと向かっていった。研究者は自らの特権に無自覚なままサバルタンの声を聴き、サバルタンになり代わって語ることの権力性を知るべきだと、彼女は警鐘を鳴らす。そして、サバルタン女性の行為に光を当てることで、語られなかったことに耳を傾ける術を示してみせる。反本質主義でありながら、現実の政治状況に対峙する際には、サバルタンであるとか女性であるとかいった本質主義的アイデンティティを立ち上げ、これを戦略として利用する「戦略的本質主義」の可能性を提唱したのである。こうして南アジア史の大胆な書き換えが開始され、帝国主義と植民地支配に関する歴史叙述のあり方に対する世界的な関心が高まったことは注目に値する。

彼女の叙述は難解なことで有名であるにもかかわらず、多くの著作が邦訳出版されており、彼女の研究に対する世界的な影響力の高さを示している。主要邦訳としては、『文化としての他者』（鈴木聡・大野雅子・鵜飼信光・片岡信訳、紀伊國屋書店、一九九〇年）、『サバルタンは語ることができるか』（上村忠男訳、みすず書房、一九九八年）、『ポストコロニアル理性批判―消え去りゆく現在の歴史のために』（上村忠男・本橋哲也訳、月曜社、二〇〇三年）他がある。二〇一二年、第二八回京都賞思想・芸術部門を受賞、来日講演も行われた。

（井上 貴子）

サロージニー・ナーイドゥ

Sarojini Naidu（一八七九～一九四九）

詩人で、インド独立運動、女性運動の指導者の一人。ガーンディーから厚い信頼を受け、市民的不服従運動（一九三〇～三四年）に際して、彼の逮捕後、違法な塩の製造の指揮をとり投獄される。一九二五年、インド人女性としてはじめてインド国民会議派の議長を務めた。独立後は、連合州（現ウッタル・プラデーシュ州）の初の女性知事となった。

南インドのハイダラーバードで生まれるが、両親はベンガルのバラモンで、父親はヒンドゥーの改革組織であるブラフモ協会メンバー。父親はハイダラーバード藩王国のカレッジ校長であった。自宅で家庭教師のもとで教育を受け、マドラス大学の入学資格試験に一二歳で合格。一〇代から詩作を始める。一八九五年、藩王の奨学金を得て、イギリスに留学し、ロンドン大学、ケンブリッジ大学で学ぶ。一九〇五年に発表された英語詩集『黄金の入り口』によってイギリスで有名となる。その他の主な詩集は、『時の鳥』（一九一二年）、『折れた翼』（一九一七年）。作風はロマンチックな抒情詩。留学前の一四歳のとき、非バラモンで南インド出身の医師M・ゴーヴィンダラージュル・ナーイドゥと恋に落ち、帰国後、「特別婚姻法（通称、ブラフモ婚姻法）」によって、一九歳で結婚（一八九八年）。

ベンガル分割反対運動前後から、公の場での活動を開始。雄弁家として有名。「インドのナイチンゲール」として知られる。ハイダラーバードでのイスラーム教徒たちとの広い交流体験を背景に、インド民族運動のなかで、ヒンドゥー教徒とイスラーム教徒との融和に腐心した。一九一七年、インドを訪れたインド大臣モンタギュ、インド総督チェムズファドに対して女性参政権を求める陳情団の団長を務めた。二七年、**全インド女性会議（AIWC）**の創設にも関与し、三〇年には議長にもなる。彼女は、両性の相互補完性やインド固有の文化や価値観を強調する立場をとり、自らをフェミニストとは自称することなく、西欧のフェミニズムから距離をおいた。

八人の兄弟姉妹の長女。彼女の弟のなかには、ドイツを中心に活動した革命家ヴィレーンドラナート・チャトパディヤーイ（一八八〇～一九三七）、詩人として有名なハリンドラナート・チャトパディヤーイ（一八九八～一九九〇）がいる。後者は、インド女性運動の指導者の一人カマラーデーヴィー・チャトパディヤーイ（一九〇三～八八）の再婚相手だった（のち離婚）。

（粟屋 利江）

シャバーナー・アーズミー

Shabana Azumi（一九五〇〜）

ヒンディー語娯楽映画と社会派の芸術映画、演劇、テレビなどで活躍している女優。連邦上院議員（一九九七〜二〇〇三年）。インド映画賞主演女優賞受賞五回。

ハイダラーバード生まれ。父は詩人、母は舞台俳優、共に熱心な共産党員で、幼少期から様々な思想運動に触れ自由な雰囲気で育つ。ハイダラーバード、ムンバイーの有名私立校で学んだ後、プネーのインド映画テレビ大学を卒業。

女優としての事実上のデビュー作となったのは、芸術映画の旗手シャーム・ベネガル監督の処女作『苗』（一九七四年）である。聾唖の夫をもつ不可触民の若妻と地主の息子との関係を軸に、流動化する農村社会を描いたこの作品で、シャバーナーは、ステレオタイプ化された「抑圧された存在」としてではなく、女性の揺れ動く心理や性を演じ、インド映画賞の主演女優賞を初受賞した。同監督作品としては、この他にも『夜の終わり（無実）』（一九七五年）、『市場』（ウルドゥー語、一九八三年）など数多くの出演作がある。その他にも、サタジット・レイ監督の『チェスをする人』（ベンガル語、一九七七年）、ガウタム・ゴーシュ監督の『渡河』（一九八五年）など、多くの芸術映画系作品に出演し、早逝したスミター・パーティルと並んでその全盛期を支えた。社会・政治的問題や「伝統」的ジェンダーへの批判的視点はその後の出演作品にも表れており、ディーパー・メーフター監督の『ファイヤー』（一九九六年）では同性愛者を演じて話題となった。その一方で、八〇年代以降、商業映画にも主演・脇役として数多く出演した。例えば『マスーム』（一九八三年）の都市中間上層の軽やかな主婦役などは、彼女の演技の幅を示す好例である。年齢とともに役柄を変えながら、六〇歳代半ばに達した現在も、インド映画を代表する女優であり続けている。いずれのジャンルにおいても、演技力に加えて、意志的な大きな眼やしなやかな身体、やや低めでハスキーな声など、他の女優にはない圧倒的な存在感は衰えていない。

シャバーナーはまた、ムンバイーの路上生活者の人権保護、ナルマダー・ダム建設に伴う少数民族集団の立ち退き問題、HIV患者支援、宗派対立に伴うムスリム迫害への反対など、様々な社会運動に積極的に関わってきた。映画と社会活動の両面でインドの進歩的な映画人を体現する女優である。

（押川 文子）

J・ジャヤラリター
Jayaraman Jayalalithaa（一九四八～二〇一六）

女優から政治家に転身、全インド・アンナ・ドラヴィダ進歩連盟（AIADMK）党首として、タミル・ナードゥ州首相を一九九一～九六年、二〇〇一～〇六年、一一～一四年、一五～一六年まで務めた。政治家になる前は、タミル語、テルグ語、カンナダ語映画の女優として活躍し、約一四〇本の映画に出演した。タミル語映画のヒーロー俳優で、AIADMK党首として一九七七年から八七年に亡くなるまで州首相を務めたM・G・ラーマチャンドラン（MGR）との共演がきっかけで、政治活動に加わるようになったという。八四年から一期、連邦上院議員を務め、八九年、MGRの死後に後継者としてAIADMK党首となる。

ジャヤラリターは、マイソール州（現カルナータカ州）に居住するタミル・バラモンの家庭に生まれた。幼くして父を亡くし、彼女は母の妹に預けられ、母はチェンナイで女優となった。一〇歳頃までは別々に暮らし、寂しい幼少期を送った。その後、母とともにチェンナイで暮らすようになる。音楽や舞踊を学び、一九六〇年に古典舞踊バラタナーティヤムのデビュー公演を行う。この頃から演技と舞踊の才能を発揮し、子役として映画に出演するようになった。彼女は法律家を志していたが、六四年に出演したカンナダ語とテルグ語映画がいずれも大ヒットし、女優業に専心する。六五年から七三年の間に二八本の映画でMGRと共演し、このほかにも、数々のスター男優と共演してヒロインを演じ、数多くのヒット作を生み出した。出演作品には女性が主人公の映画も多い。

彼女は一九八二年にAIADMKに入党、翌年から党の広報担当として活躍した。MGRが病に倒れてからは党の主導権をにぎるようになるが、彼女の活躍は党員のねたみをかい、党は二派に分裂した。九一年総選挙では会議派と組んで州内すべての選挙区で勝利、彼女が州首相の座につき、党は再結束することになった。しかし、これはラージーヴ・ガーンディー暗殺事件の弔い合戦としての地滑り的勝利とされる。彼女は女性と子どもに対する数々の福祉政策を打ち出すが、汚職疑惑が発覚して九六年には政権を失う。その後、一四件もの訴訟を抱えることになる。二〇一四年九月、ベンガルールの特別法廷で不正蓄財事件に有罪判決が下されて州首相を失職するが、翌年、カルナータカ高等裁判所が無罪判決を言い渡し、五月に首相の座に返り咲き、亡くなる直前まで務めた。民衆的な人気を保った政治家であった。

（井上 貴子）

ジュンパー・ラーヒリー

Jhumpa Lahiri（一九六七〜）

インド系アメリカ人作家。短編集『停電の夜に』（一九九九年）でデビュー、同作は二〇〇〇年のピューリッツァー・フィクション賞、ニューヨーカー新人賞など様々な賞を受賞。最初の長編小説である『その名にちなんで』（二〇〇三年）は、ベンガル系の一家の三〇年を描いたものであり、カルカッタからアメリカに移住した両親とアメリカ育ちの二人の子どもたちの世代および文化的ギャップが丹念に描かれた。**ミーラー・ナーイル**監督により二〇〇七年に同名で映画化されている。現在までに短編集二冊（『停電の夜に』『見知らぬ場所』）、長編小説二冊（『その名にちなんで』『低地』）、エッセイ一冊（『べつの言葉で』）が出版されており、すべて日本語に翻訳されている。現在ローマ在住。

一九六七年、ラーヒリーはロンドンにおいてカルカッタ出身のベンガル人の両親のもとに生まれる。二歳のときに家族でアメリカに移住し、ロードアイランド州で育つ。ボストン大学で英語学ならびに比較文学修士号、ルネサンス美術の博士号などを取得。デビュー作『停電の夜に』は出版社に認められるまで数年を要したとされるが、同書は数多くの賞を独占し、六〇万部の売り上げを記録した。二作目の短編集『見知らぬ場所』も二〇〇八年に刊行されるとニューヨークタイムズ・ベストセラー・リストの第一位に輝き、さらに二冊目の長編『低地』（二〇一三年）がブッカー賞にノミネートされるなど、その作品は常に世界的に高く評価されている。ラーヒリーの大半の作品には、アメリカに暮らすインド系移民の経験が主要テーマとして描かれる。移民一世の新天地における奮闘から、二世、三世の親世代との齟齬や断絶まで、彼女自身が所属するベンガル系のコミュニティの人々の経験が半自伝的に繰り返し描かれた。

最新作『べつの言葉で』（二〇一五年）は、ラーヒリーのはじめてのイタリア語によるエッセイである。家庭では両親の言葉であるベンガル語、外では英語を使用する環境で生きてきたラーヒリーは、ベンガル語を「母」、英語を「継母」とみなし、「相容れない敵同士」である二つの言語を行き来することで混乱していたと記す。そこから自由になるために、ラーヒリーはイタリア語という第三の言語を選び、以来二〇年間学び続ける。そして二〇一二年、ついに家族でローマに移住し、新しい創造の道を模索し始める。ラーヒリーの学びに対するひたむきな姿が大きな反響を呼んだ。

（小松 久恵）

ショーバー・デー

Shobhaa De（一九四八〜）

インドの人気英語作家の一人であり、商業的に最も成功した女性作家の筆頭とみなされている。二〇一六年現在、エッセイと自伝を含めた一九冊が出版されており、その多くは再版、新装版となって店頭に並び続けている。作品のいくつかはヒンディー語、マラヤーラム語、ベンガル語、マラーティー語等のインド国内諸言語、ならびにイタリア語、韓国語に翻訳されている。

デーはムンバイーの名門カレッジを卒業後、数年間モデルとして活躍したのち、ジャーナリズムの世界へと転向し、一九七〇年代初頭より人気雑誌の編集者として成功を収める。彼女が手がけたボリウッド映画界にまつわるゴシップ記事は、当時としては非常に斬新なものであり、購読者数を一気に伸ばすこととなった。一九八八年の作家デビュー以来、年に一冊のペースで作品を発表するかたわら、現在は複数の全国紙にコラム欄をもつ。また、二〇一〇年にはペンギン・ブックス社のインプリント「ショーバー・デー・ブックス」を立ち上げ、出版業にも携わっている。

デビュー作の『セレブ達の夜』はムンバイーのセレブ社会に生きる女性たちの無為、焦燥感を鮮明に描いたものである。セレブたちの華やかではあるけれど空疎なライフスタイルに加え、婚外恋愛や同性愛などが赤裸々に描写された。デーの作品の多くはボリウッド映画界やムンバイーのセレブ社会を舞台とし、権力と欲望、そしてセックスがテーマとされる。主人公は常に女性であり、彼女やその周囲の女性たちの多くは「性／生」を貪欲に求め、それを享受する。性的に自由なこれらの「新しい女性像」は、性に対して無知、受身であった「古きよき」伝統的インド女性像に真っ向から反するものであり、職場においても寝室においても男性キャラクターを圧倒している。セックスに関する話題がタブー視されていた九〇年代、デーは「三文小説の女王」「ポルノの女帝」など強い批判を受け、作品は議論の的となり続けた。

しかし批判されながらもデー作品は常に売れ続けた。今やデーに対する評価は大きく変わった。そのコラムやエッセイでは現代インドが抱える様々な社会問題が軽妙なタッチで論じられ、彼女の風刺のきいた意見は好意的に受け入れられている。また、彼女の新刊発表は主要紙で大きく取り上げられ、インド国内外の文学祭には主要ゲストとして招待されている。現在のデーは、インドを代表する有名作家であり、オピニオンリーダーでもある。

（小松 久恵）

M・S・スッブラクシュミ
Madurai Shanmukhavadivu Subbulakshmi（一九一六〜二〇〇四）

南インド古典音楽（カルナータカ音楽）の歌手。一九七四年に「アジアのノーベル賞」とも呼ばれるラモン・マグサイサイ賞をインド人音楽家としてはじめて受賞した。九八年にはインドの人間国宝にあたる「バーラト・ラトナ（インドの至宝）」を受賞、インドが世界に誇る二〇世紀を代表する音楽家の一人である。

一九一六年、マドゥライ（タミル・ナードゥ州）で、母はヴィーナー（弦楽器）奏者、祖母はヴァイオリン奏者という音楽家（**デーヴァダーシー**）の家系に生まれ、幼少時から著名な音楽家のもとで、南北インドの古典音楽を学ぶ。一〇歳のときに初のレコーディング、一一歳のときにティルチラーパッリの寺院でデビュー・コンサートを行う。二九年には創設二年目のマドラス音楽アカデミーで公演した。わずか一三歳の少女を招聘することに批判もあったが、彼女は天才少女として脚光を浴び、アカデミーの常連音楽家として活躍することになる。

三六年にはマドラスに移住、三八年から数本の映画に出演している。初出演のタミル語映画『セーワーサダナム（奉仕の館）』は、有名なヒンディー語作家プレームチャンドの小説をもとにしたもので、年老いた夫と不幸な結婚をした少女が家を出て娼婦となり、その後娼婦の子どもたちを保護する家をつくる物語で、タミル語映画の転換点ともなった社会派作品である。彼女は、インド独立運動の闘士たちと懇意になり、四〇年にタミル語雑誌『カルキ』のジャーナリスト、サダーシヴァンと結婚する。四五年、一六世紀の女性聖者ミーラー・バーイーの生涯を描いた映画『ミーラー』は大ヒットとなり、四七年にはヒンディー語版も製作された。こうして、彼女の歌声は全インドに広まった。ネルーは「音楽の女王を前にすると、首相なんぞ何者でもない」と述べ、**サロージニー・ナーイドゥ**は彼女を「インドのナイチンゲール」と呼んだ。

彼女は数々の海外公演を行っているが、なかでも六六年、ニューヨークのカーネギーホールにおける国連人権デーの公演は、彼女の名声を世界的なものとした。二〇一六年に、国連は彼女の栄誉を称えて、生誕一〇〇年記念切手を発行した。

一九七四年には来日公演も行われた。彼女はインド中の寺院や著名な聖者から認められた、ヒンドゥー教の宗教歌謡の歌手でもあり、積極的な慈善活動でも知られる。数多くの賞の賞金やレコードの印税収入を慈善事業に寄付し、二〇〇回以上のチャリティコンサートも行っている。

（井上貴子）

ソニア・ガーンディー

Sonia Gandhi（一九四六〜）

ラージーヴ・ガーンディー（一九四四〜九一）元首相の妻。二〇一七年現在、インド国民会議派の党首および統一進歩同盟の議長、連立与党調整委員会の委員長を務める。

イタリア人である彼女は、一九四六年一二月九日にイタリアのルジアーナで生まれ、ケンブリッジ大学での語学留学中に、同じく留学していたインディラー・ガーンディー（一九一七〜八四）元首相の長男、ラージーヴ・ガーンディーと知り合い、結婚した。当時、夫のラージーヴは民間航空パイロットであり、政界からは一線を画していたが、インディラーの後継者とみなされていた弟のサンジャイ・ガーンディー（一九四六〜八〇）元首相が飛行機事故で亡くなったのを機に、一九八一年に政界入りを果たした。さらに、八四年に母インディラーの暗殺により、ラージーヴが首相に任命され、ソニアはファーストレディーとして夫の政治活動を支えた。九一年にラージーヴが暗殺されると、政界の名門ネルー家の一員として周囲から政界入りの期待が寄せられ、ソニアは九七年に国民会議派の党員となった。

九八年には国民会議派の党首となった。九九年の総選挙でソニアは連邦下院議員に当選したが、国民会議派はインド人民党に敗北し、野党院内総務を務めた。二〇〇四年の総選挙で再び会議派が政権を獲得すると、ソニアは次期首相候補に指名された。しかし彼女は、イタリア人という自らの出自を考慮し、その座をマンモーハン・シン（一九三二〜）元首相に譲った。彼は二〇〇四年から一四年まで二期にわたって首相を務めた。

国民会議派の総裁が外国人であることはたびたび批判や議論の的となっているが、彼女は一九九八年以来すでに党首を五期にわたって務めており、このことは党の歴史においても異例のことである。ソニアは、二〇〇七〜一二年にインド初の女性大統領を務めたプラティバーや大衆社会党の党首、マーヤーワティー、タミル・ナードゥ州首相のJ・ジャヤラリターなどとともにインドにおける女性の政治進出の先駆的存在として取り上げられることも多い。長男のラーフル（一九七〇〜）は二〇〇四年に連邦下院議員に当選して政界入りを果たし、副党首の座に就いているが、長女のプリヤンカー（一九七二〜）も選挙キャンペーンなどのたびに公の場に登場し、国民会議派の応援演説などを行っていることから、政治家としての活躍が期待されている。

（菅野 美佐子）

タスリーマー・ナスリーン
Taslima Nasreen（一九六二〜）

バングラデシュ人作家、人権活動家。イスラーム教を冒瀆したとしてイスラーム過激派から死刑宣告を受け、一九九四年から現在に至るまで亡命生活を余儀なくされている。

一九八〇年代から九〇年代にかけてのナスリーンの初期文学活動は、女性の抑圧を主なテーマとする詩作が中心であった。その後九〇年代からエッセイや小説を出版し始め、一九九三年に、ナスリーンは話題作『恥』を発表した。バングラデシュを舞台に、ムスリムに迫害されるヒンドゥー教の家族を描いたこの作品は、出版から半年で五万部の売り上げを記録するベストセラーとなった。しかし同書は、出版直後からイスラーム教を冒瀆しているとされ、その批判は原理主義団体「イスラームの兵士」が彼女の死刑を呼びかけるまでに激化した。さらに一九九四年五月、インドの新聞に掲載されたインタビューでコーランの改正を呼びかけたとされたのを受けて事態は悪化し、同年八月、彼女は「扇動的な著述」を行ったとして告訴された。スウェーデンに亡命した後もイスラーム過激派による脅迫は続き、ナスリーンは安住の地を得ることが叶わず、インド国内外を転々とした後、アメリカに居を構えた。保守的なイスラームコミュニティで育ったナスリーンは、幼少期に受けた自身の性被害体験や婦人科医としての経験を経て、イスラーム社会における女性の抑圧を問題視するようになる。ナスリーンはその作品において、イスラームの名のもとで行われる女性に対する弾圧・差別を糾弾している。また、複数の小説や詩、エッセイなどで自身のプライベートを包み隠さず描写し、議論を呼んでいる。二〇〇二年から一二年にかけて発表された六部作の自伝は次々と発禁押収処分となっており、その他『恥』を含む著作のうちいくつかはバングラデシュでは発売禁止となっている。

女のための国はない。国が安全を、そして自由を意味するのであれば、女にはどんな国もない。この世界には女が自由を手にするような、そんな場所はどこにもない。（中略）私の言葉を通して、私たち女がどんなふうに生きているのか、世の中に伝えたい。（エッセイ集『女のための国はない』〔二〇一〇年〕序文）

居場所をもてない女性のため、ナスリーンは脅迫に屈することなく、糾弾の声を上げ続ける。その勇気は欧米諸国を中心に高く評価され、これまで多数の賞を受賞している。

（小松 久恵）

パンディター・ラマーバーイー
Pandita Ramabai Saraswati（一八五八〜一九二二）

女性解放思想家。教育事業家。西海岸コンカン地方に居住するチトパーヴァンと呼ばれるバラモンのパンディット（学僧）の娘として現在のマンガロール近郊に生まれ、幼少のころからサンスクリット語を学ぶ。家族とともに巡礼の旅の少女時代を過ごしたのち、カルカッタで宗教改革運動を推進するブラフモ・サマージのメンバーなどにサンスクリットの学識を認められてパンディター（パンディットの女性形）と呼ばれるようになる。自分より下位のカーストに属する男性と結婚し、娘を出産。夫の急死の後、一八八二年、プーナに移住してアーリヤ女性協会を組織し、女性の地位向上や**女子教育**の啓蒙活動を行った。カルカッタ時代からキリスト教への関心をもつようになり、一八八三年から八六年に、プーナで活動していたキリスト教宣教師団の支援でイギリスに留学、さらに、八六年から八八年にかけてインドにおける女子学校設立の資金援助を求めてアメリカにわたった。一八八八年、資金の目途をつけての帰国の途次、日本にも二週間ほど立ち寄り、日本基督教矯風会等の支援のもと講演を行っている。プーナを出発する前に『婦人の道徳』『イギリスへの旅路』（ともにマラーティー語）、アメリカにおいて『高位カーストのヒンドゥー婦人』（英語）の著作を発表した。イギリス留学中にキリスト教の洗礼を受けた。帰国後一八八九年、ボンベイにおいて寡婦のための寄宿制学校シャーラダー・サダンを開校、翌九〇年、同校をプーナ近郊ムクティ地区に移した。この時期まで同校は西インドの上層カーストを中心とする社会改革の動きと連携していたが、九三年の生徒のキリスト教への集団改宗を機に関係は悪化した。その後はアメリカのラマーバーイー財団の支援のもと、寡婦救済だけでなく孤児救済にも対象を拡大し、娘マノーラマーとともに、半ば自給自足的な「ムクティ・ミッション」を運営した。

女性の低い地位や幼児婚など非人道的慣習の問題は一九世紀の社会改革運動やナショナリズムにおいても広く問題視されていた。ラマーバーイーは、この問題を女性の自立と自助の観点から問い直し、その中心に女性のための女性による教育を置いた。また、女性も等しく神の祝福を受ける存在であるとして信仰を重視し、ヒンドゥー教に内在した聖性における男女の差別を根本から否定した。このラマーバーイーの女性解放思想は、ヒンドゥー教の枠内での改革を重視する立場の人々から批判されることとなったが、再評価が進んでいる。

（押川 文子）

プーラン・デーヴィー
Phulan Devi（一九六三〜二〇〇一）

「盗賊の女王」として知られるが、のちに政治家となる。ウッタル・プラデーシュ州ゴールハー・カー・プールワー村で貧しいマッラー（舟乗り）カーストの家に生まれる。一一歳で結婚、婚家で虐待を受けて実家に逃げ帰ることを繰り返したのち、離婚した。その後盗賊団に入り、頭目と恋仲になるが、盗賊団同士の抗争によって恋人を殺され、ベフマイー村に連れていかれて強かんされた。一九八一年、プーランは、ベフマイー村のタークル（領主、ラージプート・カースト）男性二二名を虐殺した事件で指名手配される。メディアは、この事件を低カーストの抵抗、封建的家父長社会のもとで虐げられた女の復讐劇として描き出し、プーランは義賊「女ロビンフッド」として有名になり、「女神」を意味する「デーヴィー」をつけて呼ばれるようになった。八三年、当時のインド首相**インディラー・ガーンディー**の主導下で、プーランは、自分自身と仲間の盗賊に対する死刑免除の司法取引に応じて投降し、その後一一年間の獄中生活を送った。

九四年、ウッタル・プラデーシュ州首相で社会主義党のムラーヤム・シン・ヤーダヴはプーランに対する訴追をすべて取り下げ、彼女は釈放された。その後仏教に改宗、九六年には社会主義党から国会議員に立候補して当選した。彼女の釈放と政界進出は、当時のインドにおける下位カーストの政治運動の高まりと軌を一にしており、彼女はそのシンボルとなった。九七年、九九年と二度の来日経験があり、二度目の来日では京都精華大学で講演も行った。しかし、彼女は常に命を狙われており、ついに二〇〇一年、ニューデリーの自宅前で暗殺された。犯人は、暗殺の動機をベフマイー村虐殺事件の報復と述べている。

彼女の半生は、マラ・セン著『プーラン・デヴィの真実』（未来社、一九九八年）に基づく映画『女盗賊プーラン』（シェーカル・カプール監督、一九九四年）によって広く世界に知られることとなった。しかし、彼女は封切り前に映画を見ておらず、その描写が真実をねじ曲げ、人格を貶《おとし》めるものだとして上映禁止を求め、監督を提訴した。プーランはまったく教育を受けておらず、読み書きができない。自伝『女盗賊プーラン 上巻・下巻』（草思社、一九九七年）は、彼女の語りを録音、それをもとに原稿を作成、彼女の前で読み上げて同意を得るという形で作成された。自伝のなかで語られる「敬意を払ってほしい」という彼女の言葉には重みがある。

（井上 貴子）

マハーデーヴィー・ヴァルマー

Mahadevi Varma（一九〇七〜八七）

二〇世紀ヒンディー文学、特に一九二〇年代から三〇年代にかけての陰影主義運動を代表する作家、詩人。教育の普及に専心し、長年、女子校の校長を務めた。また、ガーンディー思想に深く影響を受けた社会活動家でもあった。ヴァルマーの作品は詩集九冊と散文、メモワール、批評などが九冊、また、彼女の作品や人物に関する主要な研究書や翻訳が現在までに一〇冊以上出版されている。

一九〇七年、北インドの現ウッタル・プラデーシュ州で中流家庭に生まれたヴァルマーは、一族に七世代ぶりに生まれた女児としてその生を歓迎された。父親が女児の教育に熱心な社会改革者であったため、ヴァルマーは当時の風習に反して五歳から家庭教師に学び、就学したのちは修士号を取得するまで勉学を続けることができた。父親の理解と彼女自身の強固な意志のもと、ヴァルマーは九歳で縁組が成立したものの輿入れを拒み続け、結局「夫」と生活をともにすることはなかった。カレッジ時代から詩人としてのヴァルマーの才能は高く評価されており、その作品は当時の人気ヒンディー雑誌『月光』をはじめとする複数の女性雑誌に掲載された。詩作と学業のかたわら、ヴァルマーは社会奉仕の道を模索し、社会的弱者を対象とする教育者としての道を選ぶ。修士を終えた直後からアラーハーバード女子大学の校長を引き受けると、ヴァルマーは生涯**女子教育**の普及に専心した。また、近隣の農村を訪れ、貧しい村人たちに無償で教育を施し続けた。そこでの人々との交流は彼女の作品に反映され、彼らを深い同情の目で見つめたエッセイやメモワールは、ヒンディー文学に新しいジャンルをもたらした。

ヴァルマーはまた、ヒンディー文学ではじめて女性の従属や自立に関する問題を取り上げた作家であるとされる。そのフェミニストとしての論考の多くは、彼女が一九三五年から三八年まで編集長を務めた雑誌『月光』の論説に表れた。それらはのちに一冊に編纂され、一九四二年『私たちの鎖の輪』として出版されている。ヴァルマーは同書において、女性が自身の力を認識し解放されるためには、男性中心主義思想と戦い、自ら隷属の鎖を断ち切らねばならない、と強調する。ヴァルマーが熱を込めて繰り返した言葉——男性に盲従してはならない、男性の視点で世界をみてはならない——は、当時としては非常に革新的な主張であった。

（小松 久恵）

マーヤーワティー

Kumari Mayawati（一九五六〜）

大衆社会党（ＢＳＰ）の党首。一九九五年にウッタル・プラデーシュ州においてダリト出身の女性として、国内ではじめて州首相に就任した。クマーリー・マーヤーワティーは一九五六年にデリーで生まれ、政治家になるまで小学校教師をしながら、ダリトの地位や人権に強い関心をもち、法律や政治の勉強に熱心に取り組んだ。一九八四年のダリト解放の指導者カーンシーラーム（一九三四〜二〇〇六）によるＢＳＰ結成と同時に入党し、一九八九年には国会議員に選出された。一九九四年にウッタル・プラデーシュ州の上院議員に当選すると、翌年にはＢＳＰの党首に任命され、ＢＳＰと国民会議派の連立政権下で州首相の座に就く。その後一九九七年と二〇〇二年にもＢＳＰが政権与党となり、マーヤーワティーが州首相に就任したが、いずれも短命の政権で終わっている。しかし、二〇〇七年の総選挙では州議会の四〇三議席中ＢＳＰが二〇六議席を獲得して圧勝を収め、二〇一二年に社会党に政権の座を譲るまでの五年間、四度目の州首相の職を務め上げた。

「ダリトの女王」「鉄の女」などと称されるマーヤーワティーは、就任期間中に教育や雇用の機会をダリトに優遇する政策や、低カースト／所得層に対する貧困緩和の政策を実施し、また、身内の議員の汚職を許さず解雇するなどして州民からの支持を獲得している。二〇〇六年のカーンシーラームの葬儀の際には、通常男性が行う宗教儀礼を女性であるマーヤーワティーが執り行うことで、宗教的な女性差別に対抗する姿勢を表明し、女性層からの厚い支持も得ている。

一方で、州都ラクナウーに多額の州予算を投じて巨大な公園をつくり、公園内に、ダリト解放に尽力し仏教への集団改宗を行ったアンベードカルやカーンシーラーム、自身の石像を建設したことで非難されたり、タージマハルのあるアーグラーのショッピングモール建設計画の際には、不正資金調達の容疑で起訴されている。さらに、選挙での有権者に対するばらまき行為や盛大な誕生パーティ、豪邸暮らしなど、贅沢な私生活に対する批判も絶えない。

マーヤーワティーは、州内で最も人口の多い低階層からの絶大な人気を誇ることから、二〇一二年の総選挙でもＢＳＰの圧勝が見込まれたが、彼女の強権的な政治手法や汚職にまつわる度重なるうわさなどにより、中位カーストを支持層にもつ社会党に政権の座を奪われることとなった。（菅野 美佐子）

ミーラー・ナーイル

Mira Nair（一九五七〜）

映画監督、脚本家、プロデューサー、女優。オディシャー州出身。デリー大学で社会学を学び、一九歳で奨学金を得てハーバード大学に留学した。当初、彼女は俳優業に興味があり、劇団に参加していたが、ハーバード大学在学中に映画製作に興味をもつようになり、四本のドキュメンタリー映画を製作した。はじめての作品は、オールドデリーの人々の日常を描いた『ジャマー・マスジット・ストリート・ジャーナル』（一九七八〜七九年）である。三本目の作品、ムンバイーのストリッパーと常連客を描いた『インディア・キャバレー』は、アメリカでブルーリボン賞を受賞した。

初の商業映画『サラーム・ボンベイ！』（一九八八年）は、ドキュメンタリー映画製作の経験を生かして、ボンベイに生きるストリート・チルドレンの直面する搾取の現実を描いた作品で、興行成績はふるわなかったが、カンヌ国際映画祭カメラ・ドールを受賞し、アカデミー外国語映画賞にもノミネートされた。続く『ミシシッピー・マサラ』（一九九一年）は、アフリカ系とインド系の男女の恋愛をモチーフに、アメリカのマイノリティ・コミュニティにおける差別と偏見を描き、批評家から高い評価を得た。パンジャーブ系インド人の結婚を描いた『モンスーン・ウェディング』（二〇〇一年）は興行的にも大ヒット作となり、女性監督としてはじめてヴェネツィア国際映画祭金獅子賞を受賞した。一七年にはミュージカル化されている。『その名にちなんで』（二〇〇七年）は、ピューリッツァー賞を受賞したインド人女性作家**ジュンパー・ラーヒリー**のベストセラー小説を映画化した作品で、インドからアメリカに移民した両親とアメリカ生まれの息子との関係と家族の絆を描いて、インド国内でも高い評価を得た。二〇一二年、インドの文化勲章にあたるパドマー・ブーシャン賞受賞、一六年、女性のための映画祭でローラ・ジスキン生涯功労賞受賞。

映画製作以外の分野では、『サラーム・ボンベイ！』の興行収入をストリート・チルドレンのための基金にあてている。現在、ニューヨーク在住、コロンビア大学芸術学部映画学科准教授として後進の指導にもあたっている。また、二〇〇五年、東アフリカに映画製作技術を伝えるため、ウガンダにマイシャ・フィルム・ラボを開設した。コロンビア大学は彼女のラボと協力し、若手監督の育成に力を注いでいる。

（井上 貴子）

メーダー・パートカル

Medha Patkar（一九五四〜）

ムンバイー生まれ。伝説の活動「ナルマダーを守る運動（NBA）」のリーダーとして世界的に知られる。グジャラート州、マハーラーシュトラ州、マディヤ・プラデーシュ州の三州を横断するナルマダー河沿いに大小多数のダムを建設する開発計画の一つとして、グジャラート州政府が着手した「サルダール・サローバル計画（SSP）」は、国内最大規模のダム計画であった。しかし、州政府の計画には、住民の強制立ち退きや生活再建に伴う費用が見積もられておらず、地元住民との話し合いもまったくなかった。にもかかわらず、一九八五年に世界銀行がSSPへの資金援助を決定したことをきっかけに、地元住民、環境活動家、研究者、文化人など、それまで別々に活動していた二五〇以上の草の根組織がメーダー・パートカルのもとに集結し、大きな運動体が生み出された。

ダムの建設に反対する立場から、強制立ち退きへの補償を求める立場、地域の自然環境に対する地元民の権利を求める立場まで様々な要求があるなかで、メーダー率いるNBAは、大型ダムの建設自体に反対し、集水農業を提案する一方、海外の環境や人権団体とも連携し、抗議活動を行った。

また、NBAは世界銀行に対し、SSP支援の説明責任を求め、ダム計画の調査委員会を世界銀行に設置させることに成功した。世界銀行の調査委員会は、被害を受ける人々の人権に焦点を当てて「計画を実施すべきでない」と結論し、まもなく世界銀行はSSPへの資金援助を中止した。

NBAは、国際機関から資金提供を受けて実施される大型の開発計画に地元の人々が挑戦することを可能にし、これ以降の開発支援計画に人権という基準を導入することにつながった。大衆運動の力を象徴する勝利を収めたが、一方で世界銀行の退却は外部に対する政府の説明責任を減じさせ、インド政府の基準よりもプロジェクトの内容を引き上げる能力と義務をもっていた団体を失うことになった。ダム建設は州政府によって二〇〇六年に竣工され、現在も地元民の補償を求める運動が続けられている。メーダーは、その後も先住民や農民など社会的弱者の権利を求め、ハンストを行うなど命がけの抗議活動を続けてきた。近年では、政府の汚職に反対する運動に参加し、アーム・アードミー党（庶民党）から出馬するなど、政治分野にも活動を広げている。

（中谷 純江）

ラクシュミー・バーイー

Lakshmi Bai（一八二八頃～一八五八）

ジャーンシー王国（現ウッタル・プラデーシュ州南西部）の王妃。ジャーンシーのラーニー（王妃）としても知られる。一八五七～五八年のインド大反乱の際、イギリス東インド会社の支配に抗して闘った反乱軍の指導者の一人。王妃自ら戦闘を指揮し、グワーリヤル砦の戦いで戦死をとげたことから、インドの国民的英雄とみなされるようになった。

ワーラーナシーで生まれる。両親とも西インドのマハーラーシュトラ地方出身のバラモン。誕生時の名前はマニカルニカー。一八四二年にジャーンシー王ガンガーダル・ラーオと結婚。ジャーンシー王国は、一七～一八世紀に西インドに興隆したマラーター連合に連なる政権であった。息子をもうけるが幼くして死亡。一八五三年に王が死去する直前に、養子をとったが、嫡子のいない場合には領土を併合するという原則（失権の原則）を主張したインド総督ダルハウジー（在任　一八四六～五六）によって、一八五四年（一八五三年とされることもある）に王国は併合され、王妃には年金が支払われることになった。

一八五七年五月、インド大反乱が勃発すると、ラクシュミー・バーイーはしばらく反乱に参加しなかったが、一八五八年三月、イギリス軍がジャーンシーを包囲するに至り、戦いに身を投じることになった。

剣を構え、戦闘服を身に着け馬に乗るラクシュミー・バーイーの雄姿は、多くの大衆画で描かれてきた。彼女を英雄とする劇、小説、詩も数多く、テレビ・シリーズ化、映画化もされている。女性作家スバドラー・クマーリー・チャウハーン（一九〇四～四八）が、インド民族運動の時期に発表したヒンディー語による詩「ジャーンシーのラーニー」は人気を博した。

ラクシュミー・バーイーが民族運動をいかに鼓舞する存在となっていたかは、第二次世界大戦の時期、日本と協力してインドの独立を目指したチャンドラ・ボース（一八九七～一九四五）が、インド人女性からなる部隊をラーニー・ジャーンシー連隊と命名したことからもうかがわれる。

一方、最近、ウッタル・プラデーシュ州のダリトの一部の間で、ラクシュミー・バーイーよりも、王妃に容姿がそっくりで、彼女の側近だったとされるダリト女性ジャルカーリー・バーイーの英雄的な活躍を前面に押し出す歴史が生まれつつあり注目される。

（粟屋　利江）

ラター・マンゲーシュカル

Lata Mangeshkar（一九二九〜）

インドで最も有名なプレイバック・シンガー。一九四二年に歌手としてのキャリアを開始して以来七〇年以上にわたって活躍。その間、最も多くの曲を録音した歌手としてギネスにも載った。正確な曲数は把握されていないが、ヒンディー語やマラーティー語映画では、彼女がヒロインの歌を吹き替えれば必ず映画がヒットするといわれるほど貢献してきた。その功績が認められ、歌手としては**M・S・スッブラクシュミ**に次いで二人目となる、インドの人間国宝にあたる「バーラト・ラトナ（インドの至宝）」を受賞した。

彼女はインドール（マディヤ・プラデーシュ州）で生まれた。歌手で俳優の父から手ほどきを受け、五歳のときに父の出演するマラーティー語音楽劇で女優としてのキャリアを開始した。一九四二年に父が他界、同年はじめてマラーティー語映画に出演した。四五年にボンベイに移住し、北インド古典音楽を学び、妹のアーシャーとともに映画に出演して歌うようになる。四八年、音楽監督グラーム・ハイダルと出会ってヒット作に恵まれたことが転機となり、彼女は本格的に歌手活動を開始した。五〇年代に入ると、古典音楽的な曲づくりで有名なナウシャドをはじめ著名音楽監督と組んで音楽性の幅を広げた。五六年にはタミル語映画のプレイバックを務めるチャンスも得ている。

六〇年代に入ると、宗教歌や愛国歌など映画以外のレコーディングが増加、ベンガル語、カンナダ語と言語の数も増加した。この頃、彼女のキャリアで最も多くのヒット曲を生んだ音楽監督ラクシュミーカントとピャーレーラールに出会う。彼らとともに活動した八〇年代末頃までが彼女の最盛期で、その歌声はヒロインの定番となり「マンゲーシュカル・モノポリー」と揶揄されるほどであった。七〇年代からはインド各地でコンサートを開始、七四年、ロンドンのロイヤル・アルバート・ホールで初の海外公演を成功させた。九〇年にはヒンディー映画製作会社を設立、二〇一二年には音楽レーベル、LMミュージックを立ち上げた。

その他の活動では、一九九九年、連邦上院議員に任命されたが、健康上の問題を理由にしばしば議会を欠席して批判を浴びることとなった。しかし、二〇〇一年には医療財団を設立してプネーに病院を建設、二〇〇五年には宝石コレクションをデザインして売り上げをカシュミール地震の被災者に寄付するなど、慈善事業も積極的に行っている。

（井上 貴子）

ルクミニー・デーヴィー

Rukmini Devi Arundale（一九〇四〜八六）

南インド古典舞踊バラタナーティヤムの舞踊家、振付師。反舞踊運動により存続の危機に立たされたデーヴァダーシーの舞踊シャディルを改革し、古典芸術バラタナーティヤムとして再生させ、舞踊の復興に貢献した。

マドゥライ（タミル・ナードゥ州）のバラモン家庭に生まれた。技師である父は、アニー・ベサント率いる神智学協会（東洋の宗教思想を取り入れた神秘思想団体）の運動に傾倒し、神智学協会本部のあるマドラスのアダヤールに居を移した。神智学的な雰囲気のなかで幼少期を過ごし、一九二〇年には、ベサントの片腕でイギリス人会員のジョージ・アランデールと結婚、保守的な南インドのバラモン社会に衝撃を与えた。彼女は夫とともに世界各地を旅行して海外の知識人とも交流を深める。二八年、ロシアのバレリーナ、アンナ・パブロワの影響でバレエを習い始め、彼女の助言でインドの伝統舞踊に対する関心を深めた。一九三三年、マドラス音楽アカデミーではじめて舞踊を鑑賞、著名なデーヴァダーシーや伝統的なグルから舞踊の手ほどきを受け、三五年にデビュー・リサイタルを行った。翌年、夫とともに古典音楽舞踊研究所カラークシェートラを設立、舞踊の復興と改革に努め、後進の育成に力を注ぎ、カラークシェートラは数多くの著名舞踊家を輩出した。彼女は、従来のデーヴァダーシーの舞踊からエロティックな要素を排除し、伴奏音楽にヴァイオリンを導入し、寺院彫刻に触発された装飾や斬新な衣装を考案するなど数々の改革を行い、古典美術バラタナーティヤムとして舞踊を再生し、その地位を高めた。また、インドの叙事詩「ラーマーヤナ」や一二世紀の詩人ジャヤデーヴァの抒情詩「ギータ・ゴーヴィンダ（牛飼いの歌）」をはじめ古典的名作に基づいた舞踊劇を多数制作した。

夫のアランデールは、イタリア人医師で幼児教育者のマリア・モンテッソーリを招いて一九三九年に高等学校を開校、これがモンテッソーリ教育法に基づく世界初の学校となる。現在ではカラークシェートラのキャンパスに初等学校から大学まで存在し、伝統工芸研究所と図書館も併設されている。また、ルクミニーは五二年から二期にわたって上院議員に任命された。在職中は動物保護活動に力を入れ、動物虐待防止法成立に尽力した。五六年、インドの文化勲章にあたるパドマー・ブーシャン賞を受賞した。また、菜食主義の推進でも知られる。

（井上 貴子）

ルース・マノーラマ

Ruth Manorama（一九五二〜）

ダリト女性活動家。ダリト・フェミニズム運動における中核的な存在。ダリト女性を「ダリトのなかのダリト」とも、（階級・ジェンダー・カーストにおいて）「三重に疎外された者」とも位置づけ、彼女たちの平等の確立を目指す多様な活動に専念してきた。

一九五二年、タミル・ナードゥ州チェンナイで、社会活動に熱心な両親のもとに生まれる。母親は一〇代でキリスト教に改宗し、教師となる。マノーラマという名前は、母が**パンディター・ラマーバーイー**を尊敬していたことに由来する。マノーラマとはパンディターの一人娘の名前にちなむ。父親は政府役人であるとともに、貧しい人々の土地獲得運動に関与。チェンナイの女子クリスチャン・カレッジを卒業し、ステラ・マリス・カレッジで社会活動の修士号を取得した。

彼女の活動は草の根運動から大衆動員までと幅広く、数多くの団体を組織してきた。彼女は、それらの団体の活動を通じてダリト女性の要求を実現するために尽力している。例えば、ベンガルールで一九八五年、スラムを基盤とし、カースト横断する大衆組織「女性の声」を創設し、カルナータカ州政府によるスラム解体に伴う立ち退き要求に抗して住民の権利を守り、家事労働者の組合も組織した。インフォーマル・セクター労働者の労働組織である「全国労働センター（NCL）」の活動家と結婚し、彼女自身もNCLに関わる。一九八〇年代に創設された「キリスト教徒ダリト解放運動」でも中核的な地位を占める。

国連主催の第四回女性会議（北京会議、一九九五年）、南アフリカで開催された反人種主義・差別撤廃世界会議（ダーバン会議、二〇〇一年）、ムンバイーで開催された第四回世界社会フォーラム（二〇〇八年）などで、ダリト女性が直面する窮状を訴える活動を展開した。北京会議の後に設立された「全国女性連合」の議長に選出された。また、ダリト女性の最初の全国組織として、一九九五年八月にデリーで創設された「全国ダリト女性連盟」の議長も務める。

二〇〇五年、ノーベル平和賞の候補となり、二〇〇六年には、ダリト女性の平等確立のために活動してきたことが評価され、第二のノーベル賞とも称される国際的な賞ライトライブリフッド賞を受賞した。二〇一四年の総選挙で、ジャナター党（世俗主義）の候補者として、ベンガルール南選挙区から立候補したが落選した。

（粟屋 利江）

研究機関・女性団体紹介

1 研究機関

① Centre for Women's Development Studies（CWDS）

インドの女性研究の分野で最も著名な研究機関。インドにおける女性の地位の状況を包括的に示した政府報告書『平等に向けて』（一九七四年）の執筆を担った研究者が中心となり、一九八〇年にデリーに設立された。ジェンダー研究を専門とする教授、研究者が所属する。また、アンベードカル大学（デリー）と提携して女性・ジェンダー研究の MPhil /PhD コースを提供している。

【ウェブサイト】http://www.cwds.ac.in/

【図書館等】CWDS Library：未刊資料を含む主に女性、フェミニズム関連の図書、雑誌等を多数所蔵。調査目的の研究者に開かれている。Mahila Database（オンライン蔵書目録）で所蔵資料を検索可能（http://www.womenstudies.in/opac/opac.asp）

② Center for Women's Studies（CWS）, Jawaharlal Nehru University

二〇一三年にジャワーハルラール・ネルー大学社会科学部（在デリー）に設置された。前身は二〇〇〇年に同学部内に設置された「女性研究プログラム」。教育と研究の双方に注力し、ジェンダー問題を様々な学問分野から学際的に追究することを目指す。MPhil/PhD コースを設けている。

【ウェブサイト】http://www.jnu.ac.in/SSS/CWS/

【図書館等】CWS Library and Documentation Centre：ジェンダーと社会に関する図書、文書、映像を所蔵。ＣＷＳの教職員、PhD 院生以外は事前の利用申請が必要。

③ Center for Women's Studies（CWS）, Tata Institute of Social Sciences

教育を通じて学生、研究者、政策立案者がジェンダーの視点を得ることの必要性から、ターター社会科学研究所（在ムンバイー）に一九八二年に設置された。女性研究に特化した研究機関として長い実績をもつ。当初より研究、教育、トレーニングプログラム、セミナー等を実施し、近年は長年の経験を生かして女性研究の修士課程を設けている。また、国内外の女性支援のネットワーク化にも取り組んでいる。

【ウェブサイト】http://cws.tiss.edu/

【図書館等】Women's Studies Library：インドと南アジアのジェンダー問題に関する図書、文書を所蔵。所属の教職員、学生以外も利用可能。

④ Indian Social Institute（ISI）

独立後のインドの国家建設と新たな社会秩序をめぐって生じる課題に対処するため、一九五一年、デリーに設立された。以後六〇年以上にわたり、ダリト、トライブ、女性、非組織労働者といった周縁化されたコミュニティの包括的な発展を目標に、社会科学に関する研究、またトレーニング、出版、支援活動を、国内外の研究者、社会活動家、人権団体などと連携して実施している。ジェンダー問題に特化したジャーナルとして、季刊誌 *Women's Link* を出版している。

【ウェブサイト】http://www.isidelhi.org.in/

【図書館等】Library：貴重書、参考書を含む社会科学に関する図書を所蔵。所定の料金を支払って申し込むと、所属構成員以外も図書館会員になることができる。

⑤ Institute of Social Studies Trust（ISST）

貧困者、特に女性に焦点を絞り、社会正義と平等の実現のために研究や活動プログラムを実施する非営利、非政府組織（在デリー）。一九八〇年に財団として登録された。学術研究が運動に価値ある情報を与え得ると同時に、活動家の経験や政策課題は、研究の方向性に影響をもつ必要があるとして、研究と活動、政策協議との間のギャップを埋めることに注力している。

【ウェブサイト】http://www.isstindia.org/

【図書館等】ISST Library and Documentation Centre：女性研究関連の図書、研究報告書、会議資料、雑誌記事などを所蔵。一般公開されている。オンライン蔵書目録（http://182.71.188.11/）

⑥ Research Centre for Women's Studies, Shreemati Nathibai Damodar Thackersey（SNDT）Women's University

一九一六年に設立され、インドで最も長い歴史をもつ女子大学であるＳＮＤＴ女子大学内に、一九七四年に設置された（在ムンバイー）。女性研究に特化した研究機関として先駆的であり、女性研究の進展に大きく貢献した。理論研究から女性の支援活動までを含む幅広い領域にかかる研究を実施し、理論研究の一部は政策提言にも寄与している。その他、女性研究のカリキュラムやトレーニングマニュアルの開発、季刊誌の発行を含む出版活動なども行っている。

【ウェブサイト】 http://www.rcwssndt.org/

【図書館等】 Library/Documentation Centre：女性関連の図書、雑誌、政府文書、会議資料、ポスター、新聞記事切抜きなど特徴的なコレクションを構築。

⑦ Women's Studies and Development Centre (WSDC), Delhi University

大学助成金委員会（ＵＧＣ）の要請を受け、デリー大学内に一九八七年に設置された（在デリー）。女性とジェンダーに焦点を当てた教育と研究の双方に取り組んでいる。学士、修士、博士それぞれの過程に、女性研究のコースを設けている。多くの研究プロジェクトを実施する他、講演やワークショップ等を定期的に開催したり、デリー大学の他の学部やインド国内の女性研究機関、国連や政府関連機関などと連携したりしている。

【ウェブサイト】 http://wsdc.du.ac.in/

【図書館等】 WSDC Library：一九八七年以降ジェンダー研究に資する図書やジャーナル、また国連や他のセンターの報告書類を収集している。一般公開されている。

2　政府機関

① Ministry of Women and Child Development

人間開発省の管轄下にあった女性・児童開発局（一九八五年〜）が二〇〇六年に省に変更されたもの。在デリー。ジェンダー平等と子どもを中心に据えた法律の制定および改正、また政策の策定を目的とする。女性と子どもの開発に関連する政府・非政府の組織の活動を支援し、コーディネートする役割も担っている。

【ウェブサイト】 http://www.wcd.nic.in/

② National Commission for Women

一九九二年に国家女性委員会法（一九九〇年）に基づき設置された委員会（在デリー）。女性のための法的保護手段の見直し、立法措置の是正の提案、不平に対する改善策の推進、女性に影響する政策事項について政府への助言を目的としている。委員会の月刊ニュースレター（*Rashtra Mahila*）は、英語・ヒンディー語の二言語で出版され、ウェブサイトでバックナンバーから最新号までが公開されている。（http://ncw.nic.in/frmPub_RashtraMahila.aspx）

【ウェブサイト】 http://ncw.nic.in/

【図書館等】 Library：女性関連の図書、逐次刊行物、新聞記事切り抜き、また、ＮＧＯダイレクトリーを含む参考図書、日刊紙等を収集。一般公開され、研究者と活動家のリソースセンターとして機能している。

③ Rashtirya Mahila Kosh（RMK）

女性・児童開発省の管轄下にある女性の社会的、経済的なエンパワーメントを目指す組織（在デリー）。一九九三年設立。非組織部門の女性にマイクロ・クレジットを普及させる取り組みを行う他、起業促進や女性の自助集団の形成と強化に向けた多様な活動を企画している。

【ウェブサイト】 http://rmk.nic.in/

3 女性団体

① All India Democratic Women's Association（AIDWA）

民主主義や平等、女性の解放の実現を目指す団体。本部はデリーに置かれるが、各地に支部を設けている。一九八一年に発足。独立組織であるが、インド共産党〔マルクス主義〕（ＣＰＭ）と深い関係をもち、社会主義を標榜する。農村の女性や貧困女性を中心に、特定のカースト、階級、宗教、コミュニティに限定されない女性たちをインド全域から広く組織化している。会員規模から世界で最も大きい女性団体の一つに数えられる。会員はＣＰＭの支持基盤が根づくケーララ州や西ベンガル州に最も多い。

【ウェブサイト】 http://aidwaonline.org/

② All India Women's Conference（AIWC）

アイルランド人で女性参政権論者のマーガレット・カズンズ（一八七八～一九五四年）により、女性と子どもの地位向上を目指す団体として一九二七年に設立された（法的な登録は一九三〇年）。在デリー。女性関連団体として最も長い歴史を有する。現在は、女性の解放、教育、エンパワーメントを目標とし、女性と子どもの福祉の推進、インド憲法に謳われた基本的権利を女性が享受するための支援、あらゆる暴力から女性が解放される社会の形成、指導的役割を担うための女性のエンパワーを活動指針としている。

【ウェブサイト】 http://aiwc.org.in/

【図書館等】 Margaret Cousins Memorial（MCM）Library：ＡＩＷＣの季刊誌 *Roshini*（一九三八年～）を含む、女性・ジェンダー関連の資料を多数所蔵。図書館カウンターで会員登録の必要あり。

③ Centre for Social Research（CSR）

女性の権利向上を目指す行動とそのための研究を実施する団体（在デリー）。一九八三年にジャワーハルラール・ネルー大学の社会科学者のグループが中心になってデリーに設立して以降、インドの女性運動の一翼を担ってきた。当初の名称はCentre for Social Research and Action。活動初期には社会的弱者全般を対象としたが、次第にジェンダー問題に焦点を絞るようになった。一九九七年にはGender Training Instituteを新設し、女性のエンパワーメントに向けた多様なトレーニングを行っている。

【ウェブサイト】 http://www.csrindia.org/

④ Indian Association for Women's Studies（IAWS）

一九八一年にＳＮＤＴ女子大学で開催された女性研究についての最初の全国集会をきっかけに、翌一九八二年に発足した会員制の組織（在デリー）。あらゆる学問分野に女性研究の視座を加えること、また、機関間のネットワーク化を通じて、ジェンダー平等に向けた運動の強化に貢献することを目的とし、女性関係の教育、研究、運動に携わる個人や機関の相互交流のフォーラムを提供している。二〇〇七年以降、「ＩＡＷＳアーカイブズ」としてResearch Centre for Women's Studies（ＳＮＤＴ女子大学内）に、ニュースレター、未刊報告書、会議録、手紙等を保管している。

【ウェブサイト】 http://www.iaws.org/

⑤ Self Employed Women's Association（SEWA）

女性の自営労働者のための労働組合・生活協同組合。繊維労働組合で女性部門を担当していたイラー・バットにより、一九七二年にグジャラート州に設立された。非組織部門の貧困女性を組織化し、彼女らの社会保障の獲得を目指す活動や、保健衛生、法的支援など多くの支援事業を実施している。本部はグジャラート州アフマダーバードに置かれ、会員規模はグジャラート州が最大であるが、インド各地に支部がある。
【ウェブサイト】http://www.sewa.org/

4 出版社

① Kali for Women

インドで最初に女性問題に関する文献を専門に扱った出版社（在デリー）。一九八四年にウルワシー・ブターリアとリトゥ・メーノーンが共同で立ち上げた。学術文献のみならず、女性運動家の記録、小説、伝記なども出版し、女性が執筆する文献を幅広く扱った点で特徴的であり、理論と実践をつなぐ架け橋としての役割も果たした。設立当初はごくわずかに限られた女性の書き物や女性問題に関する文献は、その後大手出版社でも当然のごとく出版されるようになっていった。
【ウェブサイト】http://www.spinifexpress.com.au/fasiapub/india/kali.htm

② Women Unlimeted

Kali for Women の共同設立者の一人であるリトゥ・メーノーンが二〇〇四年に新たに設立した出版社（在デリー）。インドおよび南アジアのジェンダー、フェミニズム、セクシュアリティに関する学術書、小説、女性の自伝などを数多く出版している。
【ウェブサイト】http://www.womenunlimited.net/

③ Zubaan

Kali for Women の共同設立者の一人であるウルワシー・ブターリアが二〇〇四年に新たに設立した出版社（在デリー）。インドおよび南アジアのジェンダー、フェミニズム、セクシュアリティに関する学術書、伝記、回想録、小説などを数多く出版している。なかでもインド北東州に関心を寄せ、同地域出身の著者による小説やその翻訳、また、同地域の紛争を論じた学術書の出版も手がける点で特徴的である。ウェブサイトからオンラインでの注文も可能。
【ウェブサイト】http://zubaanbooks.com/

5 統計・ジャーナル

① Census of India（Ministry of Home Affairs）

一〇年に一度（西暦の末尾に一がつく年）に実施される人口・

住宅センサスでは、人口の性比、婚姻状況、出産数といったジェンダー関連の統計も調査され、冊子体またはＣＤ‐ＲＯＭで公開されている。一部の統計はウェブサイトでも入手可能。

【ウェブサイト】http://censusindia.gov.in/

② Crime in India（National Crime Records Bureau）

インド国家犯罪統計局が出版する犯罪統計年鑑。一九五三年版から最新版までウェブサイトでダウンロード可能（トップページ＞Publications＞Crime in India）。一つの章が「女性に対する犯罪」が充てられ、強かん、ダウリー死、家庭内暴力、売春などに関する犯罪統計が公開されている。

【ウェブサイト】http://ncrb.nic.in/

③ Indian Journal of Gender Studies

インドを中心に南アジアのジェンダーに関する論文を掲載する代表的な学術ジャーナル。ジェンダー問題についての研究、分析、討論を促進し、公開することを目的とする。一九九四年に創刊し、二〇〇二年までは年二回刊行、二〇〇三年以降は年三回刊行している。出版者はCentre for Women's Development Studies（CWDS）とSage Publications。

【ウェブサイト】http://ijg.sagepub.com/

④ Manushi : A Journal about Women and Society

女性と社会をテーマとする雑誌で、女性の家庭生活や労働、女性への性的・身体的暴力、女性運動等に関する記事が掲載される。マドゥ・キシュワルを編集長に据えて一九七九年に創刊し、インド各地からの寄稿によって編まれた。一五七号（二〇〇六年一一／一二月号）を最後に休刊となったが、ウェブサイトはその後も更新されている。創刊号から一五七号までの全文情報がウェブサイト上に公開されている。（http://www.manushi-india.org/back-issues.htm）

【ウェブサイト】http://www.manushi.in/

6 データベース、その他

① National Portal of India

インド政府関連組織が提供する情報やサービスにアクセスするためのオンラインの窓口。国レベルから州レベルまでの政府機関の情報を得ることができる。女性関連については次を参照。（トップページ＞Topics＞social-development＞women）

【ウェブサイト】https://india.gov.in/

② Union List of Women's Studies Periodicals（Delhi Libraries）

女性研究に関連した雑誌のオンライン総合目録。デリーに所在する図書館の所蔵情報を統合したもの。CWDS Library作成。雑誌のタイトル、刊行頻度、出版者、所蔵館に関する情報を得られる。雑誌リストはタイトルのアルファベット順に排され、タイトルをクリックすると各雑誌のウェブサイトにリンクされる。

【ウェブサイト】http://www.womenstudies.in/unicat.htm

③ Research on Women: An Online Bibliographical Database of Ph.D Theses　Submitted to Indian Universities

インドの大学等の機関に提出された女性研究に関連する博士論文の書誌データベース。一九九一年以降の博士論文の書誌情報が収録されている。CWDS Library作成。タイトル、著者名、研究分野、キーワードなどを入力して検索すると、関連する博士論文が一覧で表示される。書誌情報には、指導教授名、学位授与大学名なども含まれる。

【ウェブサイト】http://www.womenstudies.in/theses.asp

④ Women's Studies Portal

CWDS Libraryが作成・提供する女性研究に関する様々な情報を集積したポータルサイト。女性研究関連の情報を得る際に便利である。①女性への暴力に関するe-Library、②女性研究関連の学術誌、③インドの女性問題関連の組織・団体、④ウェブサイトリンク集の四つで構成されている。①では関連テーマの論文の全文情報が、②ではインド国内外で出版される女性研究に関する雑誌の情報が、③では政府関連組織や女性団体、大学助成金委員会の認可を受けた大学の女性研究センターの一覧などが得られる。

【ウェブサイト】http://www.womenstudies.in/index1.htm

（小林磨理恵）

おわりに

本書は、人間文化研究機構地域研究推進事業「現代インド地域研究」（二〇一〇～一四年度）東京外国語大学拠点の研究テーマ「現代インドにおける文学・社会運動・ジェンダー」を推進していくなかで構想され、執筆に着手された。さらに、この事業の研究成果を継承し、地域の範囲を拡大した「南アジア地域研究推進事業」（二〇一六～二一年度）が進行している。

当初は、プロジェクトの地域の範囲が「インド」であったため、本書の範囲も必然的に「インド」に限定してジェンダー・ハンドブックをつくる方向で計画が立てられた。本書全体の構成や個別の内容を詰めていくうえで、各章の執筆者を中心に二度の合宿を行った。その際、インド以外の「南アジア」諸国で活躍する女たちの名前や優れた研究書が話題にのぼったが、本書はインドをめぐる研究に焦点があてられている。例えば宗教をめぐる本書の記述はヒンドゥー教が中心となっており、インドの隣国パキスタンやバングラデシュで圧倒的多数を占めるイスラームに関連する内容は手薄だと感じられるだろう。しかし、現実的には、いまだ南アジアのジェンダー研究の蓄積が「インド」の「ヒンドゥー女性」に関する研究に著しく偏っていることも事実である。史上最年少でノーベル平和賞受賞者となったパキスタンの人権運動家マララ・ユスフザイや、アカデミー賞やエミー賞など数々の受賞歴をもつパキスタン人ドキュメンタリー映画監督でジャーナリストのシャルミーン・オベイド＝チノイなど、インド以外の南アジア出身者で、世界的に著名な人物を本書で取り上げることができなかった。また、インドを含む南アジア各国は首相や大統領など女性の政治的指導者を輩出しており、この点も本書で取り上げてしかるべきテーマだったかもしれない。

さらにいえば、本書の執筆者は図らずも全員女性であり、小項目で取り上げた人物もすべて女性である。このことはジェンダー研究が女性運動と強く結びつきながら発展したことを考えれば、しかたのないことであった。あらゆる分野でジェンダー・バランスに配慮することが求められつつある今日だが、本書のジェンダー・バランスはとれていない。いや、とりようがなかったのである。そもそも、従来、事典で取り上げられる人物は男性ばかりで、ジェンダー・バランスなど考えられることもなかったし、ジェンダー研究が女性によって推進され、女性を取り上げてきたことは、その意味でも必然であった。

以上のように不十分な点も多々あるとはいえ、本書はインドのジェンダー問題に関して総合的に解説した研究入門書として日本で最初の試みである。半世紀にわたって蓄積されてきた研究成果のすべてを一冊で網羅することは困難である。本書をきっかけとして、ジェンダー研究自体にもジェンダー・バランスに配慮する余裕が生まれ、さらには、あえて配慮する必要さえなくなるほど研究が進展するときが来ることを望んでいる。本書を手に取ってインドのジェンダー研究に関心をもち、知識を深めたいと感じられた方々、インド以外の南アジア地域に範囲を拡大して研究してみたいと考えられた方々には、ディシプリンを横断して重要な論考を集めた、以下のような英語による入門書的な論集が刊行されているので参照してほしい。

Menon, Nivedita ed. 1999. *Gender and Politics in India*, New Delhi: Oxford University Press.
Chaudhuri, Maitrayee ed. 2004. *Feminism in India*, New Delhi: Kali for Women and Women Unlimited.
Khullar, Mala ed. 2005. *Writing the Women's Movement: A Reader*, New Delhi: Zubaan.

John, Mary E. ed. 2008. *Women's Studies in India: A Reader*, New Delhi: Penguin Books.
Ray, Raka ed. 2012. *Handbook of Gender*. New Delhi: Oxford University Press.
Fernandes, Leela ed. 2014. *Routledge Handbook of Gender in South Asia*. London: Routledge

なお、編集にあたって必要な原稿の整理や執筆者との連絡等については、東京外国語大学拠点南アジア研究センター研究員の鈴木真弥さん、大学院生アルバイトの高橋直暉さんと高田麻由さん、旧現代インド研究センター研究員の小西公大さんの多大なる協力を得た。また、出版に際して、東京外国語大学出版会の大内宏信さんには、編集上の貴重なご助言や的確なご指摘をいただき、遅々として仕事の進まない編者は大いに励まされ、出版に向けての活力をいただいた。大内さんの力添えなしでは本書の刊行はおぼつかなかったことだろう。ここに記して感謝の気持ちを表したい。

本書の刊行が、インド地域研究のみならず、広くジェンダー問題に対する一般の関心を高め、微力ながらも知識の提供や研究の進展に寄与するものであればと願うばかりである。

編者

欧文略字

マ行

ヤ行

ラ行

タ行

ナ行

ハ行

サ行

索引

※「キーワード解説」の項目と頁数は太字

「東ティモール、ブルネイ―公用語、母語、そして民族問題」末廣昭・大泉啓一郎編『東アジアの社会大変動―人口センサスが語る世界』(名古屋大学出版会、2017)

小牧幸代(こまき　さちよ)　高崎経済大学地域政策学部

主な著書/論文　「聖なる複製・商品の信仰空間―イスラームの聖遺物とフェティシズム」田中雅一編『フェティシズム研究2　越境するモノ』(京都大学学術出版会、2014)
「南アジアのイスラーム―聖者廟と宗教学校が織りなす信仰の風景」立川武蔵・杉本良男・海津正倫編『朝倉世界地理講座―大地と人間の物語4　南アジア』(朝倉書店、2012)
「北インド・ムスリム社会のサイヤド―カーストとイスラームのはざまで」赤堀雅幸・東長靖・堀川徹編『イスラームの神秘主義と聖者信仰』(東京大学出版会、2005)

小松久恵(こまつ　ひさえ)　追手門学院大学国際教養学部

主な著書/論文　「女が『私』を描くとき」粟屋利江・井坂理穂・井上貴子編『現代インド5　周縁からの声』(東京大学出版会、2015)
「輪郭を描き出す―英国南アジア系移民文学に見る地域大国像」『越境者たちのユーラシア』(ミネルヴァ書房、2015)
「『質実剛健』あるいは『享楽豪奢』―1920～30年代北インドにおけるマールワーリー・イメージをめぐる一考察」『現代インド研究』第3号(2013)

中谷純江(なかたに　すみえ)　鹿児島大学グローバルセンター

主な著書/論文　"The Emergence of a New Community Festival: The Ramdev Cult and Pilgrimage in a Rajasthan Village," *International Journal of South Asian Studies*, Vol. 7 (2015)
「農村社会における交換の変容―あるラージャスターン農村の事例」三尾稔・杉本良男編『現代インド6　環流する文化と宗教』(東京大学出版会、2015)
「故郷への投資―ラージャスターンの商業町と移動商人マールワーリー」『現代インド研究』第3号(2013)

松尾瑞穂(まつお　みずほ)　国立民族学博物館

主な著書/論文　『ジェンダーと宗教のポリティクス』(共著、昭和堂、2016)
『ジェンダーとリプロダクションの人類学―インド農村社会における不妊を生きる女性たち』(昭和堂、2013)
『代理出産の文化論―出産の商品化のゆくえ』(風響社、2013)

南出和余(みなみで　かずよ)　桃山学院大学国際教養学部

主な著書/論文　『「学校化」に向かう南アジア―教育と社会変容』(共編著、昭和堂、2016)
『「子ども域」の人類学―バングラデシュ農村社会の子どもたち』(昭和堂、2014)
「ヴェールを脱いでみたけれど―バングラデシュ開発と経済発展の中の女性たち」福原裕二・吉村慎太郎編『現代アジアの女性たち―グローバル化社会を生きる』(新水社、2014)

八木祐子(やぎ　ゆうこ)　宮城学院女子大学学芸学部

主な著書/論文　「北インドの女神信仰にみる社会変容―身体と儀礼の関わりから―」粟屋利江・井坂理穂・井上貴子編『現代インド5　周縁からの声』(東京大学出版会、2015)
『社会変容と女性―ジェンダーの文化人類学』(共編著、ナカニシヤ出版、1999)
『女性と音楽』(編著、東京書籍、1990)

執筆者一覧

※編者以下、五十音順

粟屋利江（あわや　としえ）　東京外国語大学大学院総合国際学研究院　※編者

主な著書／論文　『現代インド5　周縁からの声』（共編著、東京大学出版会、2015）
『ジェンダー史叢書7　人の移動と文化の交差』（共編著、明石書店、2011）
『イギリス支配とインド社会』（山川出版社、1998）

井上貴子（いのうえ　たかこ）　大東文化大学国際関係学部　※編者

主な著書／論文　『アジアのポピュラー音楽―グローバルとローカルの相克』（編著、勁草書房、2010）
『ビートルズと旅するインド　芸能と神秘の世界』（柘植書房新社、2007）
『近代インドにおける音楽学と芸能の変容』（青弓社、2006）

押川文子（おしかわ　ふみこ）　京都大学名誉教授

主な著書／論文　『「学校化」に向かう南アジア』（共編著、昭和堂、2016）
『激動のインド第5巻　暮らしの変化と社会変動』（共編著、日本経済評論社、2015）
「インド都市中間層における『主婦』と家事」落合恵美子・赤枝加奈子編『アジア女性の親密性の労働』（京都大学出版会、2012）

菅野美佐子（かんの　みさこ）　人間文化研究機構総合人間文化研究推進センター、
国立民族学博物館南アジア研究拠点

主な著書／論文　「女性が政治に参加するとき―ケーララ州とウッタル・プラデーシュ州を中心に」粟屋利江・井坂理穂・井上貴子編『現代インド5　周縁からの声』（東京大学出版会、2015）
「『個』から広がる村落政治―ウッタル・プラデーシュ州における分権化とジェンダー」『現代インド研究』第5号（2014）
「ジェンダー・プログラムが織りなす新たな関係性―北インド農村の事例」信田敏宏・真崎克彦編『東南アジア・南アジア開発の人類学』（明石書店、2009）

木曽順子（きそ　じゅんこ）　フェリス女学院大学国際交流学部

主な著書／論文　『インドの労働・雇用・社会―日系進出企業の投資環境』（共著、労働政策研究・研修機構、2016）
『インドの経済発展と人・労働』（日本評論社、2012）
『インド　開発のなかの労働者―都市労働市場の構造と変容』（日本評論社、2003）

喜多村百合（きたむら　ゆり）　筑紫女学園大学文学部

主な著書／論文　「女たちが政治に参加するとき」粟屋利江・井坂理穂・井上貴子編『現代インド5　周縁からの声』（共著、東京大学出版会、2015）
「インドのデモクラシーとジェンダー」水島司編『激動のインド第1巻　変動のゆくえ』（日本経済評論社、2014）
『インドの発展とジェンダー――女性NGOによる開発のパラダイム転換』（新曜社、2004）

小林磨理恵（こばやし　まりえ）　日本貿易振興機構アジア経済研究所図書館

主な著書／論文　「タイにおける学術誌評価―学術誌の国際標準化に向けた挑戦」『アジ研ワールド・トレンド』259号（日本貿易振興機構アジア経済研究所、2017）

インドジェンダー研究ハンドブック

二〇一八年三月二六日　初版第一刷発行

編者　粟屋利江　井上貴子

発行者　立石博高
発行所　東京外国語大学出版会
〒一八三－八五三四
東京都府中市朝日町三－一一－一
電話番号　〇四二（三三〇）五五五九
ＦＡＸ番号　〇四二（三三〇）五一九九
e-mail　tufspub@tufs.ac.jp
装丁者　桂川潤
印刷・製本　モリモト印刷株式会社

ISBN 978-4-904575-67-3